전주대학교 문화산업 총서 ❾

웹콘텐츠제작을 위한 Flex 3.0

전주대학교 문화산업 총서 ❾
웹콘텐츠제작을 위한 Flex 3.0

초판 인쇄 2009년 6월 23일
초판 발행 2009년 6월 30일

지은이 정소영 권수태
펴낸이 최종숙
편 집 권분옥 이소희 이태곤 추다영
디자인 홍동선 이홍주
마케팅 문택주 안현진 심용창

펴낸곳 글누림출판사
주 소 서울시 서초구 반포4동 577-25 문창빌딩 2층
전 화 02-3409-2055(편집), 2058(마케팅)
팩 스 02-3409-2059
등 록 2005년 10월 5일 제303-2005-000038호
홈페이지 www.geulnurim.co.kr
전자우편 nurim3888@hanmail.net

값 18,000원
ISBN 978-89-6327-035-7 93000
　　　 978-89-6327-026-5 세트

이 책은 전주대학교 X-edu 사업단의 지원으로 제작되었습니다.

전주대학교 문화산업 총서 ❾

웹콘텐츠 제작을 위한
Flex 3.0

정소영 · 권수태

글누림

축 사

   전주대학교 X-edu 사업단이 지난 5년간의 성과를 모아 문화산업 총서를 발간하게 됨을 진심으로 축하드립니다. 문화콘텐츠는 21세기 국가경쟁력과 문화산업에 중요한 자양분입니다. X-edu 사업단은 문화콘텐츠의 중요성을 인식하고 사회적·경제적 요구와 대학 교육을 접목시킨 전통문화콘텐츠 인력양성사업을 2004년부터 매년 50억 원의 사업비를 투자하여 진행해 왔습니다. 우수학생을 유치하고, 교육역량을 강화하며, 내실 있는 교육을 통해 전주대학교는 최고 수준의 문화콘텐츠 특성화대학으로 탈바꿈하였습니다. 특히 2006년에는 전국 최초로 문화산업대학을 신설하였고, 2008년에는 취업률 전국 1위라는 의미 있는 성과를 거두기도 하였습니다.

   대학의 중심은 교수와 학생입니다. 학생들의 취업률만큼이나 중요한 것이 교수의 연구능력입니다. X-edu 사업단 소속 교수들이 지난 5년간 교육현장에서 보여준 열정과 능력은 우리 전주대학교의 중요한 자산입니다. 이번에 발간하게 되는 문화산업 총서는 그 가시적인 결과물인 동시에 한 대학의 지적 재산을 넘어 우리나라 문화산업 전반에 중요한 성과물로 기록될 것입니다.

   지방대학이라는 어려운 여건 속에서도 전주대학교가 문화콘텐츠 분야에서 우수 인력을 양성하고 배출할 수 있었던 것은 X-edu 사업단의 체계적인 교육프로그램과 학생들의 자발적인 참여, 교수들의 헌신적인 노력이 삼위일체가 되었기 때문입니다. 전주대학교는 5년간의 누리사업을 통해 한층 업그레이드되었고, 그 성과를 내실 있는 교육을 통해 다시 사회로 환원시키는 데 최선의 노력을 다할 것입니다.

여러 가지 어려움 속에서도 X-edu 사업단을 전국 최고의 누리사업단으로 발전시킨 주명준 단장님 이하 사업단 모든 교수님들께 깊은 감사의 말씀을 전합니다.

전주대학교 총장 이 남 식

발간사

전주대학교의 누리사업단인 전통문화 콘텐츠 X-edu 사업단이 문화산업 총서를 펴내게 된 것을 자랑스럽게 생각합니다.

누리사업은 지방대학이 어려움에 직면하게 되자 교육부가 지방대학의 혁신역량을 강화할 필요를 절감하여 실시한 국책사업입니다. 누리사업으로 인해 지방대학의 역량이 크게 강화되었음은 주지의 사실입니다. 전주대학교는 문화콘텐츠산업의 세계화 추세에 발맞춰 이에 대한 준비를 오래 전부터 해 왔습니다. 그 결과 2004년 교육부의 지방대학혁신역량강화사업으로 당당히 선정되었고, 5년에 걸쳐 무려 341억 원을 투자한 우리 대학 역사상 초유의 대형프로젝트가 진행되었습니다.

X-edu 사업단은 전라북도의 전통문화를 오늘날에 되살려 디지털 콘텐츠로 제작하는 교육을 통해 학생들의 취업 경쟁력을 높이고 나아가서는 지방산업 발전에 기여하는 인재를 육성할 뿐만이 아니라 지방의 경제 활성화에 도움을 주기 위해 노력하였습니다. 우리는 지난 5년 동안 교수와 학생 및 산업체의 전문가들이 삼위일체가 되어 디지털 콘텐츠기술의 전수와 전라북도의 전통문화 발굴, 그리고 문화산업 발전에 필요한 인력양성에 줄곧 매진하였습니다. 그 결과, 지금은 '전통문화!' 하면 전주대학교 X-edu 사업단을 떠올릴 정도로 그 위상을 확고히 할 수 있게 되었습니다. 이는 우리가 배출한 학생들이 다양한 분야의 문화콘텐츠 산업 현장에 진출하여 활동

하고 있음을 통해 확인할 수 있습니다.

X-edu 사업단에서는 학생들이 문화산업 분야의 새로운 지식을 습득하고 학습 능력을 향상시킬 수 있도록 5년간 매학기 문화산업 관련 교재 편찬을 지원하는 프로그램을 마련하였습니다. 교수들로부터 공개적으로 저술계획서를 받아 엄격한 심사를 거쳐 출판비를 지원한 것입니다. 마지막 학기에는 그동안 개발된 교재 중 10권을 엄선하여 전주대학교 문화산업 총서를 발간하기에 이르렀습니다. 이로써 5년 동안 계획하고 가르쳤던 우리 대학의 문화산업 교육 역량을 마무리하게 되어 전주대학교 구성원 모두와 함께 기쁘게 생각합니다.

그동안 X-edu 사업단을 위하여 물심양면으로 도와주시고 실질적으로 지휘해 주신 전주대학교 이남식 총장님께 깊은 감사를 드립니다. 그리고 문화산업 총서를 계획하고 간행하는 모든 과정을 직접 책임지고 수행한 팀장 이용욱 교수님께 깊이 감사드립니다. 약 반년에 걸쳐 전주대학교 문화산업 총서 발간을 위하여 수고하신 글누림 출판사의 최종숙 사장님과 편집부 선생님들께도 심심한 사의를 표합니다.

전주대학교 문화산업 총서가 이 분야에 관심 있는 모든 분들에게 크게 도움이 되기를 간절히 소망합니다.

전주대학교 전통문화콘텐츠 X-edu 사업단장 **주 명 준**

머리말

2005년 9월 O'Reilly사와 MediaLive International의 컨퍼런스에서 O'Reilly사의 부사장 데일 도허티(Dale Dougherty)가 2001년 닷컴 버블 붕괴 이후에도 생존하면서 지속적으로 성장한 구글, 아마존닷컴 등과 같은 성공한 인터넷 기업들이 제공하는 서비스와 과거의 닷컴기업들의 서비스를 비교하면서 사용한 용어인 Web 2.0의 바람이 거세게 불고 있다. 그리고 Adobe Flex, MS Sliverlight, Ajax, javaFXScript 등의 새로운 기술들이 Web 2.0의 바람을 타고 등장하였다.

Flex는 Web 2.0 기술 중 선두주자로서 관심이 집중되고 있지만 Flash와 같다고 보는 사람들이 많다. Flex와 Flash 모두 결과물이 swf로 컴파일되어 제공되고, 플래시 플레이어에 의해 구동되기 때문이라 생각된다. 하지만, Flash는 그래픽 디자이너 중심이며 Flex는 XML 기반의 MXML 태그와 액션스크립트 태그로 구성된 개발자 중심으로 서로 다르다. 또한, Flex는 그래픽 디자인과 웹 개발 간의 간극을 줄여 웹콘텐츠 개발의 효율성과 효과성을 가져다준다.

Flex를 기반으로 하는 애플리케이션들은 복잡한 단계별 페이지 구조를 하나의 창에서 한꺼번에 처리하여 로딩 시간을 단축하면서 사용자의 편의성을 높이고, 동영상이나 기타 콘텐츠를 쉽게 웹에 삽입할 수 있다. 또한 사용자 중심의 편리한 사용자 인터페이스와 인터렉티브한 사이트를 제작하여 역동적인 화면과 페이지 이동 없이 한 페이지에서 정보제공이 가능하게 된다.

이 책은 전공자가 아니더라도 Flex를 이용하여 간단한 웹콘텐츠를 제작할 수 있도록 구성하였으며, Flex를 기반으로 웹콘텐츠를 구현하고자 하는 모든 사람이 고개를 끄덕이면서 Flex 기반의 웹콘텐츠를 제작할 수 있도록 노력을 기울였다. 이 책으로 Flex 기반의 웹콘텐츠를 제작하는 데 있어 기반을 닦아 Web 2.0 시대의 새로운 비즈니스가 개발되었으면 한다.

5년 동안 누리사업에 참여했던 이들과 이 책을 꼼꼼하게 체크해준 글누림출판사에 감사의 말을 전합니다.

저자 정소영·권수태

웹콘텐츠 제작을 위한 Flex 3.0

CONTENTS

Chapter ❿ Flex, Java를 만나다__315

Chapter ❶ Web 2.0과 Rich Internet Application

1. Web 2.0이란 무엇인가?

1990년대부터 폭발적인 성장과 함께 삶의 패러다임을 변화시킨 인터넷은 1969년 미국 국방부의 고등 연구 계획국에서 전쟁이 일어나면 전쟁 수행에 있어 중요한 정보를 보호하기 위해 정보자원을 분산시켜 피해를 최소화할 수 있도록 구축한 알파넷(ARPANet : Advanced Research Projects Agency Network)에서 시작되었다. 특히, 1990년 스위스 제네바의 유럽입자물리연구소(CERN : European Organization for Nuclear Research)의 컴퓨터 정보수집 및 제어관계 연구원이던 팀 버너스 리(Tim Berners Lee)의 정보를 연결할 수 있는 시스템에 대해 연구로 제안한 월드와이드웹(WWW : World Wide Web) 개발과 HTML(HyperText Markup Language), HTTP(HyperText Transfer Protocol) 프로토콜, URI(Uniform Resource Identifier), 그리고 웹 브라우저 개발로 인터넷은 급속도로 발전하게 되었다.

1990년대 중반부터 인터넷이 기하급수적으로 성장하면서 웹은 스스로의

한계에 빨리 노출되었다. 단순히 정보를 다량으로 전달하거나 원하는 정보를 습득할 수 있다는 웹의 장점은 그 기반이 되는 HTML의 인터페이스와 속도에서 한계에 부딪히게 되었고 정보와 지식에 대한 시장이 성장하면서 좀 더 발전적인 형태의 정보 전달체계에 대해 기존의 미디어 활용능력과 웹 애플리케이션의 확장성 있는 콘텐츠를 제공할 수 있는 인터넷 애플리케이션에 대한 필요성이 대두되었다.

기존의 인터넷은 클라이언트가 정보를 전달받고자 하는 서버에 연결되어 HTML 파일을 전송받아 이를 규정된 형식에 맞추어 웹페이지로 출력하는 방식으로서 HTML 파일을 작은 패킷으로 구분하여 분할전송하게 되기 때문에 HTML 파일 내부에 고화질 사진이나 동영상 등이 포함되어 있는 경우에는 일시 끊김 현상이나 출력상의 속도저하문제가 발생하게 된다. 이러한 문제 때문에 대부분의 웹 페이지상의 콘텐츠는 용량이 작은 텍스트 위주로 표현방식이 매우 지루하고 딱딱하게 구성되어 있다. 이와 같이 클라이언트 서버 모델에 기반을 둔 정적인 Web 1.0에 비해 서비스의 주체인 최종 사용자가 인터넷 환경에 적극적으로 참여하여 서비스를 제공받는 사용자 중심의 웹 플랫폼을 제공하는 차세대 웹 환경을 Web 2.0이라고 한다.

Web 2.0은 2005년 9월 O'Reilly사와 MediaLive International의 컨퍼런스에서 O'Reilly사의 부사장 데일 도허티(Dale Dougherty)가 2001년 닷컴 버블 붕괴 이후에도 생존하면서 지속적으로 성장한 구글, 아마존닷컴 등과 같은 성공한 인터넷 기업들이 제공하는 서비스와 과거의 닷컴기업들의 서비스를 비교하면서 사용한 용어이다. Web 2.0의 정의는 명확하게 내려지지 않았지만 가장 핵심적인 것은 플랫폼으로서의 웹(The Web as platform)이다. 즉, 웹을 기존의 다양한 웹서비스, XML, Semantic 웹 등과 같은 차세대 웹 애플리케이션 기술을 포괄하면서 개방(Openness), 공유(Sharing), 참여(Participation), 협업(Collaboration)이라는 네 가지 키워드를 결합시킨 개념으로 다양한 서비스를 사용자가 선택하여 새롭게 만들 수 있는 플랫폼을 제공하는 것이 Web 2.0인 것이다. Web 2.0의 특징을 보면 다음과 같다 (Tim O'Reilly & John Battelle).

● 플랫폼으로서의 웹

Web 2.0은 웹 자체를 플랫폼으로 보는데 플랫폼이란 서비스, 응용소프트웨어, 콘텐츠 등 기반이 되는 환경을 의미한다. 즉, 소프트웨어 개발을 위한 플랫폼, 비즈니스를 위한 플랫폼, 커뮤니케이션을 위한 플랫폼, 새로운 미디어를 위한 플랫폼 등 여러 목적을 위한 플랫폼으로서의 웹을 뜻한다.

● 집단 지성의 활용

각각의 지식이 흩어져 있을 때에는 큰 의미를 갖지 않지만 흩어져 있는 지식이 모여져 집단 지성을 이루게 되면 거대한 지식의 데이터베이스를 이루게 된다. Web 2.0은 사용의 지식, 정보, 사진, 문서 등의 콘텐츠를 제공할 수 있도록 유도하고 이를 지속적으로 수집하여 거대한 데이터베이스를 형성한다. 또한 사용자들은 자신이 콘텐츠 제공자이자 사용자가 되기 때문에 참여도나 충성도가 높아지게 된다.

● 데이터는 차세대 인텔 인사이드

컴퓨터에 있어서의 CPU와 같이 Web 2.0에서 데이터는 매우 중요하다. Intel Inside의 마크가 주었던 효과처럼 어떤 데이터에 기반을 둔 서비스인지에 따라 고객 선택에 차별성을 준다. 즉, 같은 서비스를 제공하더라도 잘 다듬어진 데이터와 함께 서비스를 하는 쪽이 상대에 비해 쉽게 비교 우위에 설 수 있다.

● 소프트웨어 릴리즈 주기의 종말

웹이 플랫폼화되면서 소프트웨어도 인스톨방식이 아닌 웹에서 직접 서비스 되는 웹 애플리케이션 방식으로 변화한다. 이는 기업의 비즈니스 모델에 근본적인 변화를 초래하는 것으로 Web 2.0에서 소프트웨어는 기존 인스톨 방식의 릴리즈 주기가 사라지고 사용자의 계속적인 피드백을 받아 민첩하게 소프트웨어를 개선시키는 영원한 베타(Perpetual beta) 개념이 된다.

● 가벼운 프로그래밍 모델

하루가 다르게 변화하는 인터넷 환경에서 어렵고 무거운 프로그래밍 모델은 변화에 민첩하게 대응할 수가 없다. 변화에 민첩하게 반응하지 못하면 고객의 요구에 빠르게 대응할 수 없게 되고 이는 경쟁에서의 도태를 의미한다. Web 2.0은 안정성이나 견고성보다는 민첩하고 가벼운 방식을 지향하여 민첩하고 가벼운 사용자 인터페이스, 개발 모델과 비즈니스 모델을 채택한다.

● 단일 디바이스를 넘어선 소프트웨어

Web 2.0에서 웹 애플리케이션을 접근하여 사용할 수 있는 디바이스는 PC뿐만이 아니기 때문에 디바이스에 종속적인 웹 애플리케이션은 가치가 없다. 즉 Web 2.0에서는 웹 애플리케이션을 개발할 때는 다양한 디바이스를 포괄할 수 있도록 개발하여야 한다.

● 풍부한 사용자 경험

Web 2.0에서는 기존의 정적인 웹 인터페이스로부터 벗어나 동적이고 풍부한 인터페이스를 제공하여 사용자 에게 풍부한 사용자 경험을 제공한다.

이와 같은 Web 2.0의 특징을 통해 기존의 웹과 Web 2.0을 구분하면 첫째, 개방성이다. Web 2.0은 웹의 플랫폼화로 인하여 어느 누구도 데이터를 소유하지 않고, 다양한 환경과 다양한 디바이스에서 사용자들이 데이터를 사용할 수 있는 플랫폼을 제공한다. 따라서 서비스되는 모든 데이터를 사용자가 자신의 편의에 따라 자유롭게 수정하여 활용이 가능하다. 둘째, 사회적 상호작용과 참여지향성이다. Web 2.0에서는 웹에 존재하는 정보가 개인 사용자의 참여와 사용자간의 상호작용에 의해 생성되기 때문에 개인의 참여가 가장 핵심적인 역할을 한다. 셋째, 개방된 응용 프로그래밍 인터페이스(API : Application Programming Interface)를 제공한다. Web 2.0에서는 생성된 콘텐츠와 정보를 언제 어디서나 누구나 쉽게 이용할 수 있도록 개방형 응용프로그래밍 인터페이스를 제공한다.

[표 1-1] Web 1.0과 Web 2.0 비교

구 분	Web 1.0	Web 2.0
등장시기	인터넷 등장	닷컴버블 붕괴 이후
사용자	일반 소비자	생산소비자(Prosumer)
제공 서비스	포털(Portal) 위주의 Web : 사용자가 포털 서비스의 변경을 할 수 없음.	플랫폼(Platform)으로서 웹 : 사용자가 플랫폼상의 서비스 변경 가능
정보/콘텐츠	폐쇄성 : 정보/콘텐츠를 제공만 할 뿐 활용할 수 없음	공유/개방성 : 누구도 정보/콘텐츠를 소유하지 않음, 모든 사용자가 사용 가능
브라우저	인터넷 익스플로러 : 웹 브라우저를 통해 서버에 대화요청(단순한 뷰어 역할)	Firefox 등 웹 접속이 가능한 모든 프로그램 : 수백 개 확장기능이 모두 일반 사용자들에 의해 수정/보완
운영체제	운영체제에 종속적	운영체제에 독립적
기술	HTML, ActiveX 등	FLEX, AJAX, RSS, WiKi 등
제작자	전문가, 프로그래머	모든 네트워크 사용자
성격	일방적 정보 전달형	사용자 참가형
사례	하이퍼링크 중심의 기존 웹사이트	아마존, 구글, 네이버 지식인, eBay

19

2. Rich Internet Applications 살펴보자

정보를 표시하고 그 정보와 연관된 임의 정보를 저장·보관하기 위한 목적으로 WWW과 HTML이 등장하였고, 배포성이 뛰어난 웹 배포 모델이 점차 알려지면서 기업들도 애플리케이션 인터페이스를 제작하기 위한 방법으로 HTML을 사용하기 시작했다. 그러나 HTML 기반의 애플리케이션은 전달 방식의 결함과 제한적인 사용자 인터페이스 제어 기능, 클라이언트 측 데이터 모델의 부재와 같은 문제에 봉착하면서 유용성 측면에서 고전을 면치 못했으며, 웹 애플리케이션이 처음 등장할 당시 개발자들은 데이터 전송, 리소스 할당, 비즈니스 로직, 여러 가지 인프라 관련 문제 등을 해결하는 데 문제가 발생하고 이러한 문제를 해결할 수 있는 기술이 발전, 표준화되면서 백 엔드 기술 발전과 웹 배포 모델을 점차 호응을 얻게 되었지만, 프레젠테이션 계층은 점차 쇠퇴하고 있었다. 이러한 가운데 등장한 것이 리치 인터넷 애플리케이션(RIA : Rich Internet Application)이다.

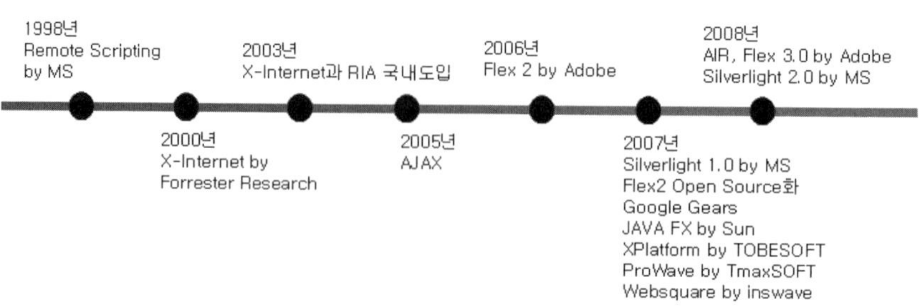

[그림 1-1] RIA 발전과정(출처 : KRG)

RIA의 등장은 클라이언트-서버의 데스크톱 응용프로그램과 웹의 경계를 무너트렸다. RIA의 기술들은 FLEX, X-Internet, AJAX, Sliverlight

등으로 분류할 수 있는데 이들은 모두 화려한 화면, 강력한 사용자 인터페이스, 대용량의 데이터 처리, 빠른 처리 속도를 지향하고 있다. RIA를 기반으로 하는 애플리케이션들은 복잡한 단계별 페이지 구조를 하나의 창에서 한꺼번에 처리하여 로딩 시간을 단축하면서 사용자의 편의성을 높이고, 동영상이나 기타 콘텐츠를 쉽게 웹에 삽입할 수 있다. 또한 사용자 중심의 편리한 사용자 인터페이스와 인터렉티브한 사이트를 제작하여 역동적인 화면과 페이지 이동 없이 한 페이지에서 정보제공이 가능하다.

비즈니스 또는 사용자의 요구를 충족시키기 위해 RIA는 다음과 같은 특징을 갖는다.

- HTML이 표현하지 못하는 다양한 사용자 컨트롤과 그래픽 효과를 개발할 수 있는 컴포넌트 라이브러리를 제공한다.
- 브라우저가 표현할 수 없는 그래픽 환경을 제공하여 사용자 인터페이스를 효과적으로 구현하기 위한 엔진을 제공한다.
- 서버의 부하를 줄이기 위해 실행코드를 서버에서 클라이언트로 전송하여 클라이언트에서 실행코드를 실행할 수 있도록 한다.
- 코드와 콘텐츠를 실행하고 다양한 디바이스에서 동일한 인터페이스를 구현할 수 있도록 효율적이고 성능이 뛰어난 런타임을 제공한다.

기존의 클라이언트-서버 기반, 웹 기반의 애플리케이션과 RIA 기반의 애플리케이션을 비교하면 [표 1-2]와 같다.

[표 1-2] 클라이언트-서버, 웹과 RIA의 비교

구 분	클라이언트-서버	웹	RIA
사용자 인터페이스	자체 컴포넌트	HTML	자체 컴포넌트
설치 프로그램	클라이언트 모듈	없음	플래시 플레이어, Silverlight 등
웹 서비스	낮음	높음	높음
오프라인 작업	가능	불가능	가능
대량의 데이터처리	가능	제한적	가능
프로그램 배포	프로그램 설치 파일 필요	없음	자동배포
컴포넌트 개발	제한적	템플릿	가능
서버/네트워크 부하	적음	많음	적음
클라이언트 관리	어려움	쉬움	쉬움
유지보수비용	많음	많음	적음

현재 새로운 기술과 기능들을 포함한 디바이스나 웹 브라우저가 수시로 발표되고 있는 상황에서 RIA는 플랫폼이 독립적으로 동작할 수 있도록 자신만의 컨테이너를 제공하기 때문에 개발자에게는 동일한 실행 환경을 제공하여 개발과 유지보수의 편의성과 효율성을 높이고 사용자에게는 사용자 중심의 편의성을 제공하여 Web 2.0의 가장 대표적인 기술로 대두되고 있다.

Chapter ❷ Flex! 이 정도는 알고 시작하자

Flex는 RIA 기반의 솔루션으로 Java나 C#처럼 전체 애플리케이션의 비즈니스 로직까지 모두 개발하는 것이 아니라, 이미 구성되어 있는 사용자 인터페이스, 모델구조, 모듈 등의 비즈니스 로직 위에서 데스크톱 애플리케이션과 같은 수준의 기능을 사용자에게 제공하여 사용자 중심의 인터페이스를 구성한다.

Adobe에서 출시된 프레젠테이션 레이어(Presentation Layer)의 크로스 플랫폼(Cross Platform)인 RIA를 작성하기 위한 개발도구인 Flex는 액션스크립트, MXML, DOM3 등의 표준 위에 Adobe의 API와 클래스 라이브러리가 포함된다. JavaScript의 언어적인 단점을 보완한 액션스크립트는 강력한 객체지향언어로서 플래시 플랫폼의 기능을 진척시키고, 플래시에서 검증된 라이브러리들을 보다 편리하고 쉽게 이용할 수 있도록 해준다. MXML은 웹 애플리케이션 개발 방법론에 부합하게 XML 태그 형식으로 User Interface를 구성하게 해주는 도구로서, 플래시 플레이어가 동작하는 운영체제, 브라우저, 디바이스에서 모두 실행이 되는 완벽한 유비쿼터스 솔루션으로

ActiveX나 JVM 등에 관계없이 IE, Firefox, PDA, 핸드폰, 위성단말기 등
언제 어디서든지 같은 애플리케이션을 공유할 수 있게 한다.

1. Adobe Flex의 시작과 현재

RIA, X-Internet, Web 2.0의 개념이 제안되고 있을 때 2004년 3월에
Macromedia에서 액션스크립트 2.0을 이용한 Flex 1.0을 발표하여 RIA의
가능성을 제시하였다. 2005년 Macromedia가 Adobe에 인수되면서 2006년
액션스크립트 3.0을 사용한 Flex 2.0가 발표되었는데, Flex 2.0은 액션스크
립트 3.0을 사용하여 객체지향 프로그래밍이 가능하였으며 Flex SDK, Flex
2 Builder, Flex Data Services와 Flex Charting의 네 가지 구성 요소로 이
루어지고 RIA의 대표적인 애플리케이션으로 대두되었다. 최근에 발표된
Flex 3.0은 무료로 제공되는 Flex 3 SDK, BlazeDS와 유료로 제공되는 Flex
3 Builder, LiveCycle Data Services로 구성된다. Flex 3 SDK는 커맨드 기
반으로 애플리케이션을 개발하고, Flex 3 Builder는 위지윅 방식으로 애플
리케이션을 개발한다. 또한 BlazeDS는 자바 웹 애플리케이션 서버에서 구동
하여 Flex 애플리케이션 서비스를 제공하며, LiveCycle Data Services는 서
버의 백엔드 데이터베이스와 연동하는 Flex 애플리케이션을 제공한다. Flex
3.0의 가장 큰 특징은 데스크톱 애플리케이션을 위한 AIR가 포함된 것이다.
AIR는 웹 브라우저가 없이 데스크톱에서 실행되기 때문에 데스크톱 애플리
케이션의 기능과 웹 브라우저의 편의성을 모두 제공한다.
　다시 말하면, Flex로 제작된 리치 인터넷 애플리케이션은 브라우저에서
유비쿼터스 Adobe Flash® Player 소프트웨어를 통해 실행되고 데스크톱에

서는 Adobe AIR를 통해 실행되기 때문에 Flex 애플리케이션을 데스크톱에서 모든 주요 브라우저와 운영체제 전반에 걸쳐 일관되게 실행할 수 있다. 또한 크로스 운영체제 런타임인 Adobe AIR를 사용하면 Flex 애플리케이션에서 데스크톱에 있는 로컬 데이터 및 시스템 리소스를 이용할 수 있다.

Flex 1.5, Flex 2와 Flex 3를 버전별로 비교하면 [표 2-1]과 같다.

[표 2-1] Flex 버전별 비교

구 분	Flex 1.5	Flex 2	Flex 3
구성 요소	Flex Builder 1.5 Flex Presentation Server 1.5	Flex SDK 2 Flex Charting 2 Flex Builder 2 Flex Data Service 2	Flex SDK 3 Flex Charting 3 Flex Builder 3 LiveCycle Data Services 2.5 BlazeDS
Flash player	Flash player 7.0	Flash player 9.0	Flash player 9.0
ActionScript	ActionScript 2	ActionScript 3.0	ActionScript 3.0
컴포넌트	UIObject 클래스	Sprite 클래스	Sprite 클래스
컴파일	Flex Runtime Server	Flex SDK 2 Flex Builder 2 Flex Data Service 2	Flex SDK 3 Flex Builder 3 LiveCycle Data Services 2.5
개발환경	드림위버 UI의 Flex Builder 1.5	이클립스 기반의 Flex Builder 2	이클립스 기반의 Flex Builder 3

(1) Flex는 무엇일까?

Flex는 xml 태그로 구성된 스크립트(mxml)를 작성해서 컴파일러로 컴파일하면 플래시로 된 파일을 만들 수 있는 Rich Internet Application(RIA) 개발 솔루션이다. Flex는 구성 요소(컨테이너 및 컨트롤), 관리자 클래스, 데이터 서비스 클래스 및 기타 모든 기능을 위한 클래스가 포함되어 있는 ActionScript 클래스 라이브러리로 구현되었으며, ActionScript 클래스 라이브러리와 함께 MXML 및 ActionScript 언어를 사용하여 RIA를 개발할 수 있다.

Flex 파일의 확장자이기도 한 mxml(Magic eXtensible Markup Language) 은 Flex 애플리케이션의 사용자 인터페이스 구성 요소를 배치하는 데 사용하는 XML 언어로서, 서버 측 데이터 소스에 대한 액세스 및 사용자 인터페이스 구성 요소와 데이터 소스 간의 바인딩 등 애플리케이션의 비시각적 측면을 선언적으로 정의하는 데에도 사용한다.

[그림 2-1]과 같이 Flex SDK에 있는 명령어 mxmlc.exe를 이용하여 mxml 소스파일을 swf 파일로 컴파일하여 사용자에게 Flex 애플리케이션을 제공한다. 또한 Web 2.0의 핵심인 MVC(Model-View-Controller) 아키텍처를 지원한다.

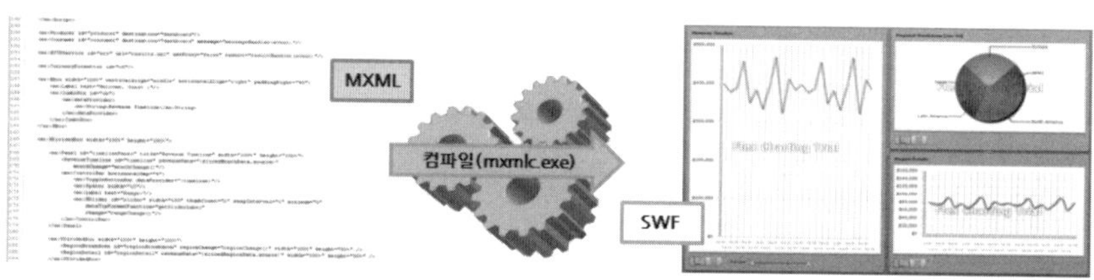

[그림 2-1] MXML 소스파일의 SWF 플래시 파일로의 변환

(2) Flex로 구현된 예

수많은 유형의 애플리케이션이 Flex에서 구축된 풍부한 프런트 엔드를 통해 한층 더 강화될 수 있지만 Flex는 원래 특정한 특징을 가지고 있는 애플리케이션의 성능을 향상시키도록 개발된 것으로, 다단계 프로세스를 처리하고 클라이언트 측 유효성 검사, 직접 조작 또는 데이터 시각화를 필요

로 하는 애플리케이션에 제격인 서비스다.

● Collaboration Dashboard

실시간 영업 현황보고 시스템과 같은 데이터 및 정보에 대한 액세스를 제공하는 애플리케이션은 비즈니스 수행에 매우 중요하다. 요청을 할 때마다 원하는 결과를 얻기 위해 서버로 송수신해야 하는 번거로움으로 속도가 느려지면 최종 사용자는 기다리는 시간이 많아지며, 또한 조직에서도 이종 시스템에서 가져온 주요 비즈니스 데이터를 통합하는 데 많은 어려움을 겪고 있다.

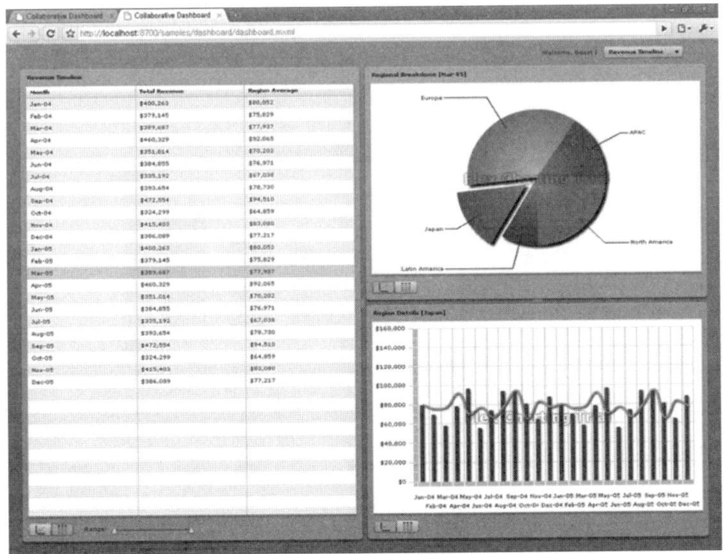

[그림 2-2] Flex로 구현된 Collaborative Dashboard

현재 사용 중인 비즈니스 인텔리전스 솔루션을 최대한 활용하여 가치를 극대화하거나 최종 사용자에게 미래 지향적인 시각을 제공하려는 조직에게

Flex로 제작된 대시보드는 매우 유용한 도구가 된다. 사용자는 데이터를 즉각적으로 불러올 수 있고 기업들이 선호하는 방식으로 데이터를 볼 수 있어 보다 정확한 분석을 할 수 있다. 서비스 지향 아키텍처를 통해 다른 시스템의 데이터를 통합하는 Flex의 대시보드를 사용하면 사실상 포괄적인 데이터를 신속하게 접근할 수 있으므로 비즈니스 의사 결정에 유용한 도구가 된다.

[그림 2-2]는 세 가지 차트가 한 화면에서 실행되면서 각 차트의 값을 선택하면 선택된 값에 따라 다른 차트의 값이 변하는 협업 대시보드의 예 화면이다. 두 명 이상이 인원이 실시간으로 협업하는 경우나 주식과 같이 실시간 데이터가 중요한 경우에 매우 유용하다.

● PDFGeneration

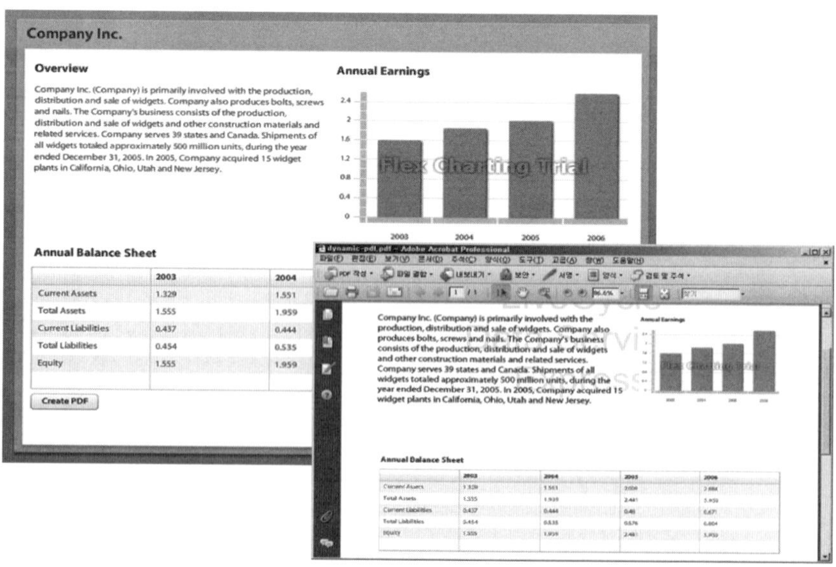

[그림 2-3] Flex로 구현된 PDF Generation

Flex LiveCycle Data Services를 이용하여 Server-Side의 API에 데이터를 전달하여 PDF 파일을 생성할 수 있는데 사용자가 보는 Flex 인터페이스와 동일한 PDF를 생성할 수 있어 UI상의 작업을 출력물로 작성하고자 할 때 매우 유용하다.

● SQLAssembler

Flex LiveCylce Data Services를 기반으로 SQL 어셈블러를 이용하여 클라이언트의 Flex 애플리케이션만으로 데이터베이스 작업을 할 수 있다. [그림 2-4]는 CRUD(Create-Read-Update-Delete)를 구현한 애플리케이션이고, [그림 2-5]는 편집된 데이터로 만들어진 Store 애플리케이션이다.

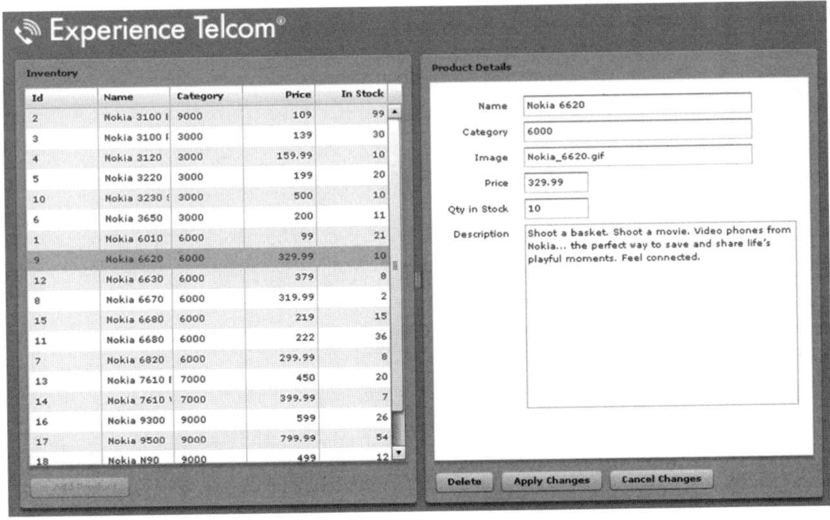

[그림 2-4] CRUD를 구현한 Flex 애플리케이션

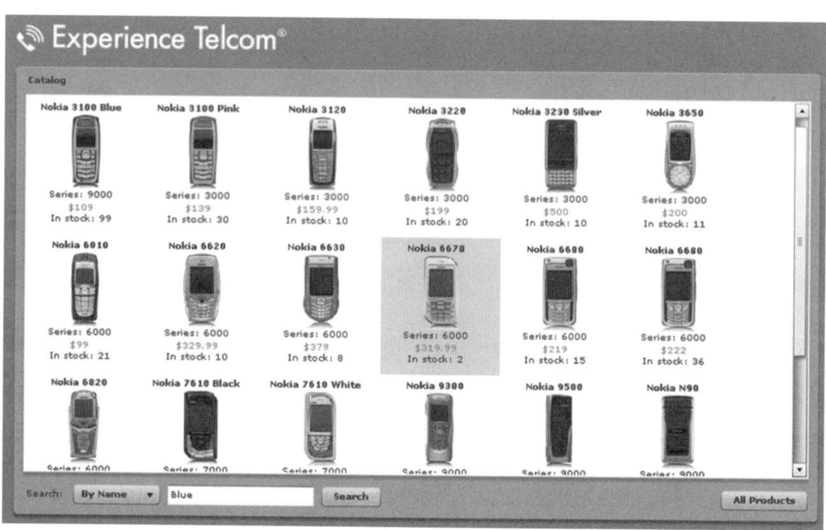

[그림 2-5] Store Flex 애플리케이션

　이외에도 Runtime Configuration, Per-Client Qualify of Service, JSP Tag Library, CRM, Databases Manager, Notes와 Hibernate Integration 등의 여러 가지 Flex 애플리케이션들을 제공할 수 있다. 즉, Flex 애플리케이션은 기존의 애플리케이션에 비해 많은 이점을 제공한다. 프로세스를 파악할 수 있도록 명확한 시각적인 효과와 함께 동작에 대한 컨텍스트를 사용자에게 제공하여 사용자의 경험을 향상시키고, 클라이언트에서 정보의 유효성 검사와 스크립트를 처리할 수 있어 서버의 부하를 줄이며, 즉각적인 상호작용과 사용자 중심의 아키텍처를 통해 사용자 중심의 애플리케이션을 구현할 수 있다.

(3) Flex 3의 구성 요소

Flex 3은 Flex 3 SDK, Flex Charting 3, Flex Builder 3, LiveCycle Data Services와 BlazeDS로 구성되어 있다.

● Flex 3 SDK

무료로 사용할 수 있는 오픈 소스 Flex 애플리케이션 개발 킷으로서 커맨드에서 Flex 애플리케이션을 개발할 때 사용하며 MXML, ActionScript, Debugger, Flex Class Library로 구성된다.

● Flex Charting 3

데이터를 시각적으로 표현할 수 있는 각종 차트와 효과를 제공한다.

● Flex Builder 3

Eclipse 기반의 강력한 통합개발환경으로 SDK와 Charting이 내장되어 있으며, 위직윅(WYSIWYG : What You See is What You Get) 방식으로 Flex 애플리케이션을 개발한다.

● LiveCycle Data Service

WAS(Web Application Server) 위에서 작동하며 서버와 클라이언트 간의 데이터를 실시간으로 처리할 수 있을 뿐만 아니라 Ajax 연동, PDF 리포팅 기능 등을 수행한다. LCDS의 데이터 연동 방식은 [표 2-2]와 같다.

● BlazeDS

LiveCycle Data Service의 오픈소스로서 WAS에서 구동하며 무료로 이용할 수 있다.

[표 2-2] LCDS의 데이터 연동방식

데이터 연동		프로토콜	데이터 포맷	데이터 처리 Applications	LCSD 사용	메시징 서비스
RPC* Service	HTTP Service	HTTP HTTPS	XML	ASP.NET JSP PHP XML	선택	X
	Web Service	HTTP HTTPS	XML SOAP**	Web Service 가능 Applications	선택	X
	Remote Object	HTTP HTTPS	AMF***	Java Beans	필수	X
Data Service	Message Service	RTMP****	AMF	Java Beans	필수	O
	Data Management Service	HTTP RTMP	AMF	Java Beans	필수	O

   * RPC : Remote Procedure Call
  ** SOAP : Simple Object Access Protocol
 *** AMF : Action Message Format
**** RTMP : Real Time Messaging Protocol

2. Adobe Flex Builder 3 설치

Flex Builder 3는 Flex 애플리케이션을 보다 빠르고 견고하게 만들어 주는 도구로서 Flex Builder 2.0 버전에서부터 Eclipse 기반으로 개발되어 기존에 Eclipse를 사용해 보았다면 빠르게 익힐 수 있다.

FB3_WWEJ.exe 파일을 실행하여 Flex Builder 3의 설치를 시작한다. Flex Builder 3의 설치 파일은 http://is.jj.ac.kr/Flex/FB3_WWEJ.exe에서 다운로드할 수 있다.

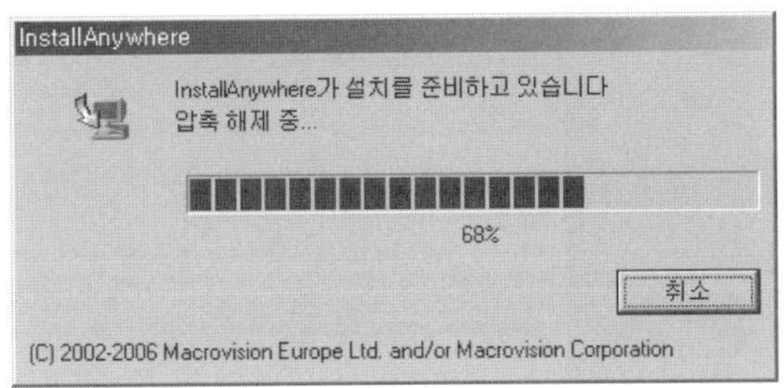

[그림 2-6] Flex Builder 2 설치 파일 준비

설치에 필요한 파일의 압축이 풀리면서 [그림 2-7]과 같은 초기화면이
나타난다. 설치에 필요한 압축이 풀린 후 Flex Builder 3의 기본언어를 선
택하는 창이 [그림 2-8]과 같이 출력되는데, 'English' 선택하고 설치를 진
행한다.

[그림 2-7] Flex Builder Installer 시작

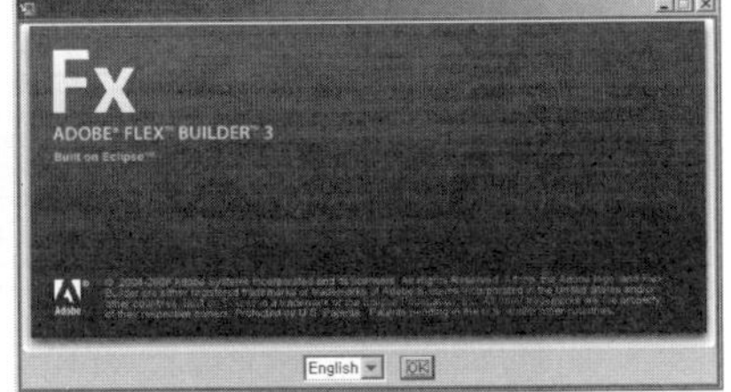

[그림 2-8] Flex Builder Installer 준비

[그림 2-9]는 Flex Builder 3 설치를 환영하는 메시지가 나타난다. 그리
고 Flex Builder 3에 대한 라이선스 동의를 묻는 과정으로 [그림 2-10]이
출력되는데 'I Accept the terms of the Lisense Agreement' 라디오 버튼
을 선택하여 다음으로 넘어간다.

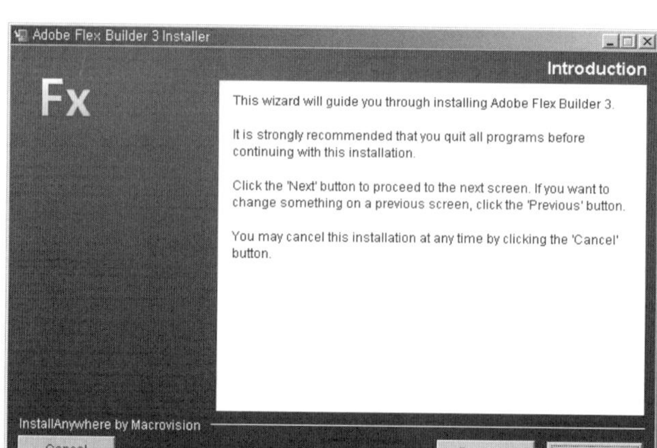

[그림 2-9] Flex Builder 3 설치 정보

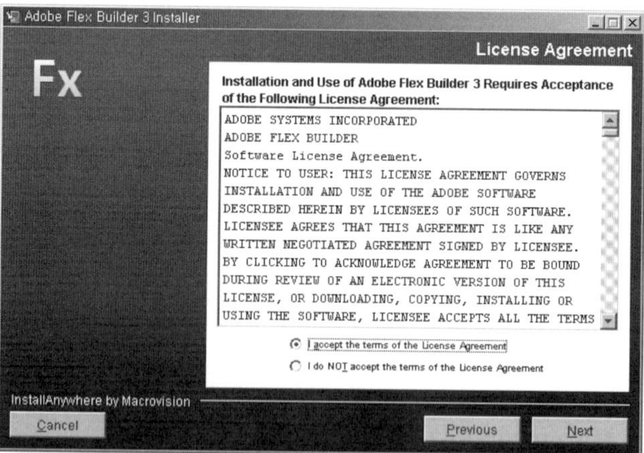

[그림 2-10] Flex Builder 3 라이선스

다음은 Flex Builder 3를 설치할 폴더를 지정한다. 기본 값은 'C:\
Program Files\Adobe\Flex Builder 3'이며, 다른 경로로 설정할 경우
Choose 버튼을 눌러서 원하는 폴더를 선택한다. 설정이 되면 Next 버튼을
클릭한다.

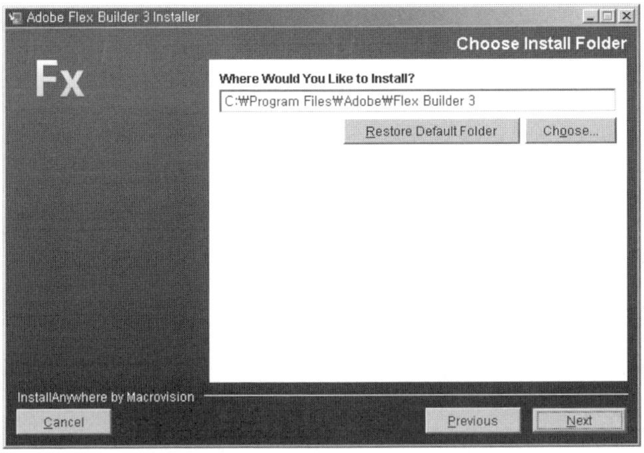

[그림 2-11] Flex Builder 3 설치 경로 지정

Flex 3은 액션스크립트 3.0을 사용하기 때문에 Adobe 플래시 플레이어가 필요하다. [그림 2-12]는 플래시 플레이어 설치 여부를 선택하는 것으로 Internet Explorer와 Netscape 또는 Firefox 등 웹 브라우저의 플러그인을 선택할 수 있으며 둘 다 선택해도 좋다.

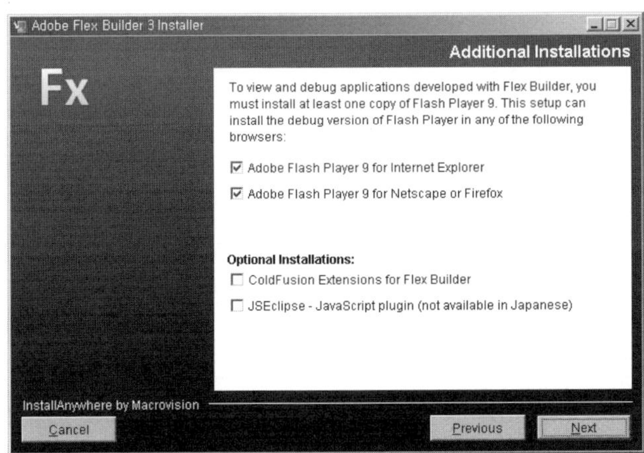

[그림 2-12] 플래시 플레이어 선택

[그림 2-13]의 설치 정보가 맞는지 확인하고 수정이 필요할 경우 Previous 버튼을 클릭하여 수정한 후 Install 버튼을 클릭하여 설치를 시작한다.

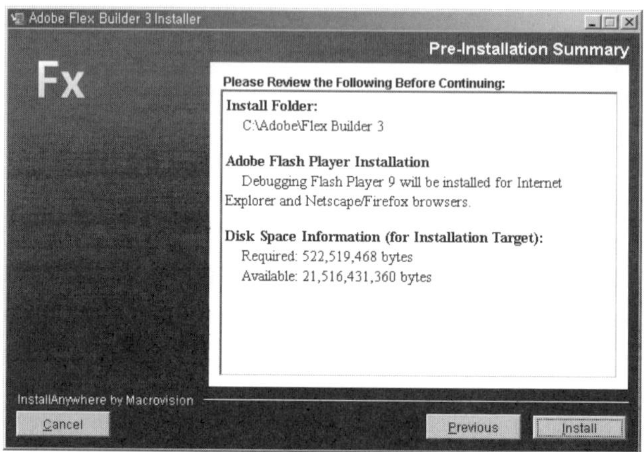

[그림 2-13] Flex Builder 3 설치 정보 확인

이제 Flex Builder가 설치되며, Flex Builder는 Eclipse 기반으로 되어 있기 때문에 모듈을 읽어 와서 실행되게 된다.

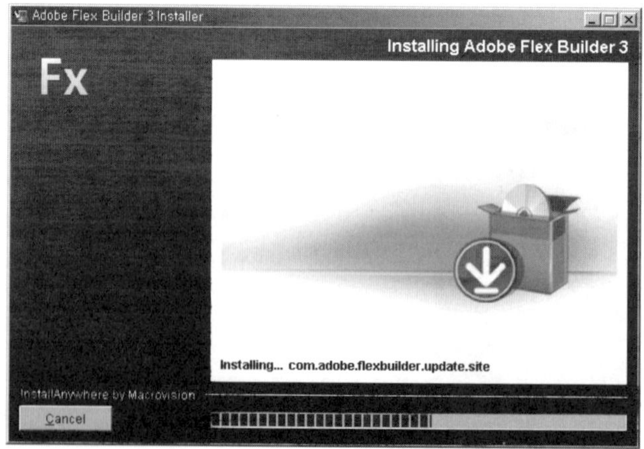

[그림 2-14] Flex Builder 3 설치

Flex Builder, Flex 3 SDK와 플래시 플레이어 9의 설치가 완료되면
Done을 클릭한다.

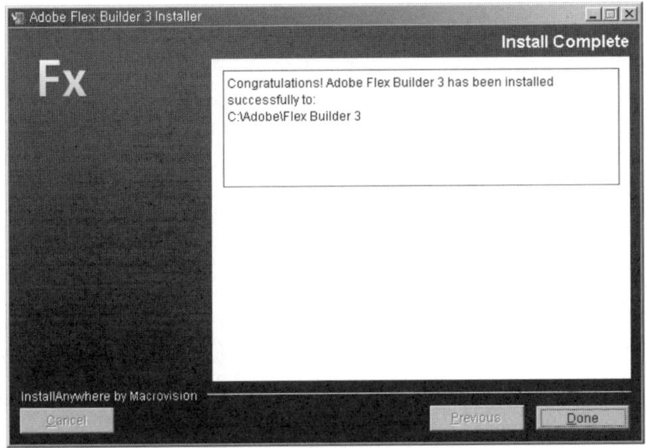

[그림 2-15] Flex Builder 3 설치 완료

모든 설치가 완료되면 [시작]→[프로그램]→[Adobe]→[Adobe Flex
Builder 3]을 선택하여 Flex Builder 3을 실행한다.

[그림 2-16] Adobe Flex Builder 3 실행

Flex Builder 3을 실행하면 라이선스 키를 입력하라는 메시지가 출력되
는데 라이선스 키가 있는 경우에는 라이선스 키를 입력하고, 그렇지 않고

평가판으로 사용하고자 하는 경우에는 Continue Trial 버튼을 클릭한다.
참고로 Flex Builder 3 평가판의 사용기간은 60일이다.

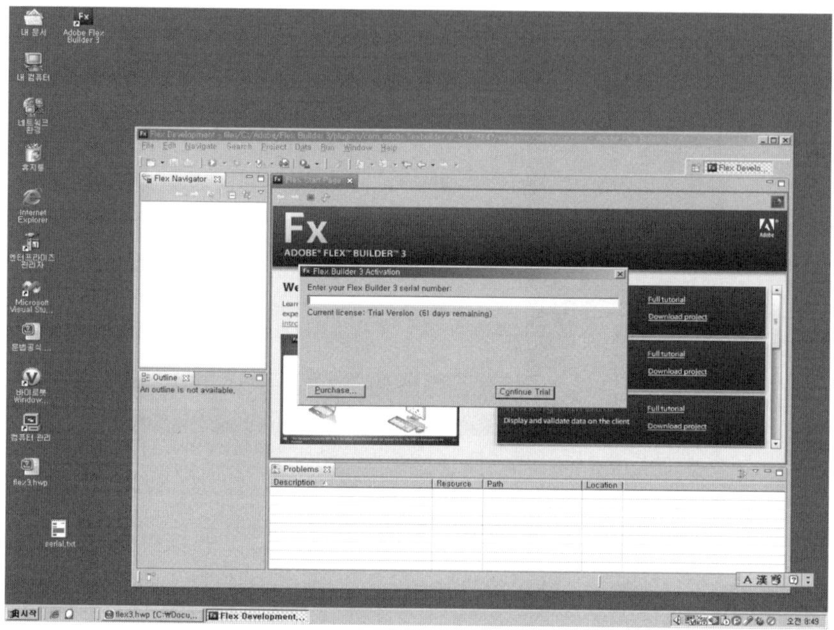

[그림 2-17] Adobe Flex Builder 3 Serial Number 입력화면

3. LiveCycle Data Service 설치

LiveCycle Data Service(이하 LCDS)는 RIA의 데이터를 관리할 수 있는
새로운 모델이다. 메시징 인프라를 바탕으로 구축되고 메시징의 고유한 견
고함과 안정성을 활용한 LCDS는 다양한 비동기 데이터 요청 처리와 같이
개발자의 지루하고 오류가 발생하기 쉬운 작업이 더 이상 필요 없는 모델

로서 Hibernate, JDO, ADO 같은 기타 객체 모델과 유사하게 LCDS에서도 프레젠테이션 및 클라이언트 계층이 엔터프라이즈 데이터 모델에 완벽하게 적용될 수 있다. 그리고 LCDS에서 가장 핵심은 실시간 푸시(push)로서 차세대 리치 인터넷 애플리케이션 제작에 필요한 데이터 인터랙션을 지원한다.

LCDS는 Flex를 서버와 연동하기 위해 사용하는 것으로 CPU가 1개인 Express 버전에 한해서 상업적인 용도를 포함하여 무료로 사용할 수 있다. 그럼 LCDS를 설치해보자.

lcds251-win.exe 파일을 더블클릭하여 설치를 시작한다. LiveCycle Data Service의 설치 파일은 http://is.jj.ac.kr/Flex/lcds251-win.exe에서 다운로드할 수 있다.

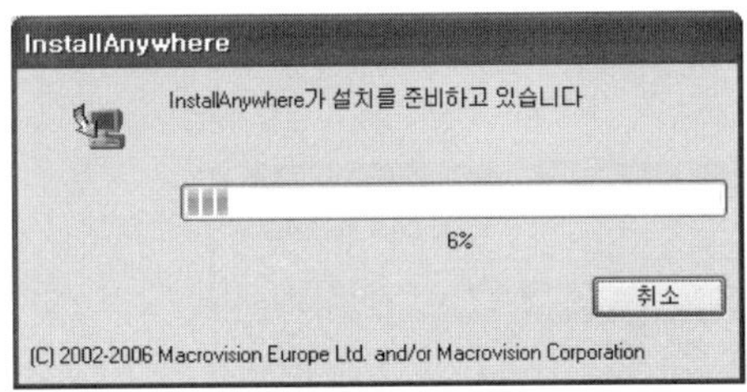

[그림 2-18] LiveCycle Data Service 설치 준비

[그림 2-19] 설치 시작

설치 준비가 완료되면 Adobe LiveCycle Data Services ES 2.5.1 설치 마법사가 대화상자에 LCDS 설치를 환영하는 메시지와 함께 LiveCycle Data Services 설치에 대한 정보가 출력된다. Next 버튼을 클릭한다.

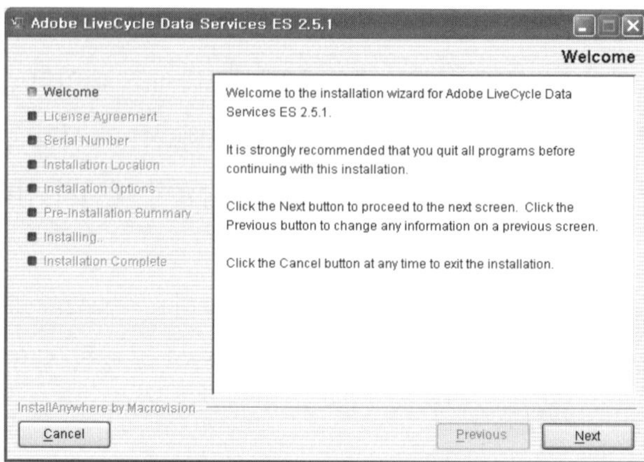

[그림 2-20] LiveCycle Data Services 설치 정보

LiveCycle Data Services에 대한 라이선스 동의를 묻는 과정으로 'I Accept the terms of the License Agreement'를 체크한 다음 Next 버튼을 클릭한다.

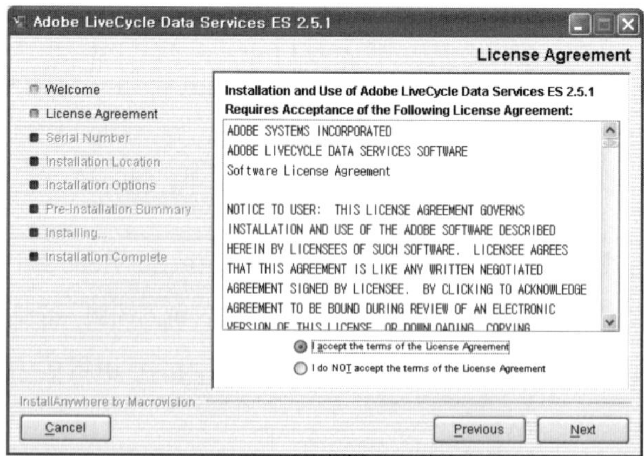

[그림 2-21] LiveCycle Data Services 라이선스 동의

라이선스 키를 입력한 다음 Next 버튼을 클릭한다. 단 Express edition

으로 설치한다면 라이선스 키를 넣지 않고 Next 버튼을 클릭한다.

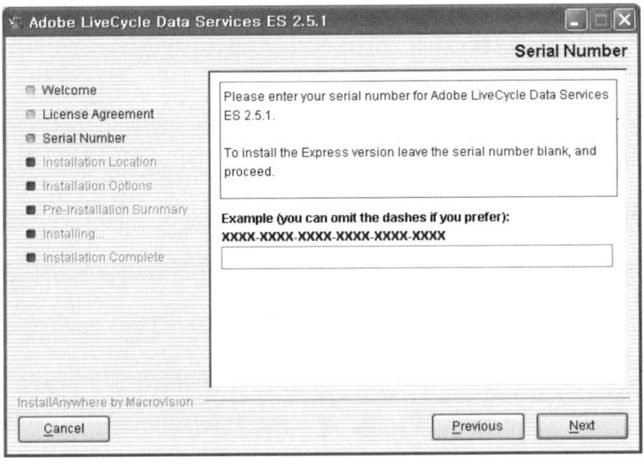

[그림 2-22] LiveCycle Data Services 라이선스 키 입력

Adobe LiveCycle Data Service를 설치하는 폴더를 설정하는데 기본 값은 'c:₩lcds'로, 기본설정을 변경하고 할 때는 Choose 버튼을 눌러서 원하는 폴더를 선택하고 Next 버튼을 클릭한다.

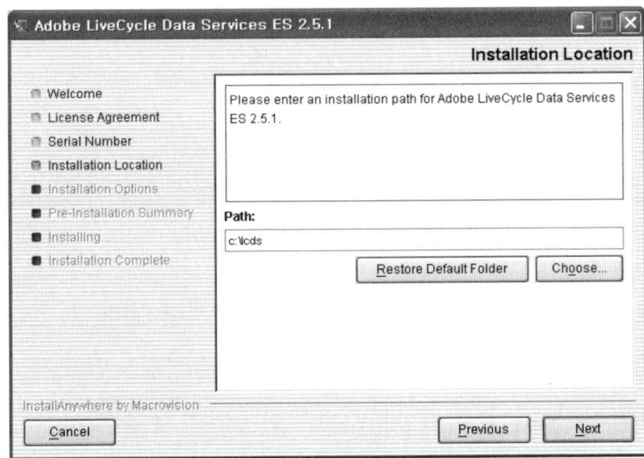

[그림 2-23] LiveCycle Data Service 설치 경로 선택

Adobe LiveCycle Data Services를 설치할 때에는 웹 애플리케이션 서버를 별도로 설치할 것인지 아니면 LCDS에 포함된 JRun을 사용할 것인지를 선택할 수 있다. 현재 자바 서비스가 운용되지 않고 있다면 Flex Data Services에 포함되어 있는 JRun를 설치하여 Data Service를 서비스할 수 있으며, 현재 자바 서비스가 운용되고 있다면 JRun을 따로 설치하는 방법과 현재 운용되고 있는 자바 서비스에 런칭 시켜서 사용하는 방법이 있다.

첫 번째 옵션인 With integrated JRun을 선택하면 디폴트로 J2EE서버를 설치한 후 JRun에 LCDS를 설치한다. 두 번째 옵션인 J2EE Web Application을 선택하면 다른 웹 애플리케이션 서버에 디플로이가 가능한 형태인 flex.war 파일을 생성해 준다.

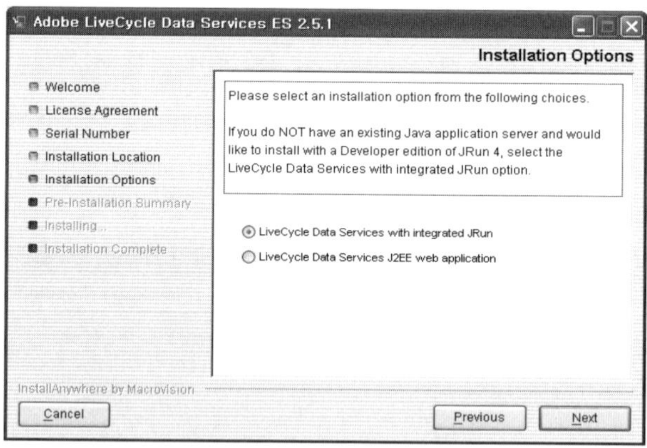

[그림 2-24] LiveCycle Data Services 옵션 선택

다음 설치 단계에서는 지금까지 사용자가 설치를 위해 설정한 내용을 보여준다. 설정한 내용이 맞는지 확인하고 수정할 필요가 있는 경우 Previous 버튼을 눌러서 이전 과정으로 되돌아가서 수정하고 그렇지 않으면 Install 버튼을 눌러서 설치를 시작한다.

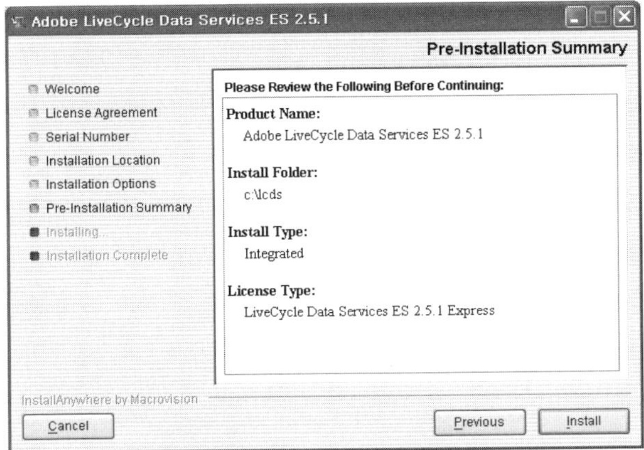

[그림 2-25] LiveCycle Data Services 설정 확인

설정확인이 되면 Adobe LiveCycle Data Services에서 필요로 하는 구성 요소들을 설치한다.

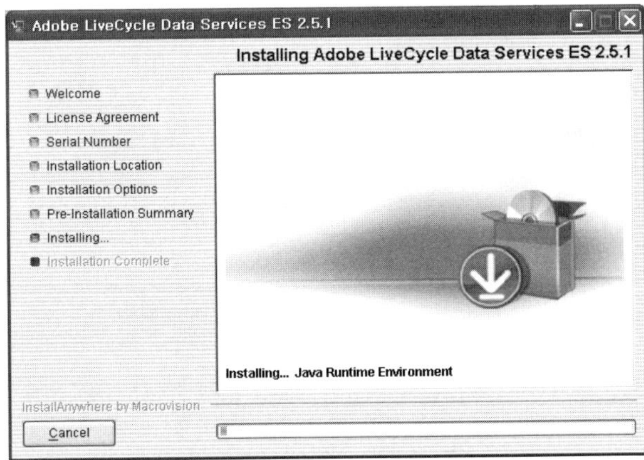

[그림 2-26] LiveCycle Data Services 구성 요소 설치

[그림 2-27]과 같이 설치가 완료되었으면 'Done'을 클릭하고 설치를 완료하고 LCDS가 설치된 폴더를 확인한다.

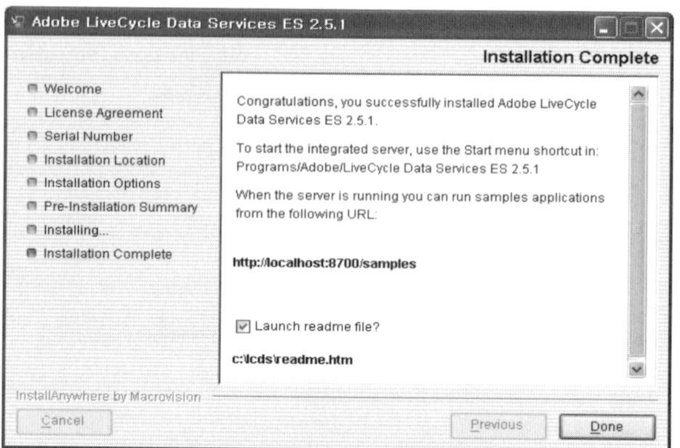

[그림 2-27] LiveCycle Data Services 설치 완료

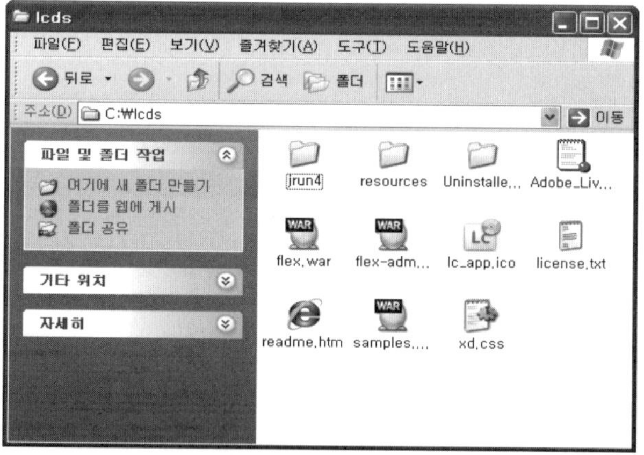

[그림 2-28] LiveCycle Data Services 설치 폴더 확인

설치가 완료되었으면 Flex서비스가 동작하는 알아보기 위해서 JRun을 실행한다. [그림 2-29]와 같이 [시작] → [Adobe] → [LiveCycle Data Services ES 2.5.1] → [Start Integrated LiveCycle Data Services Server]를 선택하거나 '%설치 폴더%₩jrun4₩bin' 폴더로 이동해서 jrun. exe 파일을 실행한다.

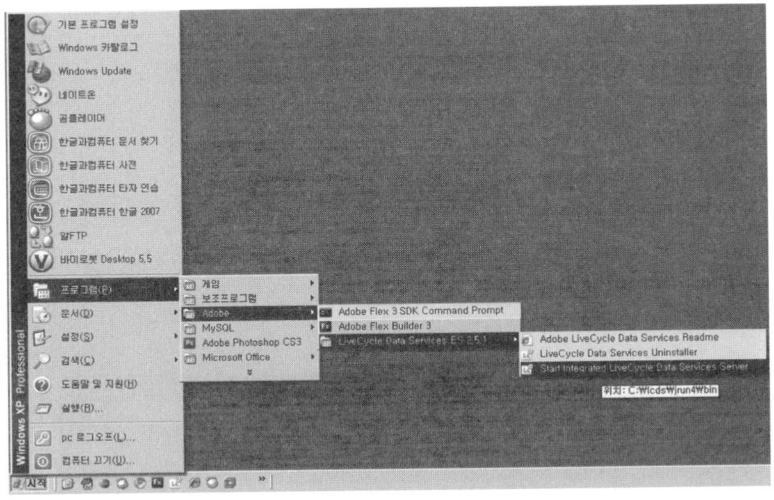

[그림 2-29] LiveCycle Data Services 실행

LiveCycle Data Services를 실행하면 그림과 같이 콘솔창이 띄워지면서 여러 줄의 정보가 출력되는데 이 콘솔 창에는 사용자가 Flex 서버로 요청을 하게 되면 서버가 지금 어떤 동작을 하고 있는지 출력된다.

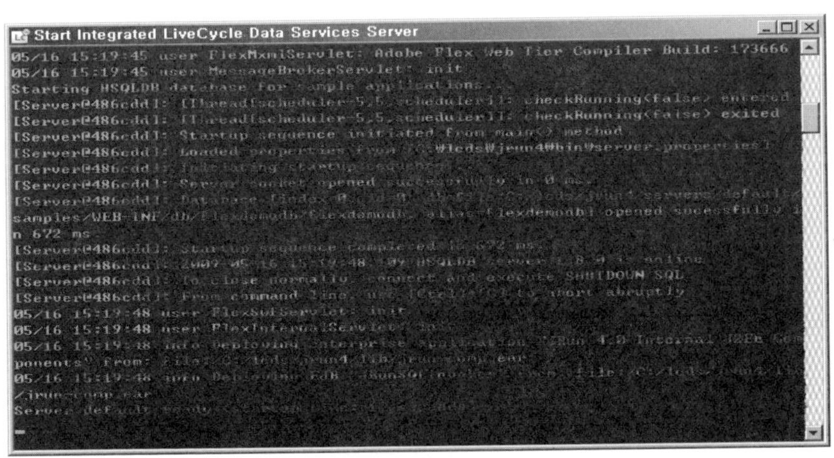

[그림 2-30] LiveCycle Data Services 실행 Console 화면

LiveCycle Data Services를 실행하고 웹 브라우저를 실행시켜 웹 브라우저의 주소창에 아래 url을 입력해보자.

[그림 2-31]과 같이 'Welcome to Adobe LiveCycle Data Services ES 2.5!'가 출력되면 설치가 완료된 것이다.

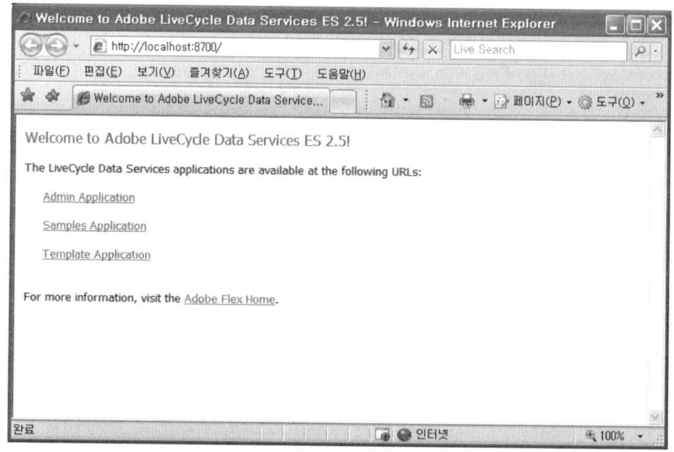

[그림 2-31] http://localhost:8700/ 실행 화면

웹 브라우저의 url에 입력한 'http://localhost:8700'에서 'localhost'는 '127.0.0.1'로 할 수 있으며 자신이 사용하는 컴퓨터의 IP(Loop Back)주소이고 뒤의 ':8700'은 자신의 컴퓨터의 8700포트를 이용하는 웹사이트를 요청하는 것이다. 일반 자바 웹서비스는 8080포트를 이용하지만 Flex의 JRun은 8700포트를 이용하고 있으며, 이를 수정하기 위해서는 Flex 환경설정 파일에서 설정할 수 있다.

LiveCycle Data Services의 폴더구조

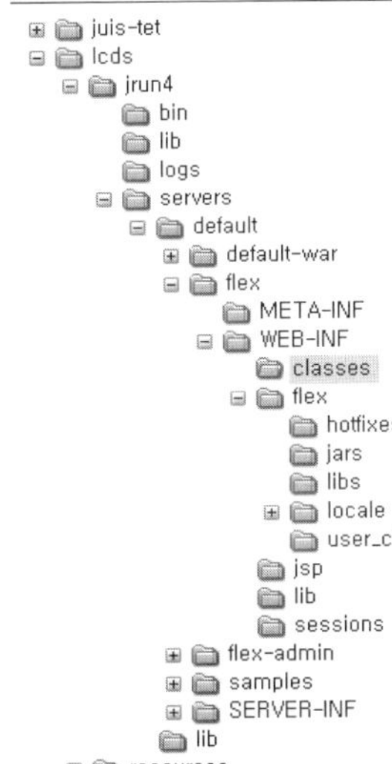

WEB–INF/classes
: 자바 클래스 폴더로서 Web Application Server가 구동될 때 자동으로 메모리에 로딩. 클라이언트와 통신할 때 필요한 자바 클래스 포함

WEB–INF/flex
: FDS 프레임웍 설정 및 관련 파일들이 모여 있는 폴더
→ Hotfixes : flex 핫픽스 관련 파일들을 관리하는 폴더
→ Jars : mxml을 컴파일하기 위해 사용하는 자바 라이브러리 폴더
→ Libs : 플렉스 공통 라이브러리 폴더
→ Locale : 플렉스가 제공하는 컴포넌트들의 다국어 리소스를 관리하는 폴더
→ Themes : 플렉스 테마를 관리하는 폴더
→ User_classes : 사용자 정의 플렉스 라이브러리, mxml, as 클래스를 관리하는 폴더

WEB–INF/lib
: FDS를 위해 사용하는 자바 라이브러리 폴더

Chapter ❸ Flex Builder를 사용해보자

1. Flex Builder 시작부터 종료까지

Flex Builder 3는 Flex 3 Framework와 Flash API를 사용한 애플리케이션 개발을 지원하는 통합개발환경으로 드림위버(Dreamweaver) 기반이었던 Flex Builder 1.5와 달리, Flex Builder 2부터는 이클립스 기반으로 구축되었기 때문에 개발자들이 보다 친숙하게 Flex 애플리케이션을 코딩, 디자인, 디버깅할 수 있다.

Flex Builder 3에는 Standard 버전과 Flex Charting을 포함한 Professional 버전 두 종류가 있다. 각 버전은 단독 설치 및 플러그인 형태 설치의 두 가지 설치 옵션을 제공하는데 단독 설치 옵션은 Flex 애플리케이션과 액션스크립트 3 애플리케이션 작성을 위해 특별히 만들어진 이클립스와 Flex Builder 플러그인의 통합 패키지다. 또한 플러그인 옵션은 이미 이클립스를 사용하고 있는 사용자들을 위한 옵션으로 기존에 사용하고 있는 이클립스에 Flex Builder 플러그인을 추가하는 형태가 된다.

[그림 3-1]은 단독 설치 옵션으로 설치한 Flex Builder 3를 처음으로 실행한 Start Page 화면이다.

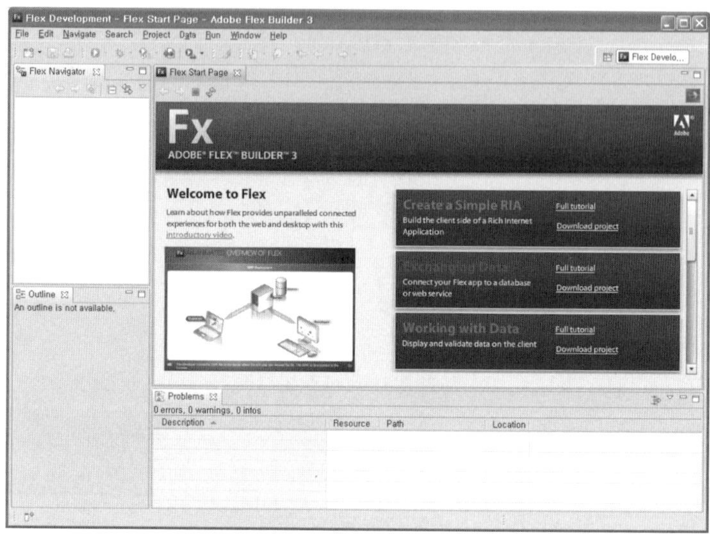

[그림 3-1] Flex Builder 3의 Start Page

2. Flex 시작은 사이트 정의부터!

Flex Builder에서는 새로운 프로젝트를 생성하고자 할 때, Flex Project 마법사를 이용하여 프로젝트 이름과 위치 그 외 여러 옵션을 입력하여 생성할 수 있다. 그럼 Flex Project를 생성해보자.

먼저 [그림 3-2]와 같이 [Flex Navigator View]에서 마우스 오른쪽 버튼을 클릭하여 [New] → [Flex Project]를 선택하거나 [File] → [New] → [Flex Project]를 선택한다.

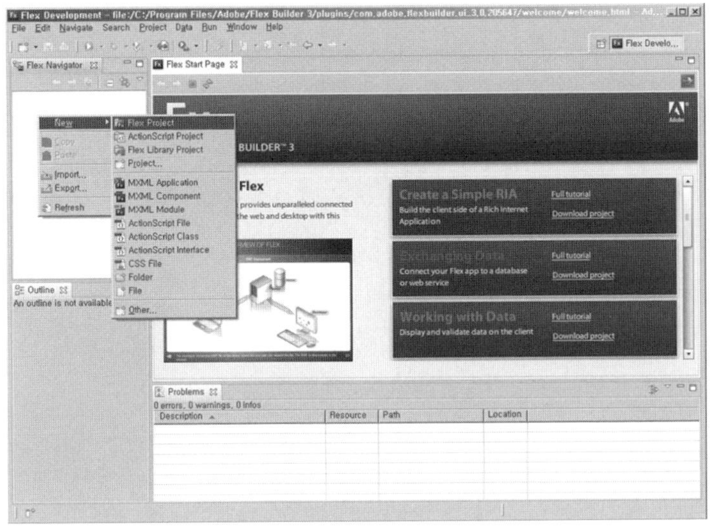

[그림 3-2] Flex Project 선택 화면

Flex Project를 선택하게 되면 [그림 3-3]과 같이 생성하는 Flex Project에 대한 구축환경을 설정한다. Project name에는 프로젝트명을 입력하는데 프로젝트명을 잘 정의하면 어떤 프로젝트인지 알기 쉽다. 이 책에서는 프로젝트명을 'FlexProject'로 한다. Default location을 선택하게 되면 My Documents 디렉터리를 이용하여 파일을 관리하기 어렵기 때문에 루트 디렉터리로 설정하는 것을 권장한다. 이 책에서는 'D:₩FlexProject'로 한다. Application Type은 개발하는 프로젝트가 웹 애플리케이션인지 데스크톱 애플리케이션인지를 선택하는 것으로 이 책에서는 'Web Application(runs in Flash Player)'를 선택한다. 마지막으로 Application Server Type은 NONE, ASP.NET, ColdFusion, J2EE, PHP와 Other이 있는데 특별한 애플리케이션 서버와 연동할 것이 아니라면 디폴트인 'None'으로 설정한다. 이 책에서도 'None'으로 설정한다.

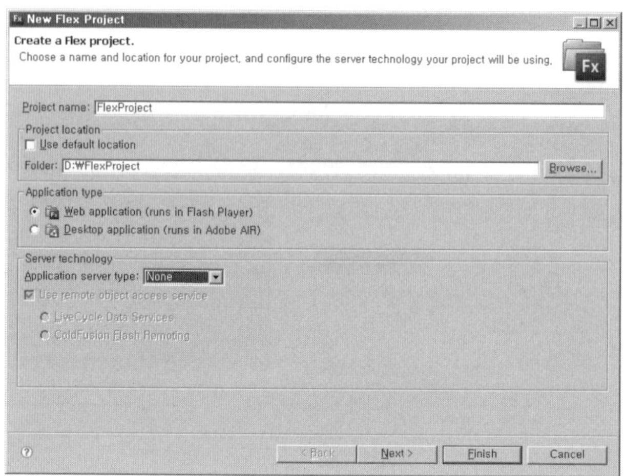

[그림 3-3] Flex Project의 기본 정보 설정화면

Flex 프로젝트의 기본 설정이 완료되면 컴파일된 Flex 애플리케이션의
Output folder를 지정한다. 이 책에서는 기본설정인 bin-debug로 설정하
고 Next 버튼을 클릭한다.

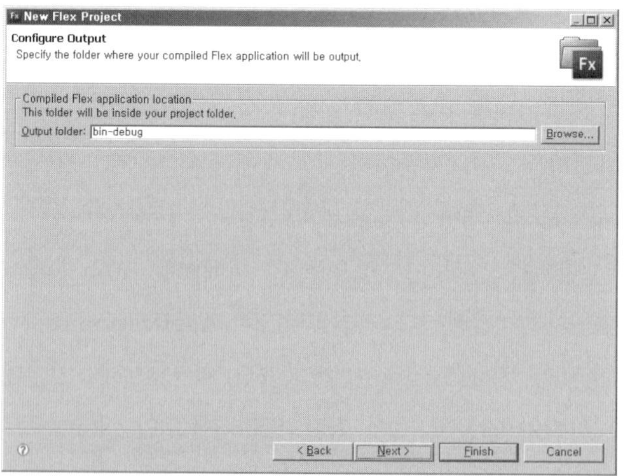

[그림 3-4] Flex 애플리케이션의 Output folder 지정화면

마지막으로 Flex 프로젝트의 사이트를 정의해야 하는데 이는 Flex 프로젝트를 개발하기 전에 Flex 프로젝트 소스가 저장될 디렉터리를 지정해두는 것으로 사이트를 정의하면 각 웹사이트 파일간의 관계를 Flex Builder가 관리해 주어 사용자의 실수를 방지해주고 라이브러리, 템플릿 등 Flex Builder의 기능을 최대한 사용할 수 있다. Main source folder는 기본설정인 'src'로 두고 Main application file은 기본적으로 Flex 프로젝트명과 같게 생성하지만 [그림 3-5]와 같이 'Example03_01'로 바꾸어 사용하여도 무방하다.

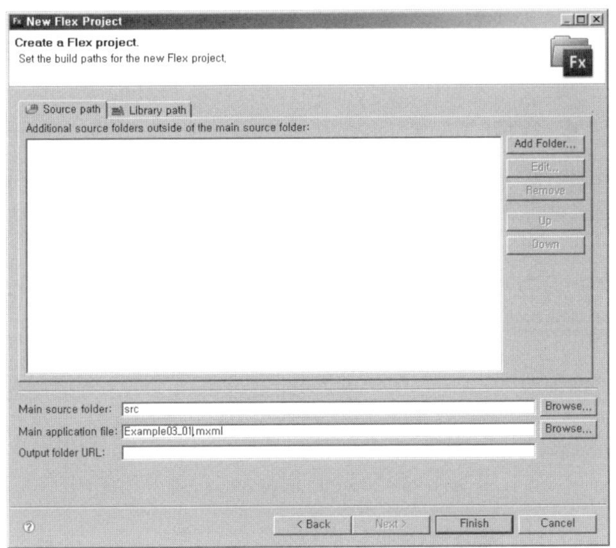

[그림 3-5] Flex 애플리케이션의 Output folder 지정화면

설정이 완료되면 Finish 버튼을 클릭한다. 그러면 [그림 3-6]과 같이 Flex Builder의 [Flex Navigator View]에 'FlexProject' 프로젝트가 구성되고 에디터 창에 Example03_01.mxml 파일이 생성된 것을 볼 수 있다.

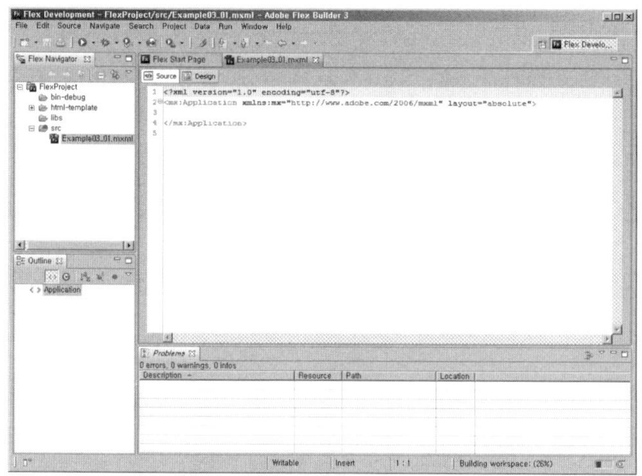

[그림 3-6] FlexProject 생성완료 후 처음화면

[그림 3-6]에 출력된 Flex 문서의 〈?xml version="1.0" encoding="utf-8"?〉
는 XML 도큐먼트 포맷선언으로서 MXML이 XML 표준언어이기 때문에
mxml 문서의 맨 첫줄에 꼭 선언해 주어야 한다. 〈mx:Application
xmlns:mx="http://www.adobe.com/2006/mxml" layout="absolute"〉는
플렉스 메인 애플리케이션을 정의하는 것으로 〈mx:Application〉 태그는
Flex 애플리케이션 안의 모든 콘텐츠를 포함하며 Flex 애플리케이션 하나
당 하나의 〈mx:Application〉 태그를 사용한다. 또한 〈mx:Application〉
태그 내에 Flex 애플리케이션의 기본 컨테이너 태그를 담기 위해 네임스페
이스의 xmlns 속성 사용하여 xmlns:mx="http://www.adobe.com/2006/
mxml과 같이 네임스페이스를 정의한다. 마지막으로 layout="absolute"는
Flex 애플리케이션의 레이아웃을 어떻게 할 것인지 정의하는 것으로
absolute, vertical과 horizontal이 있다. absolute는 자식 컨트롤들을 x,
y 좌표를 지정하여 위치시키고, vertical은 자식 컨트롤을 선언한 순서대로

위에서 아래로 위치시키며, horizontal은 자식 컨트롤을 선언한 순서대로 왼쪽에서 오른쪽으로 위치시킨다. 만약 Flex 문서에 주석을 입력할 때는 <!-- @주석문 -->을 사용한다.

3. Flex Builder 3의 Editor와 View 구성

Flex Builder는 에디터(Editor)와 뷰(View)로 구성된다. 에디터(Editor)는 소스 모드나 디자인 모드로 코드를 작성하기 위한 편집 도구를 말하고 뷰 (View)는 이러한 코딩 작업을 지원하는 다양한 도구를 말하는데 Flex Builder 3의 뷰는 Navigator View, Problem View, Outline View가 있다. 이 에디터와 특정 작업을 지원하는 여러 가지 뷰의 그룹을 Flex에서는 퍼스펙티브(Perspective)라 하는데 Flex Builder 3 Professional에서는 기본적으로 개발 퍼스펙티브(Developer Perspective), 디버깅 퍼스펙티브 (Debugging Perspective)와 프로파일링 퍼스펙티브(Profiling Perspective)를 제공하며, 수행하고 있는 작업에 따라 자동으로 퍼스펙티브가 바뀐다. Flex Builder 3 Strandard 버전에서는 개발 퍼스펙티브와 디버깅 퍼스펙티브 두 가지가 제공된다.

Flex Builder 메뉴에서 [Windows] → [Perspective]를 선택하면 원하는 퍼스펙티브를 선택하여 특정 퍼스펙티브로 이동하거나 퍼스펙티브 메뉴 [그림 3-7]과 같이 Open Perspective를 이용하여 수동으로 원하는 퍼스펙티브로 이동할 수 있다.

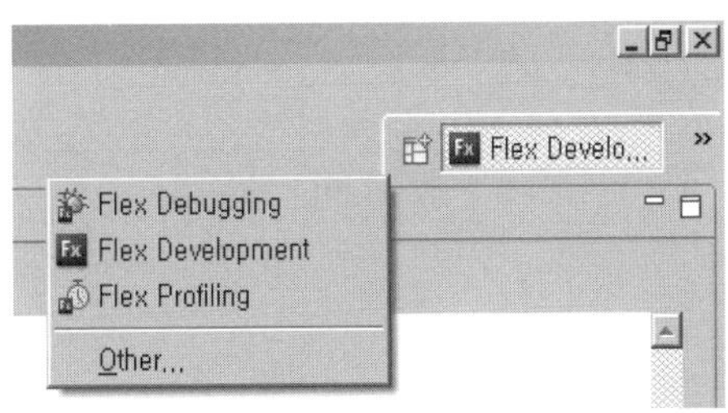

[그림 3-7] Open Perspective

에디터나 특정 뷰의 위치나 크기를 변경하거나 추가하여 자신만의 퍼스펙티브를 만들고 [Windows] → [Perspective] → [Save Perspective As]를 선택하여 자신이 만든 퍼스펙티브를 저장하여 사용할 수도 있다.

● 개발 퍼스펙티브(Development Perspective)

Flex Builder 3의 개발 퍼스펙티브는 [그림 3-8]에서 보는 것과 같이 Editor, Navigator View, Problem View 등으로 구성되어 있다.

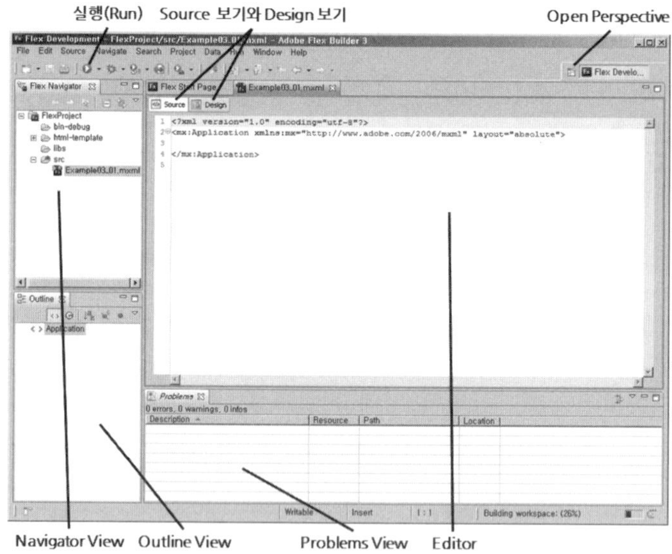

[그림 3-8] Flex Builder 3의 개발 퍼스펙티브 화면구성

에디터를 사용하면 MXML, CSS, 액션스크립트 코드를 작성할 수 있으며 코드 힌트, 코드 포맷 기능 및 디자인 모드를 제공하기 때문에 Flex 애플리케이션을 시각적으로 디자인할 수 있다. 또한 통합된 Flex 디버깅 도구를 사용하여 작성한 코드의 에러를 체크하는 등의 편리한 디버깅이 가능하다.

- Editor : MXML, CSS, 액션스크립트에 대한 코드 힌트 기능을 제공한
다. 기본적으로 코드를 작성할 때마다 자동으로 코드 힌트가 제공되며
Ctrl+Space 키를 눌러서 수동으로 코드 힌트가 나오도록 할 수 있다.
- Navigation View : 여러 프로젝트와 프로젝트 내의 모든 리소스를 보여
주고 해당 리소스로 이동할 수 있는 기능을 제공한다.
- Problem View : 문법 에러나 컴파일 시 발생한 에러를 디스플레이 한
다. 또한 개발 퍼스펙티브는 소스 모드와 디자인 모드 두 가지 모드를
제공하는 데 Editor 툴바에 있는 Source 버튼과 Design 버튼을 눌러
서 소스 모드와 디자인 모드로 이동할 수 있다. 단, 디자인 모드는 액
션스크립트 애플리케이션을 작성할 경우에는 사용할 수 없다.

● 디버깅 퍼스펙티브(Debugging Perspective)

Flex Builder 3의 디버깅 퍼스펙티브는 Flex 애플리케이션을 디버깅하
기 위한 여러 가지 뷰를 포함한다.

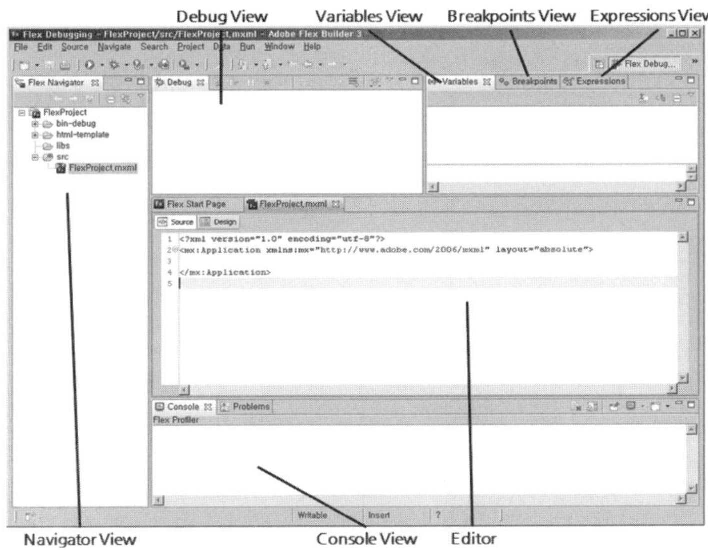

[그림 3-9] Flex Builder 3의 디버깅 퍼스펙티브 화면구성

- Navigation View : 여러 프로젝트와 프로젝트 내의 모든 리소스를 보여주고 해당 리소스로 이동할 수 있는 기능을 제공한다.
- Debug View : 현재 디버깅하고 있는 Flex 애플리케이션의 스레드(Thresh)를 보여주고 디버깅세션을 재시작하거나 Step into, Step over 등의 기능을 수행한다.
- Breakpoints View : 프로젝트 내의 모든 Breakpoints(중단점)를 보여준다.
- Console View : 액션스크립트 코드에서 사용한 trace 문의 결과를 보여준다.
- Variables View : 다른 디버깅 도구의 locals 기능을 제공하는 도구로 변수 값을 보여주기 위해 사용한다.
- Expression View : 다른 디버깅 도구의 watch에 해당하는 도구로 특정 변수 값을 모니터링 하기 위해 사용한다.

1. 컴퓨터의 C 또는 D 드라이브에 'TestProject' 폴더를 생성하여 'TestProject' Flex Project를 생성해보자. 단, TestProject Flex Project는 Data를 access할 수 있도록 Server technology의 Application server type을 J2EE로 선택하고 LiveCycle Data Services를 이용하여 Use remote object access service한다.

Start

❶ [Flex Navigator View]에서 마우스 오른쪽 버튼을 클릭하여 [New] → [Flex Project]를 선택하거나 [File] → [New] → [Flex Project]를 선택한다.

❷ 아래와 같이 Flex Projce를 설정하여 TestProject를 생성한다.

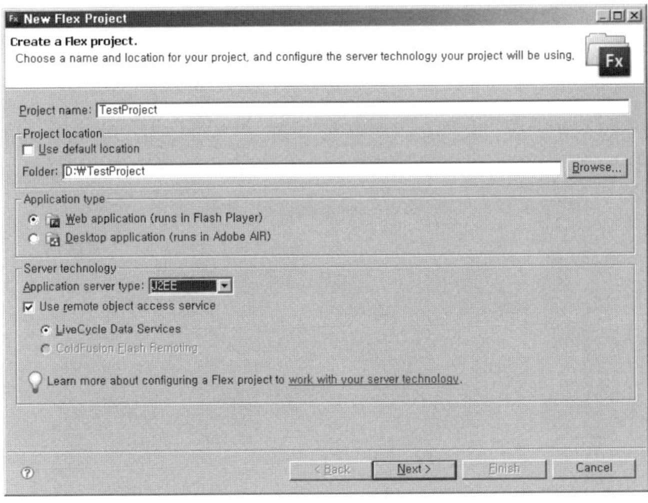

❸ J2EE Server에 대한 환경설정을 하는데 Server location 기본 설정으로 하고 Flex 애플리케이션의 컴파일 위치를 아래와 같이 수정한다.

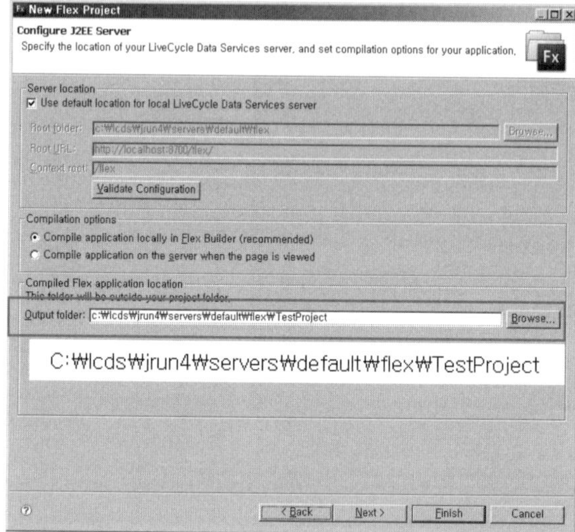

❹ 마지막으로 컴파일된 Flex 프로젝트의 생성을 완료한다.

❺ Flex 프로젝트 생성이 완료된 Flex Buider의 화면은 아래 그림과 같다.

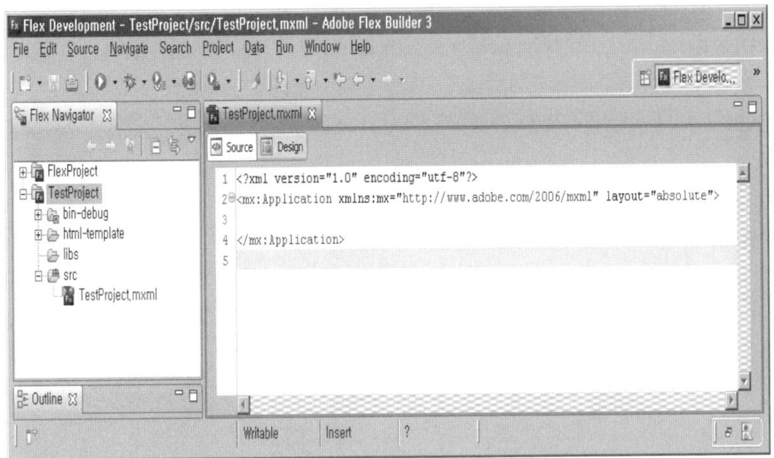

❻ TestProject Flex Project는 Data를 access할 수 있도록 LiveCycle
Data Services를 이용하도록 설정하였는데 TestProject.mxml을 실행
하면 그림에서 보는 것과 같이 클라이언트가 아니라 웹 서버를 통해 실
행되는 것을 알 수 있다.

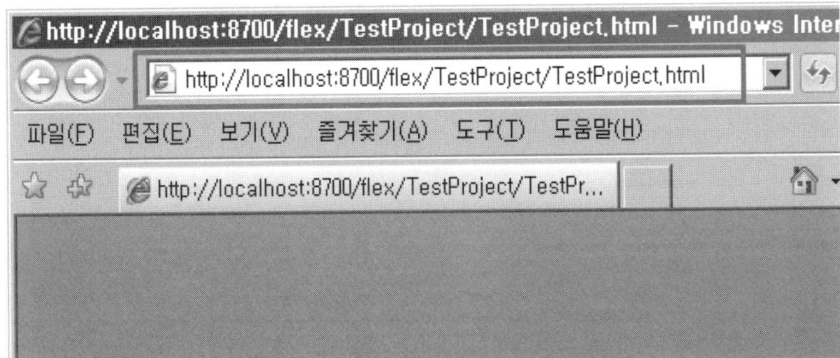

❼ TestProjcet는 D:₩TestProject에서 개발하지만 컴파일하면 컴파일 결과인 html과 swf 파일이 C:₩lcds₩jrun4₩servers₩default₩flex₩TestProject 로 output되어 LiveCycle Data Services에서 제공할 수 있다.

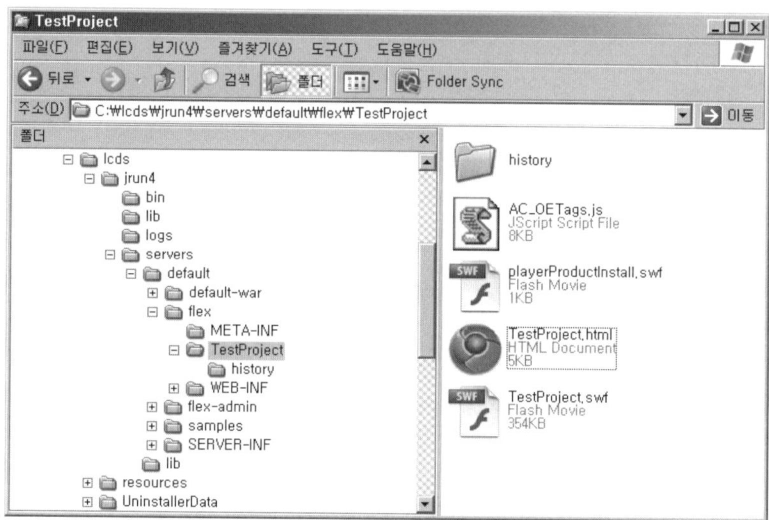

Chapter ❹ Flex Controls 따라잡기

Flex Project를 생성했다면 이제 Flex 애플리케이션을 구성해보자. 먼저 염두에 두어야 할 것은 일반적인 웹 애플리케이션이 HTML 파일을 기반으로 구성되는 것과 같이 Flex 애플리케이션은 MXML 파일로 구성된다. MXML은 Machine-oriented extensible markup language의 약어로 사용자에게 제공하는 컴포넌트들을 태그를 이용하여 표현하여 사용자에게 비주얼한 뷰를 제공하고 애플리케이션에서 사용할 XML 형식의 데이터를 정의하며 사용자 인터페이스에 데이터를 연결해준다. 그럼 Flex 애플리케이션을 구현하기 위해 MXML 문법규칙을 살펴보자.

- MXML은 명시적으로 유니코드인 UTF-8 코드셋을 이용한다.
- Flex 애플리케이션은 반드시 <mx:Application>으로 시작하여 </mx:Application>으로 끝나야 한다. 하지만 Flex components는 Flex의 여러 컴포넌트로 시작할 수 있다.
- MXML는 대소문자를 구분한다.
- 태크는 <태그>로 시작해서 </태그>로 끝난다. 태그 내에 포함되는 태그가 없는 경우에는 <태그 />로 사용할 수 있다. 즉 <mx:Label> ⋯

</mx:Label>이거나 <mx:Label … />로 사용한다.

- 태그는 다른 태그를 포함할 수 있지만 <mx:Label><mx:Text>… </mx:Label></mx:Text>와 같이 서로 엇갈리게 사용할 수 없다. <mx:Label><mx:Text>…</mx:Text></mx:Label>와 같이 구성하여야 한다.
- 태그의 속성 값은 <mx:Label text="Flex Test"/>이나 <mx:Label text="Flex Test"/>와 같이 큰따옴표나 작은따옴표로 지정한다.
- 태그의 속성은 태그의 하위 엘리먼트로 사용할 수 있다. <mx:Label text="Flex Test"/>는 <mx:Label><mx:Text text="Flex Test"/> </mx:Label>와 같다.

모든 Flex 애플리케이션의 루트 태그인 <mx:Application>은 앞서 이야기한 바와 같이 xmlns를 지정하고, 애플리케이션의 이벤트 실행과 문서의 기본 속성 등을 설정할 수 있다.

그럼 Flex 컨트롤을 이용해보자. 먼저 Flex 컨트롤의 속성과 이벤트 중 많이 쓰이는 속성은 id, width, height, x, y, label, text 등이 있다. id 속성은 Flex 애플리케이션에서 컨트롤을 식별하는 식별자이고, width와 height는 컨트롤의 가로와 세로의 픽셀 단위 크기나 %를 입력하여 컨트롤을 포함하고 있는 컴포넌트의 높이나 너비의 백분율 크기를 지정하는 속성이다. x와 y는 컨트롤의 가로와 세로의 위치를 지정하는 속성으로 컨트롤을 포함하는 부모 컨트롤의 시작점을 (0,0)으로 기준하여 설정한다. label 속성은 컨트롤에 출력되는 텍스트를 지정하고, text 속성은 컨트롤의 문자열 값이다.

Flex 컨트롤은 사용자 인터페이스를 구성하기 위한 컴포넌트로서 사용자에게 직접적으로 제공하는 사용자 인터페이스 컴포넌트로서 다음 장에서 나오는 컨테이너와 잘 조합하여 편리하고 효과적인 사용자 인터페이스를 구현할 수 있다.

그럼 Flex의 기본 컨트롤에 대해 살펴보자.

[표 4-1] Flex 기본 컨트롤

컨트롤	설 명
AdvancedDataGrid	데이터의 시각화를 향상시키기 위해 표준 DataGrid 컨트롤의 기능을 확장한 컨트롤
Button	버튼을 마우스로 클릭하여 실행할 수 있도록 하는 컨트롤
CheckBox	True/False의 옵션을 지정할 때나, 다양한 선택을 요구할 때 사용하는 컨트롤
ColorPicker	색상을 추출하는 컨트롤
ComboBox	텍스트 박스와 리스트 박스가 연결된 형태로, 사용자는 텍스트 박스를 통해 입력한 후 리스트 중에서 선택할 수 있는 컨트롤
DataGrid	레코드 셋(Record Set) 개체로부터 레코드를 그리드 안에 행과 열로 나타내는 컨트롤
DataChooser	달력 컨트롤
DataField	달력 컨트롤에서 선택한 년/월/일을 표시하는 컨트롤
HSlider	많은 양의 정보의 이동을 손쉽게 할 수 있는 컨트롤로서, 수평 범위에 있는 값을 선택할 수 있도록 하는 컨트롤
HorizontalList	items을 수평으로 정렬하여 표시하는 컨트롤
Image	JPEG, GIF, PNG, SVG와 SWF 등의 이미지 파일을 화면에 나타낼 때 사용하는 컨트롤
Label	Label은 단지 텍스트로 출력하는 기능을 하며, 텍스트를 수정할 수 없고 한 줄로만 표현이 가능
LinkButton	Hypertext를 나타내는 컨트롤
List	사용자가 선택할 수 있도록 리스트를 표현하는 컨트롤
NumbericStepper	한 쌍의 화살표로 이루어져 값을 증가시키거나 감소시킬 수 있는 컨트롤
OLAPDataGrid	OLAPCube를 사용해서 데이터 셋을 설정한 Query 결과 셋을 dataProvider로 사용하기 때문에 순수한 통계처리에 사용할 수 있는 컨트롤
PopUpButton	Button 컨트롤을 상속받으며 버튼의 팝업 메뉴를 클릭하면 특정 UI 컴포넌트가 팝업되는 컨트롤
PopUpMenuButton	PopUpMenuButton 컨트롤을 상속받으며 Menu 컴포넌트를 팝업 대상 객체로 사용하는 컨트롤

ProgressBar	진행 상황을 시각적으로 나타내주는 컨트롤
RadioButton	여러 가지 옵션 중에서 선택하는 컨트롤
RadioButtonGroup	RadioButton의 그룹을 형성하는 컨트롤
RichTextEditor	사용자에게 텍스트 수정과 여러 가지 형식 변환을 쉽게 제공하는 컨트롤
SWFLoader	지정한 SWF 파일을 로드하고 출력하는 컨트롤
Text	Label과 유사하지만 여러 줄로 텍스트를 출력하는 컨트롤
TextArea	텍스트를 여러 줄로 입력하고 수정할 수 있는 컨트롤
TextInput	한 줄의 문자열을 입력·수정할 수 있는 컨트롤
TileList	items를 TileList의 행과 열의 크기에 맞도록 정렬하여 표시하는 컨트롤
Tree	계층적인 data를 확장 트리로 나타내는 컨트롤
VSlider	많은 양의 정보의 이동을 손쉽게 할 수 있는 컨트롤로서, 수직 범위에 있는 값을 선택할 수 있도록 하는 컨트롤
VideoDisplay	Flex 애플리케이션에서 streaming media 서비스를 사용할 수 있도록 하는 컨트롤

1. 글자와 관련된 컨트롤을 사용해보자

글자와 관련된 Flex 컨트롤에는 기능과 특성에 따라서 Label, Text, TextInput, TextArea, RichTextEditor로 분류할 수 있다. 이 각각의 특징을 살펴보면 [표 4-2]와 같다.

[표 4-2] 글자와 관련된 컨트롤

컴포넌트	multiline 여부	사용자 입력 여부
Label	불가	불가
Text	가능	불가
TextInput	불가	가능
TextArea	가능	가능
RichTextEditor	가능	가능

● Label과 Text control

먼저 개발 퍼스펙티브의 Navigator Viewd에서 [FlexProject] → [src 폴더]에서 오른쪽 마우스를 클릭하여 [그림 4-1]과 같이 MXML Application을 선택한다. New MXML Application 대화창이 출력되면 Filename에 Example04_01.mxml을 입력하고 Layout은 absolute로 설정하고 Finish 버튼을 클릭한다.

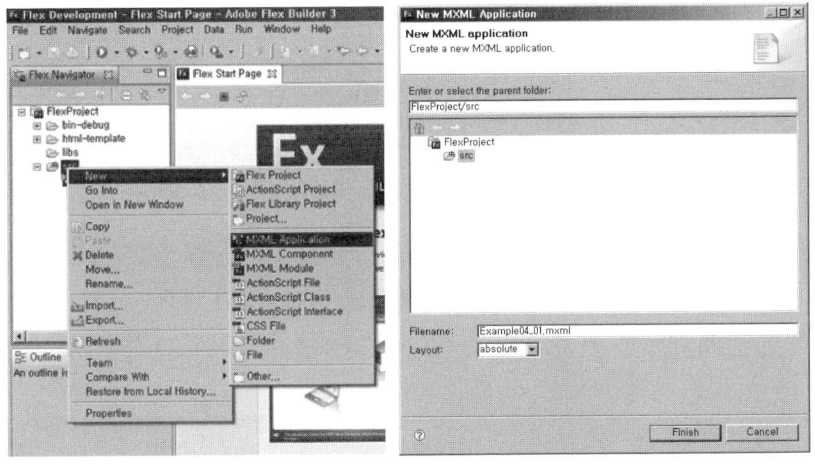

[그림 4-1] MXML Application 선택   [그림 4-2] 새 MXML Application 생성

Example04_01.mxml 파일의 생성이 완료되면 [그림 4-3]과 같이 네비게이터 뷰에 나타나고 Example04_01.mxml의 에디터가 실행된다. Example04 _01.mxml에서는 Label 컨트롤을 이용하여 Flex 애플리케이션을 구현하고자 한다. 먼저 [그림 4-4]와 같이 에디터의 Design 버튼을 선택하여 Design Editor를 선택한다. 그리고 컴포넌트 뷰의 Label 컨트롤을 드래그하여 Example04_01.mxml 에디터에 배치한다([그림 4-5]).

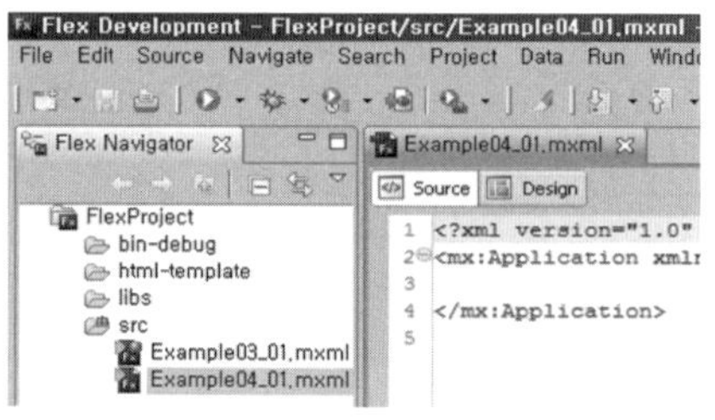

[그림 4-3] Example04_01.mxml 생성완료

[그림 4-4] Design Editor 선택

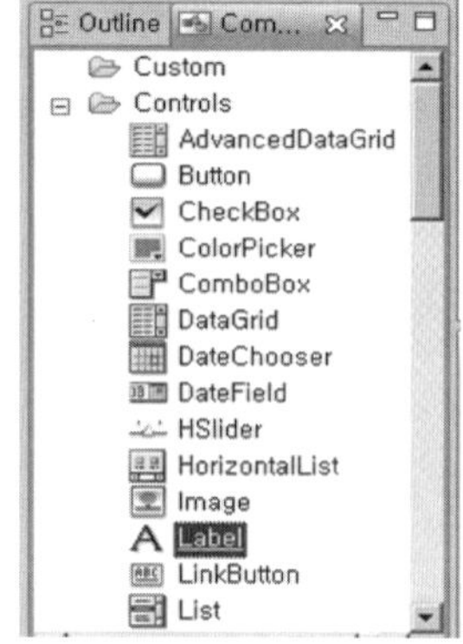

[그림 4-5] Label 컨트롤 선택

Label 컨트롤을 선택하여 드래그하게 되면 [그림 4-6]과 같은 가이드라인이 표시되는데 이는 Design 메뉴의 Enable Snapping을 선택하면 표시되는 것으로 가이드라인을 표시하지 않기 위해서는 [그림 4-8]과 같이 체크된 Enable Snapping의 체크를 해제하면 된다. 그럼 선택한 Label 컨트롤을 [그림 4-7]과 같이 적당한 위치에 배치한다.

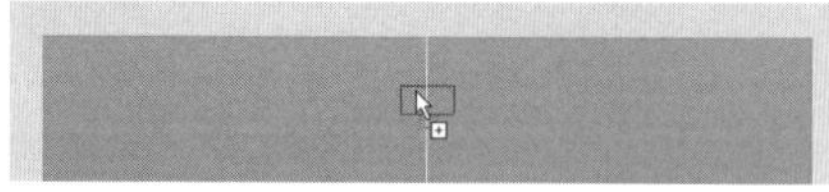

[그림 4-6] 가이드라인 표시

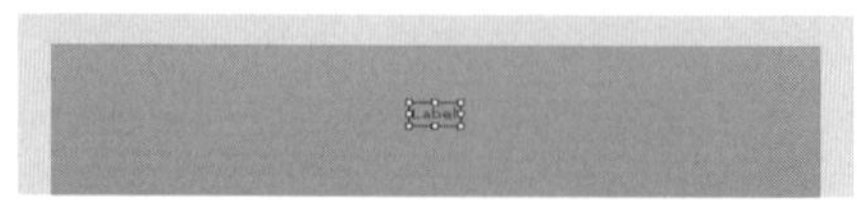

[그림 4-7] Label 컨트롤 배치

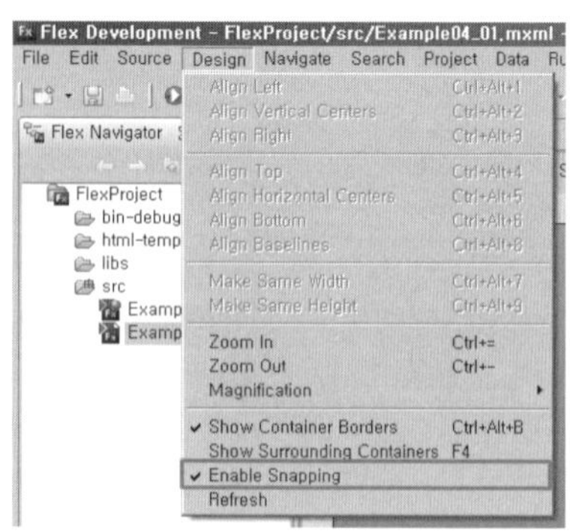

[그림 4-8] 가이드라인 사용하기

Label 컨트롤을 배치했으면 이제 Label에 속성을 지정한다. Flex

Builder의 Flex Properties 창의 Common 패널의 Text에 [그림 4-9]와 같이 '안녕하세요. 저는 이제 막 Flex 공부를 시작했습니다.'라는 텍스트를 입력하고 글자 폰트와 크기, 색깔, 정렬, 기타 속성을 지정한다. Flex Properties 창 맨 하단 Layout 패널의 Constraints 속성은 아이템의 정렬 방향을 설정할 때 사용한다. Example04_01.mxml은 화면의 크기와 상관없이 항상 가운데로 정렬되도록 설정하였다.

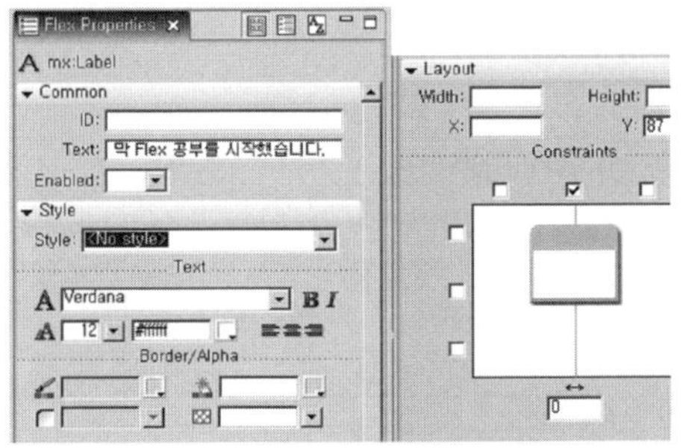

[그림 4-9] Flex Properties 창에서 속성 설정

[그림 4-9]와 같이 속성을 설정하면 Design Editor 뷰는 [그림 4-10]과 같이 출력된다.

[그림 4-10] Design Editor View

Source Editor를 보면 아래와 같은 소스가 생성되어 있다. Label 컨트롤을 생성하면 〈mx:Label〉 태그가 생성되고, Design Editor에서 Flex Properties의 속성을 지정하면 각각에 대한 속성이 생성된다. text 속성은 Label에 표현한 텍스트를 입력하는 속성이고 fontFamily와 fontSize는 입력한 텍스트의 글씨체와 글씨 크기, color 속성은 글자색을 지정하는 속성이다.

또한 horizontalCenter 속성은 수평을 기준으로 가운데 정렬하는 것으로 값에 따라 위치를 달리하며 가운데 정렬을 한다. 만약 horizontalCenter="0"이면 화면 정가운데 정렬이며, horizontalCenter='100'이면 화면 정가운데에서 오른쪽으로 100픽셀을 기준점으로 하여 정렬하고 horizontalCenter="-50"은 화면 정가운데에서 왼쪽으로 50픽셀을 기준점으로 하여 정렬한다. 속성 y는 아이템의 시작위치를 지정하는 것으로 y='87'은 Label controls이 세로축을 기준으로 87픽셀 위치에서 생성한다는 것이다.

Example04_01.mxml

```
1. <?xml version="1.0" encoding="utf-8"?>
2. <mx:Application xmlns:mx="http://www.adobe.com/2006/mxml" layout="absolute">
3. <mx:Label x="223" y="85" text="안녕하세요 이제 막 Flex 공부를 시작했습니다."
      color="#FFFFFF" fontFamily="Verdana" fontSize="12"/>
4. </mx:Application>
```

Example04_01.mxml의 Label 컨트롤의 text 속성을 Label 컨트롤의 하위 엘리먼트로 사용하면 [표 4-3]과 같다.

[표 4-3] Example04_01.mxml의 text 속성을 Label 컨트롤의 하위 엘리먼트로 사용

```
1. <?xml version="1.0" encoding="utf-8"?>
2. <mx:Application xmlns:mx="http://www.adobe.com/2006/mxml" layout="absolute">
3.     <mx:Label horizontalCenter="0" y="87" fontFamily="Verdana" fontSize="12"
          color="#ffffff">
4.     <!-- Label의 text 속성을 Label의 하위 엘리먼트로 구성 -->
5.         <mx:text>
6.             안녕하세요. 저는 이제 막 Flex 공부를 시작했습니다.
7.         </mx:text>
8.     </mx:Label>
9. </mx:Application>
```

mxml 파일을 실행할 때는 툴바에서 Run을 선택하거나 Ctrl+F11 키를 눌러 Flex 애플리케이션을 실행한다. 참고로 Ctrl+F11 키를 누르거나 툴바에서 Run을 실행할 때마다 [그림 4-11]과 같이 Flex Builder 우측 아래에 Launching이 진행되는데 이는 제작한 mxml 문서를 컴파일하여 HTML과 SWF 파일로 변환하는 것을 나타낸다.

Launching Example05_14: (1%)

[그림 4-11] Launching 진행 창

Launching이 끝나면 프로젝트를 설정하였을 때 설정한 Output Folder URL 속성에 설정한 주소를 URL로 하는 익스플로러 창이 실행된다.

● TextInput과 TextArea control

Text 컨트롤은 Label과 같이 텍스트를 출력하는 데 사용하는 컨트롤이다. 하지만 Label 컨트롤은 텍스트를 한 줄만 표시할 수 있는 반면에 Text 컨트롤은 멀티라인을 지원한다. 텍스트와 관련된 컨트롤에는 Label과 Text와 같이 텍스트를 출력하는 컨트롤과 사용자가 텍스트를 입력하는 TextInput, TextArea, Rich TextEditor가 있다.

TextInput과 TextArea는 사용자가 문자열을 입력할 수 있는 기능을 제공하는 컨트롤로서 싱글라인의 문자열을 지원하고, TextArea는 멀티라인을 지원하는 컨트롤이다. 앞서 언급한 Label과 TextInput, TextArea 컨트롤을 이용하여 Example04_02.mxml 파일을 생성하고 [그림 4-12]와 같이 구성한다.

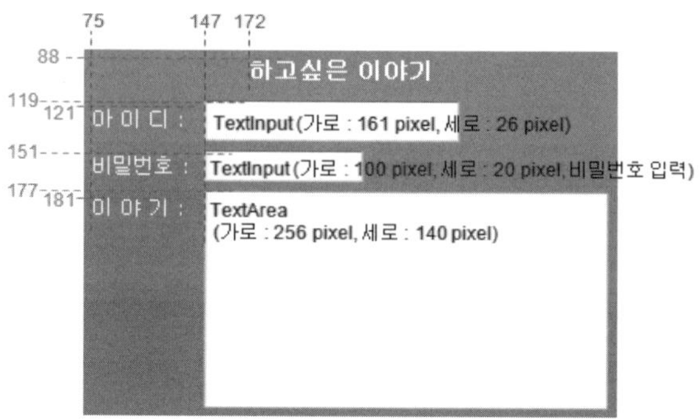

[그림 4-12] Example04_02.mxml의 구성과 속성

각 컨트롤의 가로와 세로크기와 위치에 대한 정보는 Flex Properties의 Layout 패널에서 [그림 4-12]와 같이 입력한다. 그리고 비밀번호를 입력하는 TextInput 컨트롤은 패스워드 형식으로 입력할 수 있도록 [그림 4-13]과 같이 Flex Properties 뷰의 common 패널에서 설정한다.

[그림 4-13] 비밀번호 TextInput 컨트롤의 속성 값 설정

Example04_02.mxml의 소스 코드는 다음과 같다. 가로와 세로 크기는 〈mx:TextInput〉 태그의 width(가로), height(세로) 속성으로 지정하고 사용자가 입력하는 값을 화면에 표시할 수 없도록 displayAsPassword 속성

값을 true로 설정한다. 그리고 각 control의 위치를 지정하기 위해 x와 y
속성으로 픽셀위치를 지정한다.

Example04_02.mxml

```
 1. <?xml version="1.0" encoding="utf-8"?>
 2. <mx:Application xmlns:mx="http://www.adobe.com/2006/mxml" layout="absolute">
 3.     <mx:Label x="172" y="88" text="하고싶은 이야기" fontSize="15" color="#ffffff"
            width="122" height="23" fontWeight="bold"/>
 4.     <mx:Label x="75" y="121" text="아 이 디 :" color="#ffffff"/>
 5.     <mx:TextInput x="147" y="119" width="161" height="26"imeMode="KOREAN"/>
 6.     <mx:Label x="75" y="151" text="비밀번호 :" color="#ffffff"/>
 7.     <mx:TextInput x="147" y="151" width="100" height="20" displayAsPassword="true"/>
 8.     <mx:Label x="75" y="181" text="이 야 기 :" color="#ffffff"/>
 9.     <mx:TextArea x="147" y="177" width="256" height="140"/>
10. </mx:Application>
```

TextInput 컨트롤은 기본적으로 영어 입력 모드인데 5 line과 같이
TextInput 컨트롤의 imeMode 속성 값을 "KOREAN"으로 하면 한글 입력
모드로 설정된다.

● RichTextEditor control

마지막으로 RichTextEditor 컨트롤은 위의 컨트롤들처럼 단순히 문자열
을 입력하는 것이 아니라 사용자가 각각의 문자 형식과 URL 링크 등을 지
정하여 입력·수정할 수 있도록 제공하는 컨트롤이다. [그림 4-14]와 같이
Components 뷰에서 RichTextEditor control을 드래그하여 Editor에 위
치시킨다. 그럼 Source view에는 <mx:RichTextEditor/>가 추가되어 있
는 것을 볼 수 있다.

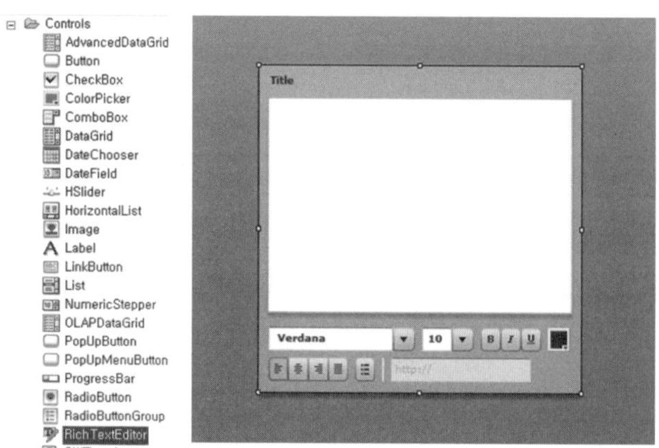

[그림 4-14] RichTextEditor control의 사용

Example04_03.mxml

1. <?xml version="1.0" encoding="utf-8"?>
2. <mx:Application xmlns:mx="http://www.adobe.com/2006/mxml" layout="absolute">
3.   <mx:RichTextEditor x="201" y="53" title="Title"/>
4. </mx:Application>

[그림 4-15] RichTextEditor control 실행화면

Example04_03.mxml 파일을 실행시킨 후 RichTextEditor control에 [그림 4-15]와 같이 입력하고 텍스트의 형식을 구성한다. 만약 문자열에 URL 링크를 연결하고자 한다면 해당 문자열을 선택하여 아래에 URL 경로를 입력해주면 된다.

2. 버튼과 관련된 컨트롤을 사용해보자

● Button

Button은 주로 클릭하였을 때 어떠한 처리를 유도하는 컨트롤로서 〈mx:Button〉 태그를 이용하여 생성한다. Button 컨트롤은 일반적으로 직사각형의 버튼을 사용하며 label 속성을 이용하여 버튼에 텍스트를 입력하고 아이콘이나 이미지 등도 삽입할 수 있다.

FlexProject 프로젝트에서 마우스 오른쪽 버튼을 클릭하여 [New] → [MXML Application]을 선택하거나 메뉴의 [파일] → [New] → [MXML Application]을 선택하고 Layout을 horiaontal로 설정하여 Example04 _04.mxml 파일을 생성한다.

Example04_04.mxml

```
1. <?xml version="1.0" encoding="utf-8"?>
2. <mx:Application xmlns:mx="http://www.adobe.com/2006/mxml" layout="horizontal">
3. <mx:Button id="Bt1" label="기본 Button"/>
4. <mx:Button id="Bt2" label="이미지 Button" icon="@Embed('images/Garden.jpg')" />
5. </mx:Application>
```

3 line을 보면 Button 컨트롤에 '기본 Button'이라는 문자열을 출력하기 위해 label 속성을 사용했음을 알 수 있다. 또한 Button에 이미지를 추가하고자 한다면 4 line과 같이 〈mx:Button label="이미지 Button" icon="@Embed('이미지 경로')"/〉를

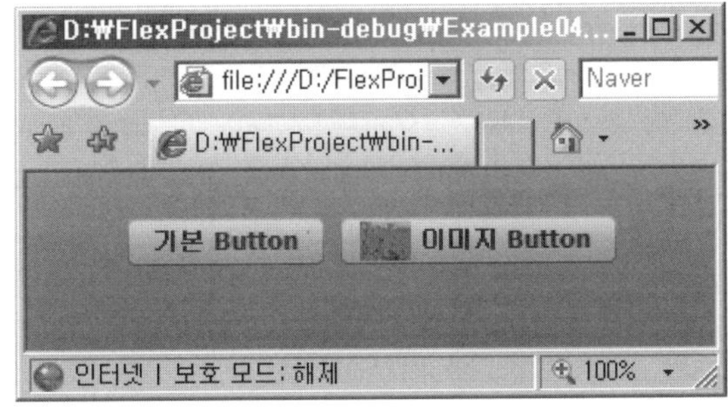

[그림 4-16] Example04_04.mxml의 실행결과

75

추가해주면 된다. 만약 FlexProject 디렉터리의 images 폴더 아래 Garden.jpg 파일의 이미지를 버튼에 추가하고자 한다면 〈mx:Button label="이미지 Button" icon="@Embed('images/Garden.jpg')"/〉와 같이 하면 된다. Example04_04.mxml의 실행결과 화면은 [그림 4-16]과 같다.

● LinkButton

LinkButton 컨트롤은 일반적으로 인터넷에서 링크를 걸기 위해서 사용되는 버튼으로 웹페이지의 하이퍼링크 스타일과 유사하면 Button 컨트롤보다 적은 공간을 차지하고 시각적 안정성을 확보할 수 있다.

FlexProject 프로젝트에서 새로운 MXML application의 Layout을 vertical로 설정하여 Example04_05.mxml 문서를 생성한다.

Example04_05.mxml

```
1. <?xml version="1.0" encoding="utf-8"?>
2. <mx:Application xmlns:mx="http://www.adobe.com/2006/mxml" layout="vertical">
3. <mx:LinkButton label="전주대학교">
4.     <mx:click>navigateToURL(new URLRequest('http://jj.ac.kr'), '_blank')</mx:click>
5. </mx:LinkButton>
6. <mx:LinkButton label="전주시">
7.     <mx:click>
8.         navigateToURL(new URLRequest('http://jeonju.go.kr'), '_parent')
9.     </mx:click>
10.     </mx:LinkButton>
11. <mx:LinkButton label="전라북도">
12.     <mx:click>
13.         navigateToURL(new URLRequest('http://jeonbuk.go.kr'), '_top')
14.     </mx:click>
15. </mx:LinkButton>
16. </mx:Application>
```

LinkButton컨트롤을 클릭할 때 웹사이트로 연결하고자 하는 경우에는 navigateToURL(request : URLRequest, window:String) 메소드를 사용하는데 naviageToURL() 메소드는 출력할 URL과 출력할 윈도 위치에 대한 값을 입력받아 실행한다. 출력할 윈도의 위치를 지정하는 값은 '_blank', '_parent', '_self', '_top' 등이 있다.

[표 4-4] '_blank', '_parent', '_self', '_top'

_blank	새로운 창 하나를 더 띄워서 새로운 창에 링크된 페이지를 연다.
_parent	기존에 떠 있는 자기 창에다가 링크된 페이지를 연다.
_self	기존 창의 바로 전 창에다가 링크된 페이지를 연다.
_top	현재 열려 있는 최상위 인터넷 창에 링크된 페이지를 연다.

Example04_05.mxml의 3~5 line을 보면 LinkButton의 화면에 출력되는 값을 '전주대학교'로 설정하였으며 LinkButton을 클릭하면 새 창에 웹사이트 http://www.jj.ac.kr를 출력하기 위해 ⟨mx:click⟩navigateToURL(new URLRequest('http://jj.ac.kr'), '_blank')⟨/mx:click⟩을 추가했다. 만약 Design 모드에서 설정하는 경우에는 전주대학교 LinkButton을 선택하고 Flex Properties 뷰의 On click 속성 값을 navigateToURL(new URLRequest('http://jj.ac.kr'), '_blank')로 한다.

Example04_05.mxml을 실행시키면 전주대학교 LinkButton을 클릭하면 새 창에서 전주대학교 웹사이트가 띄워지지만 전주시와 전라북도 LinkButton을 클릭하면 현재 창에서 해당 웹사이트가 띄워진다.

[그림 4-17] Example04_05.mxml의 실행결과

● RadioButton

RadioButton 컨트롤은 선택사항 중에서 단 하나만을 선택할 수 있는 버튼이다.

[표 4-5] RadioButton 컨트롤 속성

속 성	설 명
label	컨트롤에 출력될 라벨 값
value	컨트롤의 사용자 정의 값
groupName	라디오 버튼의 그룹 지정
labelPlacement	label의 정렬방향(top/bottom/left/right)
selected	버튼의 토글 상태(true/false)
click	[event] 클릭하였을 때

Example04_06.mxml 문서를 생성하여 RadioButton 컨트롤을 실행해 보자.

Example04_06.mxml

```
1. <?xml version="1.0" encoding="utf-8"?>
2. <mx:Application xmlns:mx="http://www.adobe.com/2006/mxml" layout="vertical"
   backgroundColor="#FFFFFF" fontSize="13">
3. <mx:Label text="당신이 좋아하는 색을 선택하시오"/>
4. <mx:RadioButton label="white" selected="true"/>
5. <mx:RadioButton label="red"/>
6. <mx:RadioButton label="yellow"/>
7. <mx:RadioButton label="green"/>
8. <mx:RadioButton label="blue"/>
9. </mx:Application>
```

3 line은 문서의 배경색을 지정하기 위해 backgroundColor 속성의 값을 RGB 코드값을 입력하였다. 5~9 line은 선택항목을 입력하기 위해서

RadioButton 컨트롤을 사용하여 각 RadioButton의 label 속성 값을 'white', 'red', 'yellow', 'green', 'blue'를 입력한다. 참고로 RadioButton 중에 기본적으로 설정하는 값은 5 line과 같이 RadioButton의 selected 속성 값을 'true'로 입력한다.

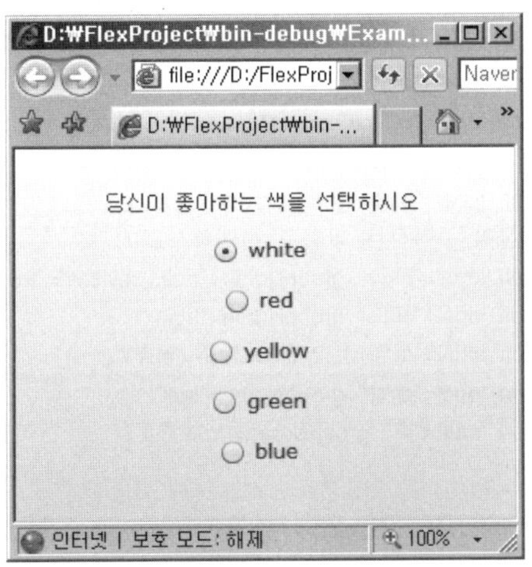

[그림 4-18] Example04_06.mxml의 실행결과

하나의 문서에 포함되어 있는 RadioButton 컨트롤은 무조건 Radio Button 중 하나만 선택된다. 하지만 설문조사 등과 같이 한 문서에 여러 문항이 제시되고 각 문항에 대한 세부항목을 선택해야 한다. Radio Button 컨트롤은 RadioButtonGroup 컨트롤을 이용하는데 RadioButton Group은 RadioButton 컨트롤을 그룹으로 묶어준다. Example04_07. mxml 문서를 생성하여 RadioButton 컨트롤과 RadioButtonGroup을 살펴보자.

Example04_07.mxml

```
1.  <?xml version="1.0" encoding="utf-8"?>
2.  <mx:Application xmlns:mx="http://www.adobe.com/2006/mxml" layout="vertical"
    backgroundColor="#FFFFFF" fontSize="13">
3.  <mx:RadioButtonGroup id="color"/>
4.  <mx:RadioButtonGroup id="fruit"/>
5.  <mx:Label text="당신이 좋아하는 색을 선택하시오"/>
6.      <mx:RadioButton label="white" groupName="color" selected="true"/>
7.      <mx:RadioButton label="red" groupName="color"/>
8.      <mx:RadioButton label="yellow" groupName="color"/>
9.      <mx:RadioButton label="green" groupName="color"/>
10.     <mx:RadioButton label="blue" groupName="color"/>
11. <mx:Label text="당신이 좋아하는 과일을 선택하시오"/>
12.     <mx:RadioButton label="사과" groupName="fruit" selected="true"/>
13.     <mx:RadioButton label="포도" groupName="fruit"/>
14.     <mx:RadioButton label="오렌지" groupName="fruit"/>
15.     <mx:RadioButton label="수박" groupName="fruit"/>
16.     <mx:RadioButton label="배" groupName="fruit"/>
17. </mx:Application>
```

Example04_07.mxml을 보면 RadioButton 컨트롤의 groupName 속성을 이용하여 RadioButton 컨트롤을 그룹화하여 실행한다.

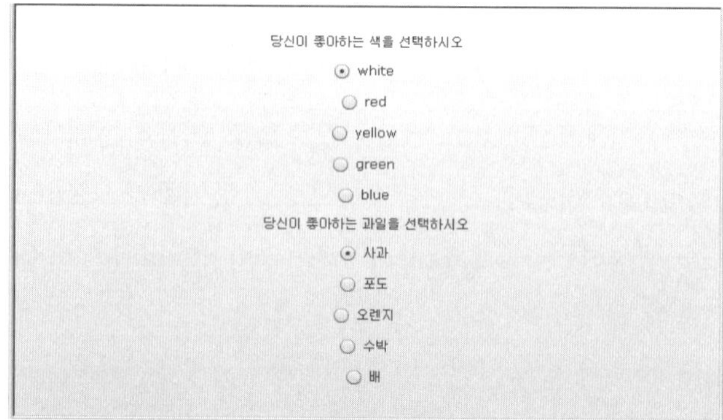

[그림 4-19] Example04_07.mxml의 실행결과

● CheckBox

CheckBox 컨트롤은 선택사항 중 다중선택을 할 수 있도록 해주며 true/false의 Boolean 형의 값을 갖고 있어 사용자가 선택했을 때는 true, 그렇지 않으면 false 값을 갖는다.

[표 4-6] CheckBox 컨트롤 속성

속 성	설 명
label	컨트롤의 라벨
labelPlacement	라벨 정렬 방향 (top/bottom/left/right)
selected	토글 상태 (true/false)
click	[event] 클릭하였을 때

Example04_08.mxml 파일을 생성하여 CheckBox 컨트롤을 실행해보자. 만약 기본적으로 선택되어 있어야 하는 컨트롤에는 selected 값을 true로 설정한다.

Example04_08.mxml

```
1. <?xml version="1.0" encoding="utf-8"?>
2. <mx:Application xmlns:mx="http://www.adobe.com/2006/mxml" backgroundColor="#FFFFFF">
3. <mx:Label text="당신이 관심있는 시대를 모두 선택하시오."/>
4.    <mx:CheckBox label="고구려" fontWeight="bold" selected="true"/>
5.    <mx:CheckBox label="백제"/>
6.    <mx:CheckBox label="신라"/>
7.    <mx:CheckBox label="고려"/>
8.    <mx:CheckBox label="조선"/>
9. </mx:Application>
```

Example04_08.mxml의 실행결과는 [그림 4-20]과 같다.

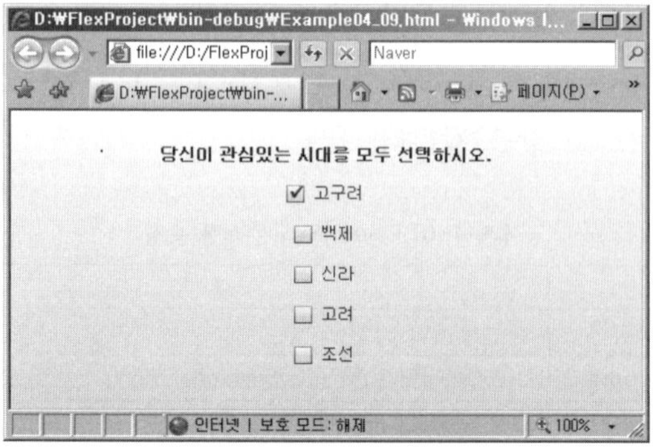

[그림 4-20] Example04_08.mxml의 실행결과

● NumbericStepper

NumbericStepper은 최소 값과 최대 값을 지정해 주고 증감의 간격을
지정해 주어 사용자가 일정한 범위 안에서 일정한 간격으로 증감되는 숫자
를 선택할 수 있게 하는 컨트롤이다.

[표 4-7] NumbericSteppr 속성

속 성	설 명
value	실행했을 때 초기 값
stepSize	증감 간격
minimum	최소 값
maximum	최대 값
imeMode	IME(Input Mode Editor) 모드 설정
change	[event] 값이 변경되었을 때

layout이 horizontal인 Example04_09.mxml을 생성하여 Numberic
Stepper 컨트롤을 실행하자.

Example04_09.mxml

```
1.  <?xml version="1.0" encoding="utf-8"?>
2.  <mx:Application xmlns:mx="http://www.adobe.com/2006/mxml" layout="horizontal">
3.  <mx:NumericStepper id="year" minimum="2000" maximum="2010" stepSize="1"
        value="2009"/>
4.  <mx:Label text="년"/>
5.  <mx:NumericStepper id="month" minimum="1" maximum="12" stepSize="1" value="9"/>
6.  <mx:Label text="월"/>
7.  <mx:NumericStepper id="day" minimum="1" maximum="31" stepSize="1" value="1"/>
8.  <mx:Label text="일"/>
9.  </mx:Application>
```

Example04_09.mxml은 NumbericStepper 컨트롤을 이용하여 2000년 1월 1일에서 2010년 12월 31일까지 선택할 수 있게 구성하였다. 먼저 Application 태그 내에 NumbericStepper 컨트롤을 입력하고 각 컨트롤에 대해 속성 값을 지정한다. 만약 Example04_09.mxml을 실행했을 때 2009년 5월 1일로 지정하기 위해서는 NumbericStepper 컨트롤의 value 값을 '2009', '5', '1'로 설정한다.

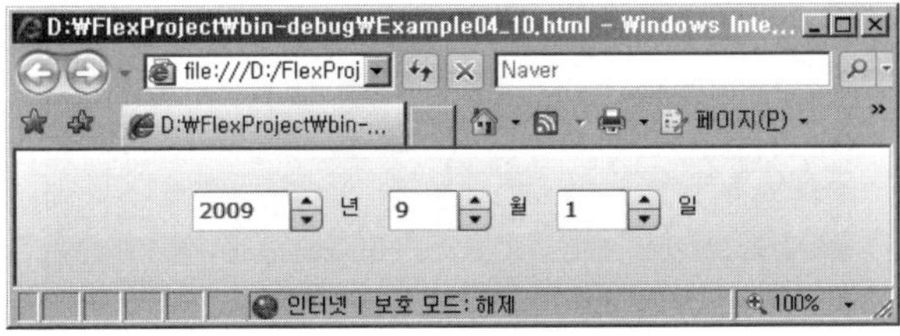

[그림 4-21] Example04_09.mxml의 실행결과

● PopUpButton

PopUpButton 컨트롤은 값이 출력되는 메인 메뉴와 삼각형 이미지가 있

는 팝업 메뉴의 두 가지 버튼으로 구성되어 있다. 일반적으로 여러 아이템 중에 특정한 아이템을 선택할 수 있도록 제공되는 컨트롤로서 Button 컨트롤과 기능이 동일하다.

FlexProject 프로젝트에서 새로운 MXML application의 Layout을 vertical로 설정하여 Example04_10.mxml 문서를 생성한다.

Example04_10.mxml

```
1. <?xml version="1.0" encoding="utf-8"?>
2. <mx:Application xmlns:mx="http://www.adobe.com/2006/mxml" layout="vertical">
3. <mx:Label text="Label"/>
4. <mx:PopUpButton label="Edit" />
5. </mx:Application>
```

Example04_10.mxml을 실행하면 [그림 4-22]가 출력되는데 Button 컨트롤과 크게 다르지 않다. 하지만 PopUpButton 컨트롤은 값이 둘 이상인 경우에는 팝업 메뉴로 값을 선택하고 메인 메뉴에서 해당 값이 출력된다.

[그림 4-22] Example04_10.mxml의 실행결과

● PopUpMenuButton

PupUpButton 컨트롤을 상속받은 PopUpMenuButton 컨트롤은 Menu 컨트롤을 팝업대상 객체로 사용한다. FlexProject 프로젝트에서 Example

04_11.mxml을 생성하여 PopUpMenuButton 컨트롤을 실행하여보자.

Example04_11.mxml

```
1.  <?xml version="1.0" encoding="utf-8"?>
2.  <mx:Application xmlns:mx="http://www.adobe.com/2006/mxml" layout="vertical">
3.  <mx:XML id="PopXml" format="e4x">
4.      <root>
5.          <editItem label="New"/>
6.          <editItem label="Open"/>
7.          <separator type="separator"/>
8.          <editItem label="Save"/>
9.          <editItem label="Save as..."/>
10.     </root>
11. </mx:XML>
12.     <mx:Label text="PopUpMenuButton"/>
13.     <mx:PopUpMenuButton id="Pumb" dataProvider="{PopXml}" showRoot="false"
        labelField="@label"/>
14. </mx:Application>
```

PopUpMenuButton 컨트롤은 dataProvider 속성을 이용하여 메뉴 데이터를 지정하고 labelField 속성으로 dataProvider에서 출력에 사용할 필드를 입력한다. Example04_11.mxml을 실행하면 [그림 4-23]이 출력된다.

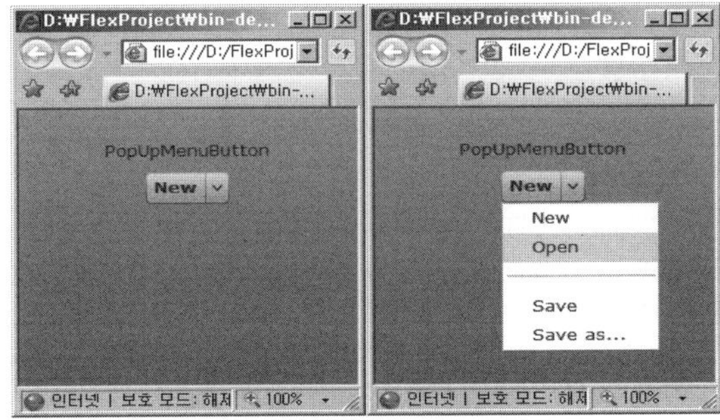

[그림 4-23] Example04_11.mxml의 실행결과

85

3. Slider 컨트롤을 사용해보자

Slider는 사용자가 허용된 범위 내에서 값을 선택할 수 있도록 제공하는 컨트롤로서 최소 값과 최대 값, 그리고 단위 수치를 지정하여 사용자에게 요구하는 데이터를 제공받을 수 있으며, Thumb(조절 바)을 움직여서 다른 컨트롤의 값을 설정하는 데 사용한다. Slider는 방향에 따라서 HSlider와 VSlider로 나눠지는데 이는 레이아웃을 구성하는 방식에 따라서 선택하면 된다.

[표 4-8] Slider 속성

속 성	설 명
thumbCount	Thumb의 개수
labels	슬라이더에 나타낼 라벨 값
minimum	최소 값
maximum	최대 값
values	Slider가 초기화될 때 선택된 값
tickInterval	눈금자 간격
snapInterval	눈금 이동간격
liveDragging	마우스로 Thumb을 드래그하는 동안에도 값의 변화를 처리할 것인지 여부
dataTipPlacement	슬라이더를 움직일 때 보이는 데이터 탭의 위치
change	슬라이더 값이 변할 때 발생하는 이벤트

Example04_12.mxml을 생성하여 HSlider와 VSlider 컨트롤을 사용하여 보자.

Example04_12.mxml

```
1. <?xml version="1.0" encoding="utf-8"?>
2. <mx:Application xmlns:mx="http://www.adobe.com/2006/mxml" layout="vertical">
3.     <mx:VSlider id="Vs" snapInterval="1" tickInterval="10" maximum="300"
       labels="[0,100,200,300]" width="100"/>
4.     <mx:HSlider id="Hs" snapInterval="1" tickInterval="10" maximum="300"
       labels="[0,100,200,300]" height="100"/>
5. </mx:Application>
```

Example04_12.mxml은 VSlider와 HSlider의 최대 값은 300, 눈금자의 간격은 10, Slider에 출력되는 레이블 값은 [1, 100, 200, 300]으로 설정하였으며 실행결과는 [그림 4-24]와 같다.

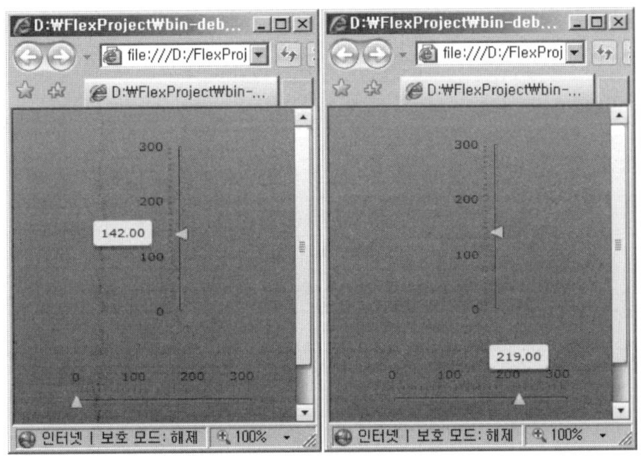

[그림 4-24] Example04_12.mxml의 실행결과

4. Combo와 List 기반의 컨트롤을 사용해보자

● ComboBox과 List

ComboBox와 List 컨트롤은 데이터를 목록화하여 그 데이터 중 한 가지의 값을 선택할 수 있도록 설계된 드롭다운 형식의 컨트롤로서, 속성에 따라 목록에 해당하는 데이터를 검색하거나 목록에 포함되지 않는 값을 추가할 수 있다.

ComboBox 컨트롤은 한 개 이상의 데이터 항목을 포함하며, 단일 항목을 선택할 수 있다. [표 4-9]는 ComboBox 컨트롤이 갖는 속성이다.

[표 4-9] ComboBox control

속 성	설 명
dataProvider	데이터 제공자
dropdownWidth	너비를 지정
editable	수정 가능 여부(true/false)
labelField	데이터 모델에서 어떤 필드를 목록으로 사용할지 지정
rowCount	화면에 표시할 항목의 개수 지정
selectedIndex	선택된 항목의 인덱스
selectedItem	선택된 항목
open	[이벤트] 컨트롤이 처음 실행되었을 때
close	[이벤트] 컨트롤이 종료되었을 때
enter	[이벤트] 사용자가 Enter 키를 눌렀을 때
change	[이벤트] 선택된 항목이 변경되었을 때
scroll	[이벤트] 사용자가 스크롤하였을 때
itemRollOver	[이벤트] 사용자가 마우스를 항목 위로 올렸을 때
itemRollOut	[이벤트] 항목의 롤오버 이벤트가 해제되었을 때

Example04_13.mxml을 생성하여 ComboBox 컨트롤을 사용하여 보자.

Example04_13.mxml

```
1. <?xml version="1.0" encoding="utf-8"?>
2. <mx:Application xmlns:mx="http://www.adobe.com/2006/mxml" layout="vertical">
3.    <mx:ComboBox rowCount="6">
4.       <mx:String>고조선</mx:String>
5.       <mx:String>고구려</mx:String>
6.       <mx:String>백  제</mx:String>
7.       <mx:String>신  라</mx:String>
8.       <mx:String>고  려</mx:String>
9.       <mx:String>조  선</mx:String>
10.    </mx:ComboBox>
11. </mx:Application>
```

Example04_13.mxml은 rowCount 값을 6으로 설정하여 ComboBox 컨트롤을 클릭하면 아이템항목 6개가 화면에 출력되며 이를 출력하면 [그림 4-25]와 같다.

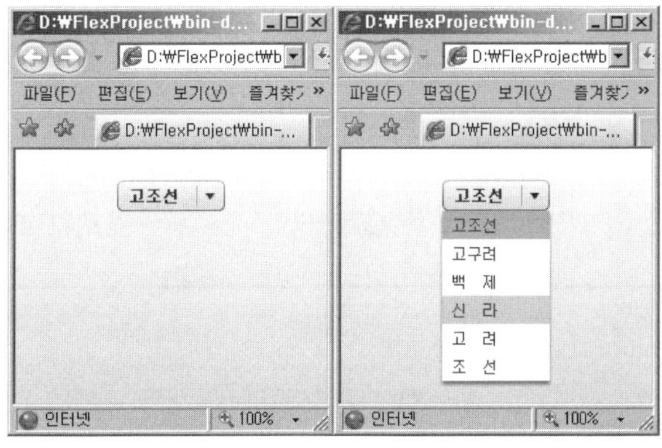

[그림 4-25] Example04_13.mxml 실행결과

List 컨트롤은 데이터항목을 y 축으로 나열하고 리스트 중 항목을 속성에 따라 단일 또는 다수의 항목을 선택할 수 있다. 또한 전체 항목이 지정된 크기에 표시될 수 없으면 수직 스크롤바가 포함된다.

[표 4-10] List Control 속성

속 성	설 명
dataProvider	데이터 제공자
itemRenderer	itemRenderer 지정
dragEnabled	드래그 가능 여부(true/false)
useRollOver	롤오버의 사용 여부(true/false)
allowMultipleSelection	다수의 항목 선택 여부(true/false)
verticalAlign	수직 정렬 설정(top/middle/bottom)
labelField	데이터 모델에서 어떤 필드를 목록으로 사용할지 지정

rowCount	화면에 표시할 항목의 개수 지정
rowHeight	항목의 높이
selectedIndex	선택된 항목의 인덱스
selectedItem	선택된 항목
change	[이벤트] 선택된 항목이 변경되었을 때
scroll	[이벤트] 사용자가 스크롤하였을 때
mouseDown	[이벤트] 사용자가 마우스를 클릭했을 때
keyDown	[이벤트] 컨트롤이 포커스를 갖게 되었을 때

Example04_14.mxml을 생성하여 List 컨트롤을 사용하여 보자.

Example04_14.mxml

```
1. <?xml version="1.0" encoding="utf-8"?>
2. <mx:Application xmlns:mx="http://www.adobe.com/2006/mxml" layout="vertical">
3.     <mx:List rowCount="4">
4.         <mx:String>고조선</mx:String>
5.         <mx:String>고구려</mx:String>
6.         <mx:String>백   제</mx:String>
7.         <mx:String>신   라</mx:String>
8.         <mx:String>고   려</mx:String>
9.         <mx:String>조   선</mx:String>
10.     </mx:List>
11. </mx:Application>
```

Example04_14.mxml은 rowCount 값을 4로 설정하여 List 컨트롤의 데이터항목 4개를 화면에 출력한다.

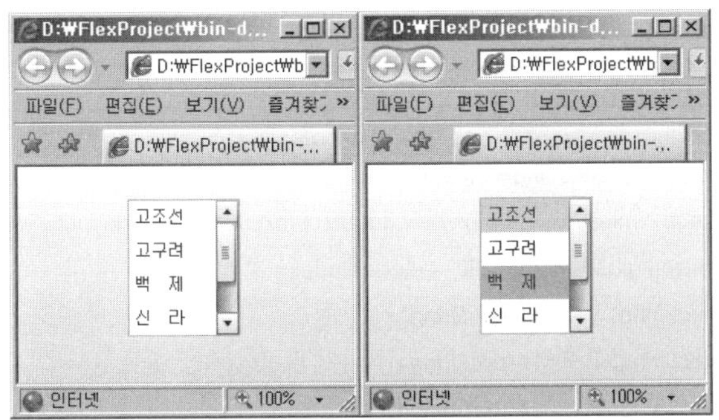

[그림 4-26] Example04_14.mxml 실행결과

● HorizontalList와 TileList

HorizontalList와 TileList 컨트롤은 List 컨트롤에 열과 행의 개념을 적용한 것으로 데이터항목을 지정한 위치에 차례대로 배치한다. Horizontal List 컨트롤은 아이템 항목들을 수평으로 정렬하여 선택하도록 하는 컨트롤로서 사진들을 슬라이드 형식으로 보여주는 데 많이 사용된다.

[표 4-11] HorizontalList의 속성

속 성	설 명
dataProvider	데이터 제공자
itemRenderer	itemRenderer 지정
dragEnabled	드래그 가능 여부(true/false)
allowMultipleSelection	다수의 항목 선택 여부(true/false)
allDragSelection	드래그하여 항목 선택 여부(true/false)
verticalAlign	수직 정렬 설정(top/middle/bottom)
labelField	데이터 모델에서 어떤 필드를 목록으로 사용할지 지정
columnCount	화면에 표시할 항목의 개수 지정
selectedIndex	선택된 항목의 인덱스
selectedItem	선택된 항목
change	[이벤트] 선택된 항목이 변경되었을 때
scroll	[이벤트] 사용자가 스크롤하였을 때
mouseDown	[이벤트] 사용자가 마우스를 클릭했을 때
keyDown	[이벤트] 사용자가 키를 눌렀을 때

Example04_15.mxml을 생성하여 HorizontalList 컨트롤을 사용하여 보자.

Example04_15.mxml

```
1. <?xml version="1.0" encoding="utf-8"?>
2. <mx:Application xmlns:mx="http://www.adobe.com/2006/mxml" layout="vertical">
3.     <mx:HorizontalList width="280" selectedIndex="3">
4.         <mx:String>고조선</mx:String>
5.         <mx:String>고구려</mx:String>
6.         <mx:String>백    제</mx:String>
7.         <mx:String>신    라</mx:String>
8.         <mx:String>고    려</mx:String>
9.         <mx:String>조    선</mx:String>
10.     </mx:HorizontalList>
11. </mx:Application>
```

---

3 line의 selectedIndex 값을 3으로 설정하여 HorizontalList 컨트롤의 인덱스가 3인 데이터항목을 선택한다.

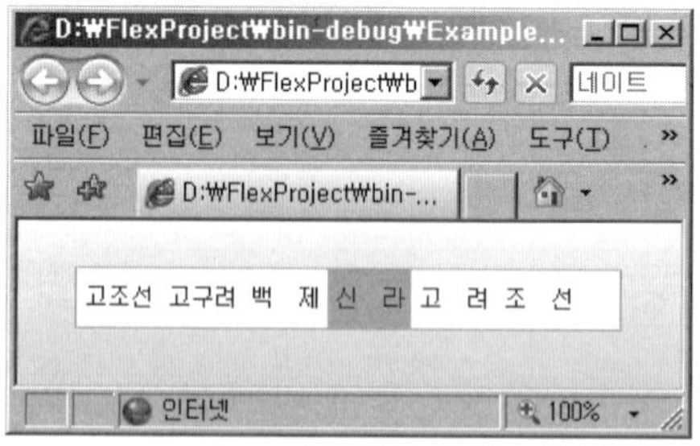

[그림 4-27] Example04_15.mxml 실행결과

TileList 컨트롤은 항목들을 타일 형식으로 배치하여 단일 또는 다수의 아이템을 선택할 수 있도록 한 컨트롤로 설정된 속성에 따라 항목들의 정렬 형식, 방향 등을 설정할 수 있다.

[표 4-12] TileList의 속성

속 성	설 명
dataProvider	데이터 제공자
itemRenderer	itemRenderer 지정
direction	정렬 형식(horizontal/vertical)
dragEnabled	드래그 가능 여부(true/false)
allowMultipleSelection	다수의 항목 선택 여부(true/false)
allowDragSelection	드래그하여 항목 선택 여부(true/false)
verticalAlign	수직 정렬 설정(top/middle/bottom)
labelField	데이터 모델에서 어떤 필드를 목록으로 사용할지 지정
rowCount	가로에 표시할 항목의 개수
columnCount	세로에 표시할 항목의 개수
selectedIndex	선택된 항목의 인덱스
selectedItem	선택된 항목
change	[이벤트] 선택된 항목이 변경되었을 때
scroll	[이벤트] 사용자가 스크롤하였을 때
mouseDown	[이벤트] 사용자가 마우스를 클릭하였을 때
keyDown	[이벤트] 사용자가 키를 눌렀을 때

Example04_16.mxml을 생성하여 TileList 컨트롤을 사용하여 보자.

Example04_16.mxml

```
1.  <?xml version="1.0" encoding="utf-8"?>
2.  <mx:Application xmlns:mx="http://www.adobe.com/2006/mxml" layout="vertical">
3.      <mx:TileList width="100" selectedIndex="3">
4.          <mx:String>고조선</mx:String>
5.          <mx:String>고구려</mx:String>
6.          <mx:String>백    제</mx:String>
7.          <mx:String>신    라</mx:String>
8.          <mx:String>고    려</mx:String>
9.          <mx:String>조    선</mx:String>
10.     </mx:TileList>
11. </mx:Application>
```

3 line의 TileList의 속성의 width 값을 100픽셀로 지정하여 설정된 가로크기 100픽셀을 기준으로 데이터항목의 크기에 관계없이 데이터항목들을 일정한 크기로 나누어 표시한다.

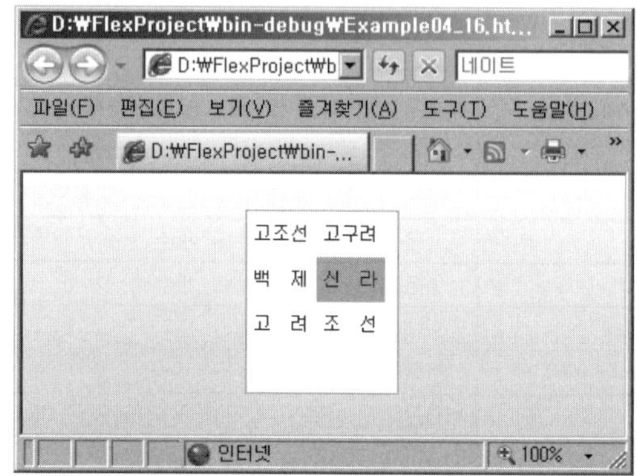

[그림 4-28] Example04_16.mxml 실행결과

● DateChooser

DateChooser 컨트롤은 달력컴포넌트로서 달력 기능을 위해 추가된 속성이 많다. DateChooser 컨트롤의 기본 실행화면은 [그림 4-29]이며 속성은 [표 4-13]과 같다.

[그림 4-29] DateChooser 기본 컨트롤

[표 4-13] DateChooser control 속성

속 성	설 명
allowMultipleSelection	여러 날을 선택할 수 있게 할 것인지 여부
allowDisjointSelection	이웃하지 않은 날짜를 선택할 수 있는지 여부
dayNames	요일 이름 배열
disabledDays	비활성화할 날짜 지정
disabledRanges	비활성화할 날짜 범위 지정
displayedMonth	현재 달을 표시
displayedYear	현재 연도
firstDayOfWeek	0으로 되면 일요일부터 시작
maxYear	출력할 마지막 연도
minYear	출력할 최초 연도
monthNames	월 이름 지정
monthSymbol	월 다음에 표시되는 이름
selectableRange	선택 가능한 날짜 범위 지정
selectedDate	선택된 날짜
selectedRanges	선택된 날짜 영역
showToday	오늘의 날짜 표시 여부
yearNavigationenabled	연도 이동 컨트롤 표시 여부
yearSymbol	연 다음에 표시되는 이름

Example04_17.mxml을 생성하여 DateChooser 컨트롤을 사용하여 보자.

Example04_17.mxml

```
1. <?xml version="1.0" encoding="utf-8"?>
2. <mx:Application xmlns:mx="http://www.adobe.com/2006/mxml" layout="vertical">
3.    <mx:DateChooser dayNames="['일','월','화','수','목','금','토']"  firstDayOfWeek="1"
      monthSymbol="월" monthNames="['1','2','3','4','5','6','7','8','9','10','11','12']"
      yearSymbol="년" showToday="true" />
4. </mx:Application>
```

DateChooser 컨트롤의 월을 나타내는 값은 0~11이기 때문에 0은 1월, 1은 2월,⋯, 11은 12월을 의미한다. Example04_17.mxml의 dayNames는 요일의 이름을 배열로 지정하는 속성으로 '일', '월', '화', '수', '목', '금', '토'로 설정하였으며, 기본 monthNames 값인 January, February, ⋯, December를 1, 2, ⋯, 12로 변경하기 위해 monthNames 값을 '1', '2', '3', '4', '5', '6', '7', '8', '9', '10', '11', '12'로 하였다. 그리고 '년'과 '월'을 표시하기 위하여 yearSymbol을 '년'으로 monthSymbol을 '월'로 설정하였다.

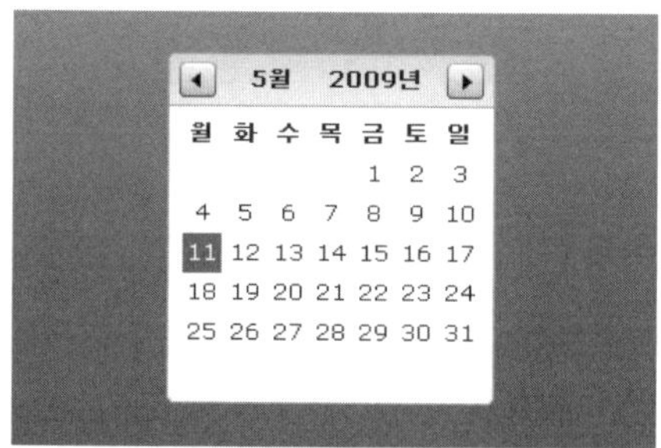

[그림 4-30] Example04_17.mxml 실행결과

● DateField

필요 시 날짜를 입력해야 할 필요가 있을 때 사용하는 DateField 컨트롤은 TextImput과 DateChooser의 기능을 합쳐놓은 컨트롤이며, 달력에서 날짜를 선택하면 해당 날짜를 텍스트필드로 표시하게 되고 이 텍스트필드는 날짜 형태의 데이터를 가지게 된다.

[표 4-14] DateField control 속성

속 성	설 명
formatString	텍스트 필드의 날짜 형식
dayNames	요일명 형식
disabledDays	비활성화를 지정할 요일
disableRanges	비활성화를 지정할 날들
displayedYear	비활성화할 연도
firstDayOfWeek	요일의 순서 설정
headerStyleName	헤더 텍스트에 적용할 스타일정의
monthNames	달의 이름
selectableRange	선택 가능한 날의 범위
selectedDate	선택된 날짜
showToday	오늘의 일자를 표시할지의 여부(true/false)
todayStyleName	현재 일자를 표시할 스타일정의
weekDayStyleName	요일명에 표시할 스타일정의
change	[event] 일자가 변경되었을 때
close	[event] 달력이 사라질 때
open	[event] 달력을 열 때
scroll	[event] 달이 변경되었을 때

Example04_18.mxml을 생성하여 DateChooser 컨트롤을 사용하여
보자.

Example04_18.mxml

```
1. <?xml version="1.0" encoding="utf-8"?>
2. <mx:Application xmlns:mx="http://www.adobe.com/2006/mxml" layout="vertical" >
3.     <mx:DateField yearNavigationEnabled="true" formatString="YYYY년 MM월 DD일"
       width="170" showToday="true"/>
4. </mx:Application>
```

DateField 컨트롤의 yearNavigationEnabled는 boolean 속성을 갖는데
true인 경우에는 연도 옆에 ▼이 출력되어 위쪽 삼각형을 클릭하면 다음

연도가 출력되며 아래쪽 삼각형을 클릭하면 이전 연도가 출력된다. 그리고
DateField의 기본 날짜 형식은 '월/일/년'이기 때문에 '년 월 일'로 변경하
고자 하는 경우에는 formatString 속성을 사용하여 변경한다.

[그림 4-31] Example04_18.mxml 실행결과

● ColorPicker

ColorPicker는 색상을 선택하는 컨트롤로 선택한 색상의 RGB 값을 제
공한다.

[표 4-15] ColorPicker 컨트롤 속성

속 성	설 명
dataProvider	데이터 제공자
labelField	데이터의 레이블필드를 지정
colorField	데이터의 색생필드를 지정
swatchPanelStyleName	색생표의 패널 스타일

Example04_19mxml을 생성하여 ColorPicker 컨트롤을 사용해보자.

Example04_19mxml

1. <?xml version="1.0" encoding="utf-8"?>

2. <mx:Application xmlns:mx="http://www.adobe.com/2006/mxml" layout="vertical">

3.   <mx:ColorPicker />

4. </mx:Application>

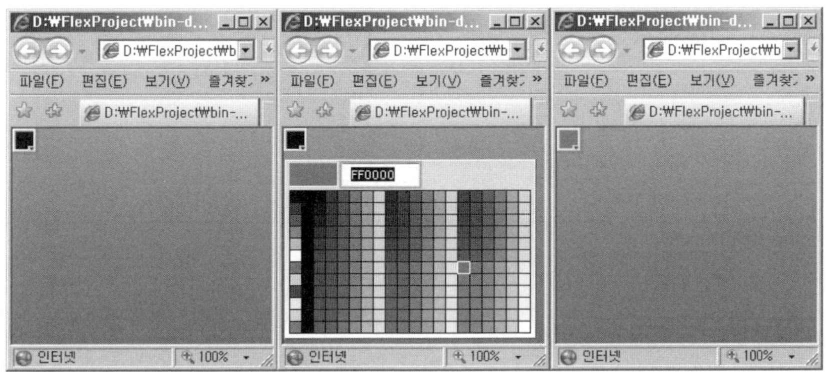

[그림 4-32] Example04_19.mxml 실행결과

● DataGrid

DataGrid 컨트롤은 Flex에서 데이터를 표현하는 데 가장 많이 사용하는 것으로 테이블 형태로 데이터를 보여주는 컨트롤이다. DataGrid 컨트롤은 데이터 프로바이더와 컬럼 정보부로 나누어지는데 데이터의 페이징, 드래그 앤 드롭으로 데이터를 이동할 수 있는 기능을 제공한다.

[표 4-16] DataGrid 컨트롤 속성

속 성	설 명
dataProvider	데이터 제공자
itemRenderer	itemRenderer 지정
editable	수정 가능 여부(true/false)
allowMultipleSelection	다수의 항목 선택 여부(true/false)

allowDragSelection	드래그하여 항목 선택 여부(true/false)
rowcount	화면에 표시할 행의 수
columns	화면에 표시할 열 헤더의 순서 지정
heaterText	열헤더의 이름 지정
selectedIndex	선택된 항목의 인덱스
selectedItem	선택된 항목
mouseDown	[이벤트] 사용자가 마우스를 클릭했을 때
keyDown	[이벤트] 사용자가 키를 눌렀을 때

Example04_20.mxml을 생성하여 DataGrid 컨트롤을 이용하여보자.

Example04_20.mxml

```
1. <?xml version="1.0" encoding="utf-8"?>
2. <mx:Application xmlns:mx="http://www.adobe.com/2006/mxml" layout="vertical"
   backgroundColor="#B2B2B2">
3. <mx:DataGrid textAlign="center">
4.     <mx:columns>
5.         <mx:DataGridColumn headerText="국가명" />
6.         <mx:DataGridColumn headerText="언어" />
7.         <mx:DataGridColumn headerText="수도" />
8.         <mx:DataGridColumn headerText="위치" />
9.         <mx:DataGridColumn headerText="면적" />
10.        </mx:columns>
11. </mx:DataGrid>
12. </mx:Application>
```

DataGridColumn 객체에는 dataField 속성과 headerText, width 속성을 포함하는데 width는 해당 컬럼의 가로 크기를 지정하는 속성이다. 그리고 headerText는 데이터항목의 컬럼명을 지정하고, dataField 속성은 DataGrid의 dataProvider에서 제공된 데이터에서 출력할 필드를 지정한다.

Example04_20.mxml을 실행하면 [그림 4-33]과 같다.

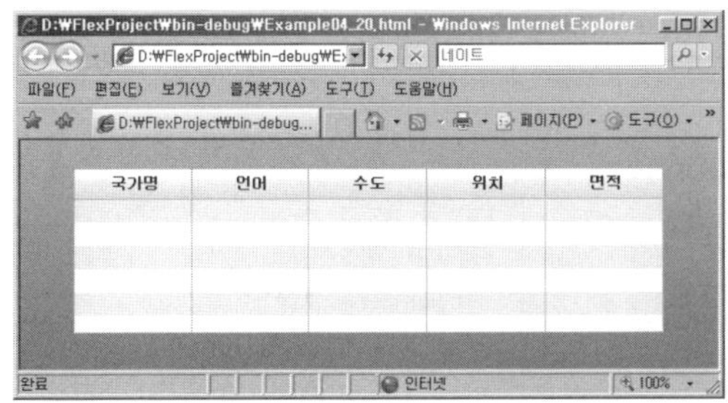

[그림 4-33] Example04_20.mxml 실행결과

● AdvancedDataGrid Control

AdvancedDataGrid 컨트롤은 데이터의 시각화를 향상시키기 위해 표준 DataGrid 컨트롤의 기능을 확장한 것이다. AdvancedDataGrid는 상용 컴포넌트이기 때문에 Flex SDK 3.0에는 포함되어 있지 않고 Flex Builder 3 를 설치해야 AdvancedDataGrid 컴포넌트를 사용할 수 있다.

[표 4-17] AdvancedDataGrid 기능

기 능	설 명
다중 열(columns) 정렬	열 머리글(column heading)을 클릭하여 여러 열을 정렬할 수 있으며, 각 항목명(column header)을 클릭하면 클릭한 열의 순서대로 정렬할 수 있다.
행(rows)과 열(columns)에 스타일 적용	styleFunction 속성(property)을 이용하여 행(rows)과 열(columns)에 스타일을 지정할 수 있다.
계층(Hierarchical) 데이터와 그룹(Group) 데이터를 표현	계층과 그룹으로 표현하고자 하는 기준 열(column)을 지정하여 확장 네비게이션 트리로 계층(Hierarchical) 데이터와 그룹(Group) 데이터를 표현할 수 있다.
열(columns) 그룹화	단일 열 머리글(column heading) 아래 여러 열을 표현할 수 있다.
아이템 렌더러 (item renderers) 사용	아이템 렌더러를 이용하여 여러 행(columns)에 적용할 수 있다.

AdvancedDataGrid 컨트롤의 가장 중요한 점 중 하나는 계층 데이터와 그룹 데이터를 지원하는 것인데, 계층과 그룹으로 표현하고자 하는 기준

열(column)을 지정하여 확장 내비게이션 트리로 각 행을 표현한다.

[표 4-18] AdvancedDataGrid 컨트롤 속성

속 성	설 명
dataProvider	데이터 제공자
itemRenderer	itemRenderer 지정
editable	수정 가능 여부(true/false)
allowMultipleSelection	다수의 항목 선택 여부(true/false)
allowDragSelection	드래그하여 항목 선택 여부(true/false)
rowCount	화면에 표시할 god의 수
columns	화면에 표시할 열 헤더의 순서 지정
headerText	열 헤더의 이름 지정
selectedIndex	선택된 항목의 인덱스
selectedItem	선택된 항목
mouseDown	[이벤트] 사용자가 마우스를 클릭했을 때
keyDown	[이벤트] 사용자가 키를 눌렀을 때
sortExpertMode	우선순위 열에 따른 데이터 정렬 여부(true/false)
sorttableColumns	열 정렬 여부(true/false)
styleFunction	AdvancedDataGrid의 내부 style을 지정
HierarchicalData	계층구조인 데이터 지정
GroupingCollection	리스트 데이터 지정
refresh	[이벤트] 객체의 값이 변경되었을 때 데이터 정보를 갱신
AdvancedDataGridColumnGroup	열의 머리글을 그룹화
groupingColumns	그룹화할 연관된 열 지정
selectionMode	선택된 셀과 열을 selectedCells 속성에 값을 복사 (none/singleRow/multipleRows/singleCell/multipleCells)
AdvancedDataGridRendererProvider	데이터나 색상, 그룹 등의 여러 요소가 동적으로 사용할 수 있도록 renderer 지정
filter	데이터 필터링
firstVisibleItem	첫 행에서 보이는 아이템 지정

Example04_21.mxml을 생성하여 AdvancedDataGrid 컨트롤을 이용하여보자.

Example04_21.mxml

```
1.  <?xml version="1.0" encoding="utf-8"?>
2.  <mx:Application xmlns:mx="http://www.adobe.com/2006/mxml" layout="vertical" fontSize="13">
3.      <mx:AdvancedDataGrid  textAlign="center">
4.          <mx:groupedColumns>
5.              <mx:AdvancedDataGridColumn  headerText="국가명" />
6.              <mx:AdvancedDataGridColumn  headerText="언어" />
7.              <mx:AdvancedDataGridColumn  headerText="수도" />
8.              <mx:AdvancedDataGridColumnGroup headerText="지리정보">
9.                  <mx:AdvancedDataGridColumn  headerText="위치" />
10.                 <mx:AdvancedDataGridColumn  headerText="면적" />
11.             </mx:AdvancedDataGridColumnGroup>
12.         </mx:groupedColumns>
13.     </mx:AdvancedDataGrid>
14. </mx:Application>
```

Example04_21.mxml을 보면 위치와 면적을 지리정보로 그룹화하는 경우 AdvancedDataGridColumnGroup으로 위치 컬럼과 면적 컬럼을 묶어주고, 그룹화한 필드명은 headerText를 이용하여 표현하는 것을 알 수 있다. 실행결과는 [그림 4-34]와 같다.

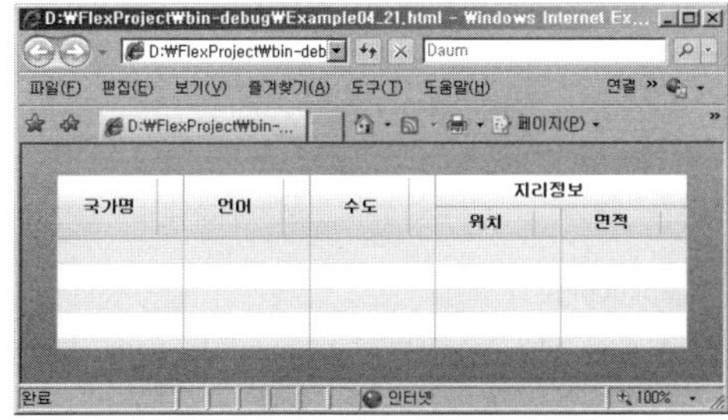

[그림 4-34] Example04_21.mxml 실행결과

● Tree

Tree 컨트롤은 계층 구조를 갖는 데이터아이템을 트리형식으로 출력한
다. 트리 내의 서브 아이템을 노드라고 부르며 노드는 리프노드와 브랜치
노드가 있다. 리프 노드는 서브 노드를 가지고 있지 않는 노드를 말하며,
브랜치 노드는 서브 노드를 가지고 있는 노드를 말한다. 일반적으로 계층
구조로 되어 있는 구조도, 파일 계층도, 그룹을 표현하고자 할 때 많이 사
용된다.

[표 4-19] Tree 컨트롤 속성

속 성	설 명
dataProvider	데이터 제공자
dragMoveEnabled	트리의 항목을 드래그로 이동할 수 있도록 하는 여부(true/false)
firstVisibleItem	트리의 제일 위에 보여줄 항목 설정
itemIcons	트리의 아이콘 설정
columnCount	화면에 표시할 열의 수
openItems	트리를 보여줄 때 모든 노드를 펼칠지의 여부
showRoot	트리의 루트 항목을 보이게 하는 설정
change	[이벤트] 선택항목이 변경되었을 때
itemOpen	[이벤트] 브랜치가 열렸을 때
itemClose	[이벤트] 브랜치가 닫혔을 때

Example04_22.mxml을 생성하여 Tree 컨트롤을 실행하여 보자.

Example04_22.mxml

```
1. <?xml version="1.0" encoding="utf-8"?>
2. <mx:Application xmlns:mx="http://www.adobe.com/2006/mxml" layout="vertical"
   fontSize="11" backgroundColor="white">
3.     <mx:XMLList id="treeData">
4.         <node label="원삼국시대">
5.             <node label="고조선"/><node label="부여"/><node label="초기 고구려"/>
```

```
6.              <node label="삼한">
7.                    <node label="초기 백제"/>      <node label="초기 신라"/>
8.                    <node label="초기 가야"/>
9.              </node>
10.             <node label="옥저"/><node label="동예"/>
11.       </node>
12.       <node label="고대시대">
13.             <node label="삼국시대">
14.                 <node label="고구려"/><node label="백제"/><node label="신라"/>
15.             </node>
16.             <node label="통일신라"/><node label="발해"/>
17.       </node>
18.       <node label="중세시대">
19.             <node label="후삼국시대">
20.                 <node label="후고구려"/><node label="후백제"/><node
                    label="신라"/>
21.             </node>
22.             <node label="고려"/><node label="조선 전기"/>
23.       </node>
24.       <node label="근세시대">
25.             <node label="조선 후기"/>
26.       </node>
27.       <node label="근대시대">
28.             <node label="1876년 개항이후"/>
29.       </node>
30.       <node label="현대">
31.             <node label="1945년 해방이후"/>
32.       </node>
33. </mx:XMLList>
34. <mx:Tree id="myTree" width="30%" height="100%" openItems="true"
    labelField="@label" showRoot="false" dataProvider="{treeData}"/>
35. </mx:Application>
```

3 line의 〈mx:XMLList〉 태그는 유효한 XML 노드로 구성되는 텍스트 모델에서 XMLList 오브젝트를 정의하기 위해 사용된다. Example04_22. mxml을 보면 3~33 line의 〈mx:XMLList〉~〈/mx:XMLList〉에 XML 노드로 구성된 텍스트 모델을 정의하였고, 34 line에서 dataProvider를 사용하여 XMLList 컨트롤을 Tree 컨트롤에 바인딩하였다. 이를 실행하면 [그림 4-35]와 같이 출력된다.

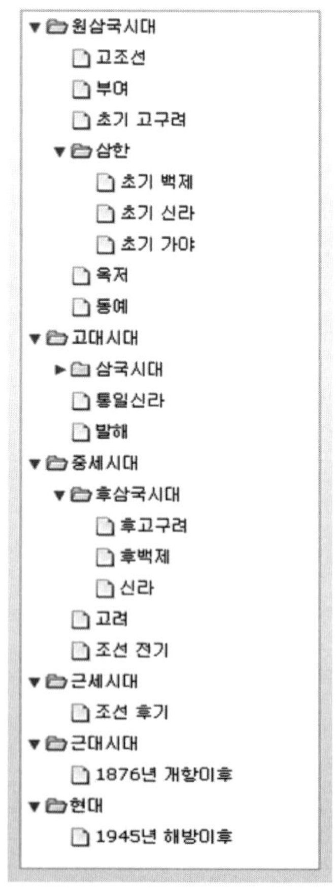

[그림 4-35] Example04_22.mxml 실행결과

5. 플렉스에서 이미지와 동영상을 출력하자

● Image control

Image 컨트롤은 mxml 문서에 이미지를 출력하는 것으로 제작한 프로젝트를 컴파일한 후에 이미지를 읽어오는 방식과 컴파일 시 이미지를 포함시키는 방식이 있다. 컴파일한 후에 이미지를 불러오게 되면 프로젝트를 실행할 때마다 이미지를 불러와야 하지만 소스를 변경하지 않고 이미지를 변경할 수 있다. 반면, 컴파일 시 이미지를 포함시키는 방식은 이미지가 포함되어 있어서 프로젝트를 실행할 때 이미지를 따로 불러오지 않지만 이미지를 변경할 때는 소스를 변경하여야 하는 번거로움이 있다.

컴파일한 후에 이미지를 읽어오는 방법을 사용하고자 할 때는 src 속성을 이용하여 파일 경로를 설정하고 컴파일 시에 이미지를 포함시키는 방법을 사용할 때에는 @Embed 함수를 이용하여 설정하면 된다. 아래 예제를 보자.

Example04_23.mxml을 생성하여 Image 컨트롤을 이용하여보자.

Example04_23.mxml

```
1. <?xml version="1.0" encoding="utf-8"?>
2. <mx:Application xmlns:mx="http://www.adobe.com/2006/mxml" layout="vertical">
3.     <mx:Image source="images/wlatmd.jpg" width="300" height="300"/>
4.     <mx:Label text="짐승얼굴무늬 수막새(怪獸面文圓瓦當)" fontSize="15"
        fontWeight="bold" color="#e00707"/>
5.     <mx:Text text="크게 과장된 두 눈과 날카로운 이빨을 드러낸 짐승얼굴이다.
        짐승얼굴무늬는 나쁜 것을 쫓기[辟邪]위한 것으로, 주술적인 장식이나 건축,
        무덤 등에서 많이 나타난다." width="300"/>
6. </mx:Application>
```

Image 컨트롤의 source 속성으로 이미지 경로를 지정하고 width와 height을 사용하여 이미지의 가로와 세로 크기를 설정한다. Example 04_23.mxml을 실행하면 [그림 4-35]와 같다.

Example04_23.mxml은 컴파일한 후에 이미지를 읽어오는 방법을 사용하고 있기 때문에 이미지 파일이 변경되면 변경된 이미지가 출력되지만 3 line의 소스를 <mx:Image source="@Embed('images/ wlatmd.jpg')" width="300" height="300"/>로 수정하면 이미지 파일이 변경되더라도 파일을 다시 컴파일하기 전까지는 변경되지 않는다.

[그림 4-36] Example04_23.mxml 실행결과

● VideoDisplay

VideoDisplay는 동영상을 볼 수 있도록 하는 control으로 실습 파일에
포함되어 있는 파일로 동영상을 실행시켜보자. 먼저 Example04_24.mxml
을 생성하고 VideoDisplay(▣ VideoDisplay)를 선택하여 Design Editor에 위치
시킨다. 그리고 Source 속성에서 http://is.jj.ac.kr/Flex/에 있는 GoRyeo
Jang.flv 파일을 지정한다. Example04_24.mxml의 소스와 실행결과는 다
음과 같다.

[그림 4-36] Example04_24.mxml 실행결과

Example04_24.mxml

```
1. <?xml version="1.0" encoding="utf-8"?>
2. <mx:Application xmlns:mx="http://www.adobe.com/2006/mxml" layout="vertical">
3.     <mx:VideoDisplay source="images/GoRyeoJang.flv"/>
4. </mx:Application>
```

Chapter ❺ Flex의 Layout과 Navigators를 구성해보자

Flex의 레이아웃 컴포넌트는 효율적인 디자인을 위해 설계되어 레이아 웃을 설계하는 데 매우 유용하며, 레이아웃 컴포넌트를 이용하여 레이아웃을 설계하고 레이아웃 내에 사용자가 필요한 컨트롤이나 컴포넌트를 선택할 수 있다. 이를 레이아웃 템플릿 기반 설계방식이라고 할 수 있는데 Flex의 Layout과 Navigators 컴포넌트에 대해 살펴보자.

[표 5-1] Flex Layout 컨트롤

컨트롤	설 명
ApplicationControlBar	Application의 상단에 컨트롤바 영역을 구성하는 컨테이너
Canvas	내부에 포함된 컨트롤이나 컴포넌트들을 자유롭게 배치할 수 있는 컨테이너
ControlBar	Panel이나 TileWindow 하단의 컨트롤바 영역을 구성하는 컨테이너
Form	HTML의 form 태그와 유사한 컨테이너로서 FormItem을 이용하여 다른 컴포넌트를 내장
FormHeading	Form 컴포넌트 내의 헤드라인의 역할을 하는 컨테이너
Grid	HTML의 테이블과 유사한 컨테이너로서 GridRow와 GridItem을 이용하여 표현
HBox	내부에 포함된 컴포넌트를 수평방향으로 적재하는 컨테이너

HDividedBox	내부에 포함된 컴포넌트의 폭을 동적으로 제어하는 컨테이너
HRule	HTML의 hr 태그와 유사한 컨테이너로 수평방향으로 라인을 그림
ModuleLoader	Module 컴포넌트를 외부에서 로딩한 후 VBox 컴포넌트에 표현하는 컨테이너
Panel	JPEG, GIF, PNG, SVG와 SWF 등의 이미지 파일을 화면에 나타낼 때 사용하는 컨테이너
Spacer	가상의 공간을 확보할 때 사용하는 컨테이너
Tile	타일 방법으로 컴포넌트를 배치하는 컨테이너
TitleWindow	윈도 스타일의 컨테이너
VBox	내부에 포함된 컴포넌트를 수직방향으로 적재하는 컨테이너
VDiviedBox	내부에 포함된 컴포넌트의 높이를 동적으로 제어하는 컨테이너
VRule	수직방향으로 라인을 그려서 컴포넌트의 배치에 영향을 주는 컨테이너
Accordion	자식 컴포넌트를 Accordion 메뉴 방식으로 표현
ButtonBar	계층구조의 데이터를 버튼 형태의 메뉴 형식으로 표현
LinkBar	계층구조의 데이터를 링크 형태의 메뉴 형식으로 표현
MenuBar	계층구조의 데이터를 메뉴 형태의 메뉴 형식으로 표현
TabBar	계층구조의 데이터를 탭 형태의 메뉴 형식으로 표현
TabNavigator	자식 컴포넌트를 탭 메뉴 방식으로 표현
ToggleButtonBar	계층구조의 데이터를 토글 형태의 메뉴 형식으로 표현
ViewStack	컨테이너 또는 하위객체의 집합으로서, 각각이 포개져 있어서 한 번에 하나만 표현

● Canvas

Canvas 컨테이너는 위치와 크기를 명시적으로 지정하여서 x축 위치, y축 위치, 높이와 너비를 이용하여 내부 컴포넌트를 배치한다. Canvas를 사용하여 컴포넌트를 배치할 때는 내가 원하는 위치와 크기로 컨트롤들의 유동적인 배치가 가능하지만 배치해야 할 컴포넌트가 많은 경우에는 각각 위치와 크기를 명시적으로 지정해야 하기 때문에 불편하다는 단점이 있다.

FlexProject에 Example05_01.mxml이라는 이름으로 파일을 생성한다. 여기서 주의할 것은 파일이름을 생성할 때 파일 이름이 Flex 컴포넌트나 컨트롤의 이름과 같아서는 안 된다. Design Editor에서 Components 뷰의 Layout 탭에서 Canvas를 선택하여 에디터에 드래그하여 위치시키고 Canvas의 크기를 지정한다.

Canvas가 생성되었으면 Canvas 컨테이너 내에 다른 Canvas 컨테이너 세 개를 생성하여 배치해 보자. 각각의 시작 위치는 [그림 5-1]과 같고 맨 위와 아래의 Canvas 크기는 가로와 세로 80픽셀, 중간의 Canvas 크기는 가로와 세로 40픽셀로 한다.

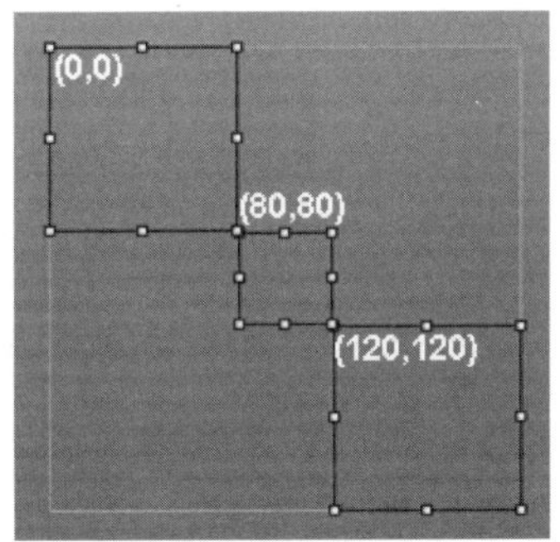

[그림 5-1] Canvas 컨테이너 구성

내부의 Canvas의 backgroundColor 속성 값을 #FFFFFF으로 하여 실행한 Example05_01.mxml의 소스와 실행결과는 아래와 같다.

Example05_01.mxml

```
1. <?xml version="1.0" encoding="utf-8"?>
2. <mx:Application xmlns:mx="http://www.adobe.com/2006/mxml" layout="vertical">
3.     <mx:Canvas width="200" height="200" borderColor="#FFFFFF" borderStyle="none">
4.         <mx:Canvas x="0" y="0" width="80" height="80" backgroundColor="#FFFFFF"/>
5.         <mx:Canvas x="120" y="120" width="80" height="80" backgroundColor="#FFFFFF"/>
6.         <mx:Canvas x="80" y="80" width="40" height="40" backgroundColor="#FFFFFF"/>
7.     </mx:Canvas>
8. </mx:Application>
```

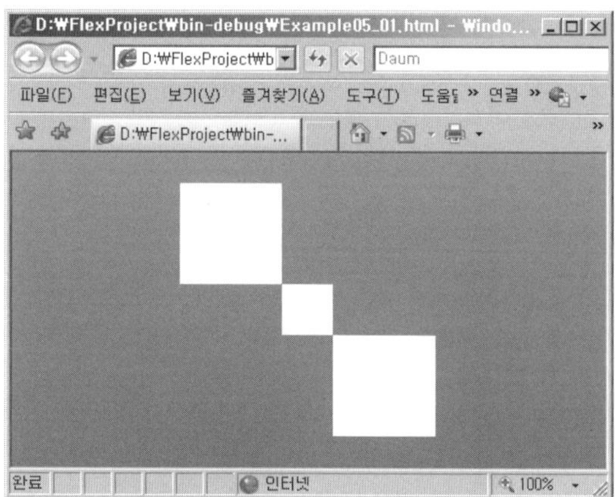

[그림 5-2] Example05_01.mxml 실행결과

● Grid

Grid 컨테이너는 행과 열로 구성된 테이블이라고 생각하면 보다 이해하기 쉽다. 각 셀에 컨트롤이 배치된 Grid 컨테이너의 구조를 보면 HTML 테이블에서 행과 열이 <tr>과 <td>로 표현되듯이 Grid는 GridRow와 GridItem으로 행과 열이 표현한다. Example05_02.mxml 파일을 생성하고 Components 뷰의 Layout 탭에서 Grid를 선택하여 Design 창에 드래

그하면 [그림 5-3]과 같이 행과 열의 개수를 지정하는 대화상자가 나온다.

　대화상자의 OK 버튼을 클릭하면 3행 3열의 Grid가 추가되고 각 셀마다 임의의 컴포넌트를 추가하면 컨트롤들은 격자 형식으로 정렬된다. 다음 Example05_02.mxml을 실행하면 Grid 컨테이너에 포함된 Text 컨트롤이 격자 형식으로 정렬되어 출력된다.

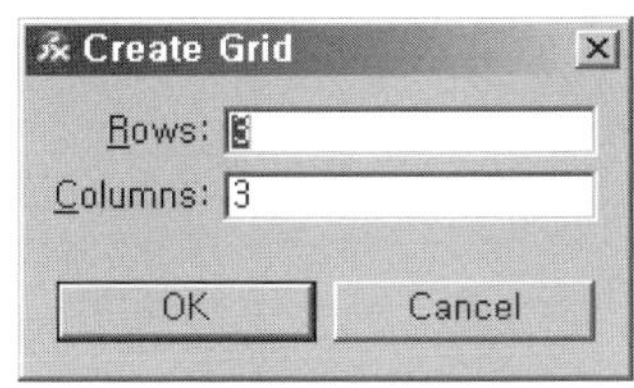

[그림 5-3] Grid 생성 대화상자

Example05_02.mxml

```
1.  <?xml version="1.0" encoding="utf-8"?>
2.  <mx:Application xmlns:mx="http://www.adobe.com/2006/mxml" backgroundColor="#FFFFFF">
3.      <mx:Grid>
4.          <mx:GridRow>
5.              <mx:GridItem><mx:Text text="8"/></mx:GridItem>
6.              <mx:GridItem><mx:Text text="1"/></mx:GridItem>
7.              <mx:GridItem><mx:Text text="6"/></mx:GridItem>
8.          </mx:GridRow>
9.          <mx:GridRow>
10.             <mx:GridItem><mx:Text text="3"/></mx:GridItem>
11.             <mx:GridItem><mx:Text text="5"/></mx:GridItem>
12.             <mx:GridItem><mx:Text text="7"/></mx:GridItem>
13.         </mx:GridRow>
14.         <mx:GridRow>
15.             <mx:GridItem><mx:Text text="4"/></mx:GridItem>
16.             <mx:GridItem><mx:Text text="9"/></mx:GridItem>
17.             <mx:GridItem><mx:Text text="2"/></mx:GridItem>
18.         </mx:GridRow>
19.     </mx:Grid>
20. </mx:Application>
```

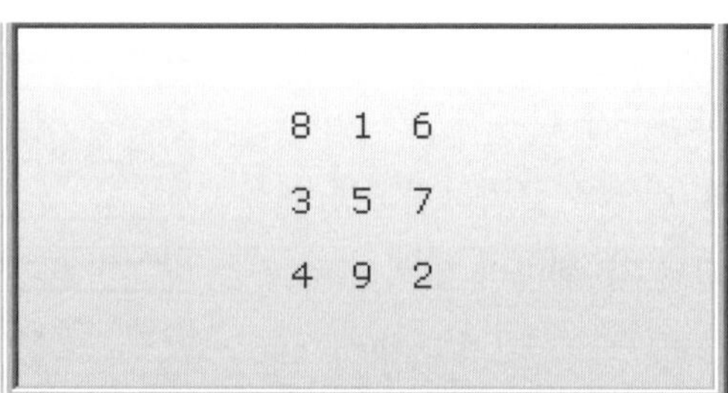

[그림 5-4] Example05_02.mxml 실행결과

● HBox와 VBox

HBox 컨테이너는 HBox에 포함된 내부 컨트롤을 수평으로 정렬하기 위해서 사용한다. FlexProject에 Example05_03.mxml을 생성하여 HBox를 추가하고 〈mx:HBox〉와 〈/mx:HBox〉 사이에 두 개의 Canvas를 입력한다. 두 개의 Canvas에는 backgroundColor 속성 값을 '#FFFFFF'(흰색)과 '#000000'(검정색)으로 하고 실행하면 [그림 5-5]와 같이 두 Canvas가 서로 가로로 정렬되는 것을 알 수 있다.

Example05_03.mxml

```
1. <?xml version="1.0" encoding="utf-8"?>
2. <mx:Application xmlns:mx="http://www.adobe.com/2006/mxml">
3.     <mx:HBox>
4.         <mx:Canvas width="100" height="100" backgroundColor="#FFFFFF"/>
5.         <mx:Canvas width="100" height="100" backgroundColor="#000000"/>
6.     </mx:HBox>
7. </mx:Application>
```

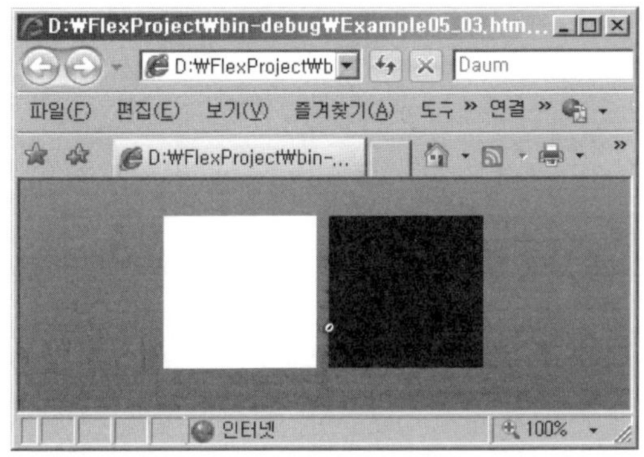

[그림 5-5] Example05_03.mxml 실행결과

VBox 컨테이너는 VBox에 포함된 내부 컨트롤을 수직으로 정렬하기 위해서 사용한다. Example05_04.mxml 파일을 생성하여 VBox를 추가하고 〈mx:VBox〉와 〈/mx:VBox〉 사이에 Example05_03.mxml과 같이 Canvas 두 개를 추가하여 실행하면 두 Canvas가 서로 세로로 정렬되는 것을 알 수 있다.

Example05_04.mxml

```
1. <?xml version="1.0" encoding="utf-8"?>
2. <mx:Application xmlns:mx="http://www.adobe.com/2006/mxml">
3.     <mx:VBox>
4.         <mx:Canvas width="100" height="100" backgroundColor="#FFFFFF"/>
5.         <mx:Canvas width="100" height="100" backgroundColor="#000000"/>
6.     </mx:VBox>
7. </mx:Application>
```

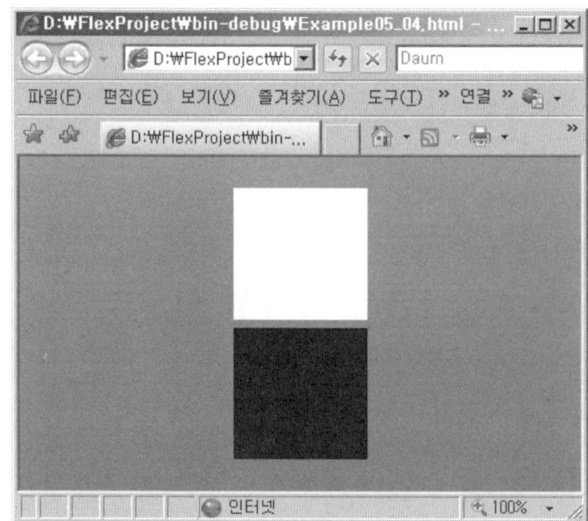

[그림 5-6] Example05_04.mxml 실행결과

● HDividedBox와 VDiviedBox

HDividedBox 컨테이너는 HBox와 비슷하지만 HDividedBox 하위에 생성된 컴포넌트 사이에 조정 가능한 구분선이 있어 HDividedBox는 크기가 한정되어 있는 상태에서 컨트롤 간의 너비를 조절할 수 있다. 또한 VDividedBox 컨테이너는 VBox와 비슷하지만 VDividedBox 하위에 생성된 컴포넌트 사이에 조정 가능한 구분선이 있어 크기가 한정되어 있는 상태에서 컨트롤 간의 높이를 조절할 수 있다.

FlexProjcet에 Example05_05.mxml 파일을 생성하여 HDiviedBox와 VDividedBox를 추가하고 HDiviedBox의 가로는 500픽셀, VDividedBox의 세로는 400픽셀로 한다. 그리고 위의 예제에서 이용한 Canvas를 각 컨트롤의 서브 컨트롤로 사용하여 실행해보자.

Example05_05.mxml

```
1.  <?xml version="1.0" encoding="utf-8"?>
2.  <mx:Application   xmlns:mx="http://www.adobe.com/2006/mxml" layout="vertical">
3.      <mx:HDividedBox width="300">
4.          <mx:Canvas width="100" height="100" backgroundColor="#FFFFFF"/>
5.          <mx:Canvas width="100" height="100" backgroundColor="#000000"/>
6.      </mx:HDividedBox>
7.      <mx:VDividedBox height="300">
8.          <mx:Canvas width="100" height="100" backgroundColor="#FFFFFF"/>
9.          <mx:Canvas width="100" height="100" backgroundColor="#000000"/>
10.     </mx:VDividedBox>
11. </mx:Application>
```

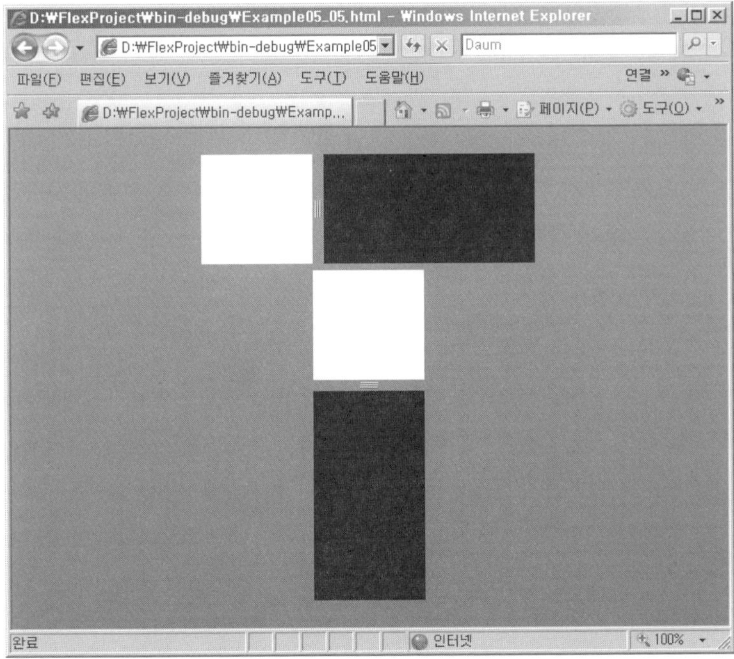

[그림 5-7] Example05_05.mxml 실행결과

Example05_05.mxml를 실행하면 HDividedBox와 VDividedBox 컨테이너에 포함된 서브 컴포넌트 사이에 크기를 조절할 수 있는 바를 볼 수 있으며 이를 이동하여 컴포넌트 간의 간격을 조절할 수 있다.

● HRule과 VRule

HRule과 VRule 컨테이너는 선을 긋거나 컴포넌트 사이를 구분할 때 사용한다. HRule은 수평방향의 선을 긋고 VRule은 수직방향의 선을 긋는다.

[표 5-2] HRule과 VRule 컨테이너의 속성

속 성	설 명
strokeColor	선의 색
shadowColor	선의 그림자 색
strokeWidth	선의 두께

FlexProject에 Example05_06.mxml 파일을 생성하고 HBox와 VBox를 추가한 후 HBox와 VBox 컨트롤 내에 두 개의 Label 컨트롤을 생성한다. 그리고 HBox에 포함된 Label의 text 속성 값은 LEFT, RIGHT로 하고 VBox에 포함된 Label의 text 속성 값은 TOP, BOTTOM으로 설정한다.

그리고 HBox의 Label 사이에 VRule 컨트롤을 추가하여 height 속성 값 100, strokeWidth 속성 값 2, shadowColor 속성 값 #FFFFFF을 설정한다. 또한 VBox의 Label 사이에 HRule 컨트롤을 추가하여 height 속성 값 100, strokeWidth 속성 값 2, StrokeColor 속성 값 #0000FF와 shadowColor 속성 값 #FFFFFF을 설정한다.

Example05_06.mxml

```
1. <?xml version="1.0" encoding="utf-8"?>
2. <mx:Application xmlns:mx="http://www.adobe.com/2006/mxml" layout="vertical"
   backgroundColor="#BFBFBF">
3. <mx:HBox horizontalAlign="center" verticalAlign="middle">
4.     <mx:Label text="LEFT"/>
5.     <mx:VRule height="100%" strokeWidth="2" shadowColor="#FFFFFF"
       strokeColor="#FF0000"/>
6.     <mx:Label text="RIGHT"/>
7. </mx:HBox>
8. <mx:VBox horizontalAlign="center" verticalAlign="middle">
9.     <mx:Label text="TOP"/>
10.    <mx:HRule height="100%" strokeWidth="2" shadowColor="#FFFFFF"
       strokeColor="#0000FF"/>
11.    <mx:Label text="BOTTOM"/>
12.    </mx:VBox>
13. </mx:Application>
```

Example05_06.mxml을 실행하면 VRule과 HRule이 각 컴포넌트 사이를 수직선과 수평선으로 구분하는 것을 알 수 있다.

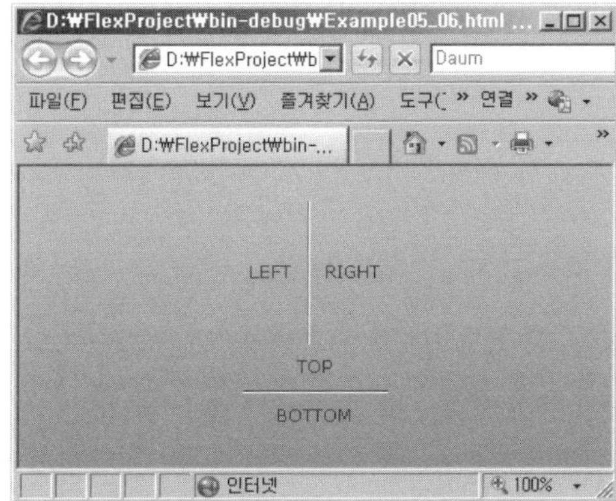

[그림 5-8] Example05_06.mxml 실행결과

● Tile

Tile 컨테이너는 Grid와 유사하게 정렬되지만 각각의 컨트롤마다 위치를 지정해 주지 않고 정렬되지 않은 컨트롤들을 Tile의 크기에 따라 컴포넌트들을 여러 행과 열로 정렬한다. 즉, 컨트롤들을 추가할 위치에 높이나 너비가 명시되어 있을 경우 tileWidth나 tileHeight의 속성을 사용하여 지정된 크기를 유지한 상태에서 컨트롤들을 정렬할 수 있다.

FlexProject에 Example05_07.mxml 파일을 생성하고 〈mx:Application〉 태그 내에 〈mx:Tile〉 태그를 입력한다. Tile 컨테이너를 사용해보자.

Example05_07.mxml

```
1. <?xml version="1.0" encoding="utf-8"?>
2. <mx:Application xmlns:mx="http://www.adobe.com/2006/mxml" layout="vertical">
3.    <mx:Tile>
4.        <mx:Image source="images/korea.gif"/>
5.        <mx:Image source="images/japan.jpg"/>
6.        <mx:Image source="images/china.gif"/>
7.        <mx:Image source="images/america.gif"/>
8.        <mx:Image source="images/canada.gif"/>
9.        <mx:Image source="images/england.gif"/>
10.   </mx:Tile>
11. </mx:Application>
```

[그림 5-9] Example05_07.mxml 실행결과

Example05_07.mxml을 실행하면 자동으로 6개의 이미지 컨트롤이 정렬되어 출력된다. Example05_07.mxml의 Tile 컨테이너의 width를 200픽셀로 지정하는 경우 [그림 5-10]과 같이 주어진 너비에 따라 동적으로 정렬되는 것을 알 수 있다.

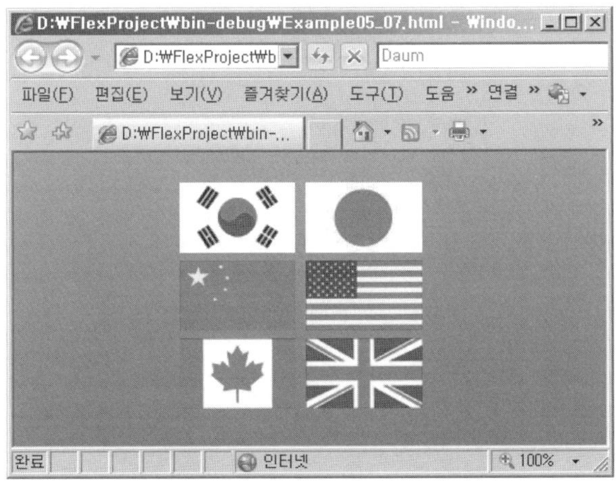

[그림 5-10] width 값에 따른 Tile 컨테이너 정렬

● Form

HTML의 form은 일반적으로 회원가입이나 방명록 등의 사용자가 정보를 입력할 수 있도록 만들어 놓고 그 정보를 가지고 어떠한 처리를 하는 것을 볼 수 있다. 이처럼 Flex의 Form 컨테이너도 일반 웹사이트의 form 태그와 같이 어떠한 정보를 입력받고 처리를 위해 전달하기 위해 설계되어 있다.

[표 5-3] Form 컨테이너를 구성하는 컴포넌트

Form 구성 요소	설 명
Form	표준 폼 형식을 기준으로 컨트롤들을 배치할 수 있는 레이아웃 컨테이너
FormHeading	폼을 구성할 때 폼의 제목을 출력해 주는 컨트롤
FormItem	사용자가 입력하는 정보의 단위를 구성하는 컨트롤
TextArea	여러 줄의 텍스트를 입력할 수 있는 컨트롤
RadioButton	선택목록 중 단일선택을 할 수 있는 컨트롤
RadioButtonGroup	선택할 목록을 그룹화시켜주는 컨트롤
CheckBox	선택사항에 대해서 다중선택이 가능하고 True/False의 값을 갖는 컨트롤
DateField	날짜를 표시하는 텍스트 필드로 우측 달력의 선택에 의해서 날짜를 표시
DateChooser	날짜를 선택하기 위한 달력형태의 컨트롤로 범위, 다중 선택
NumericStepper	일정한 범위 안에 일정한 간격으로 증감하는 숫자를 선택

Flex에서 Form을 구성하기 위해서는 Form, FormHeading, FormItem 이 필요하다. 특히 FormItem의 경우 사용자가 입력할 정보의 단위이기 때문에 꼭 구성되어야 할 컴포넌트이다.

[표 5-4] Form 컨테이너의 속성

속 성	설 명	속 성	설 명
labelWidth	label의 너비	paddingRight	오른쪽 여백
paddingTop	상위 여백	indicatorGap	라벨과 컴포넌트의 간격
paddingBottom	하위 여백	verticalGap	수직 방향의 간격
paddingLeft	왼쪽 여백		

다음 예제를 통해서 Form을 익혀보자. Example05_08.mxml을 생성한 후 〈mx:Form〉 태그를 추가하고 Form 안에 FormHeading을 사용하여 Form 제목을 출력한다. FormHeading 대신 텍스트를 출력하는 컨트롤을 사용해도 무방하지만 Form 형식에 맞게 스타일이 지정된 컴포넌트이므로 FormHeading을 사용하는 것이 좋다. 그리고 Form에 포함되는 항목을 입력하기 위해 FormItem을 추가시켜 label 속성에 '이름', '아이디', '주소'라는 텍스트를 입력하고, 값을 입력받는 TextInput 컨트롤을 추가한다.

Example05_08.mxml

```
1. <?xml version="1.0" encoding="utf-8"?>
2. <mx:Application xmlns:mx="http://www.adobe.com/2006/mxml" layout="vertical" >
3.     <mx:Form>
4.         <mx:FormHeading label="사용자 정보입력"/>
5.         <mx:FormItem label="이름">
6.             <mx:TextInput width="150"/>
7.         </mx:FormItem>
8.         <mx:FormItem label="아이디">
9.             <mx:TextInput width="150"/>
10.         </mx:FormItem>
11.         <mx:FormItem label="주소">
12.             <mx:TextInput width="150"/>
13.         </mx:FormItem>
14.         <mx:FormItem>
15.             <mx:Button label="정보확인"/>
16.         </mx:FormItem>
17.     </mx:Form>
18. </mx:Application>
```

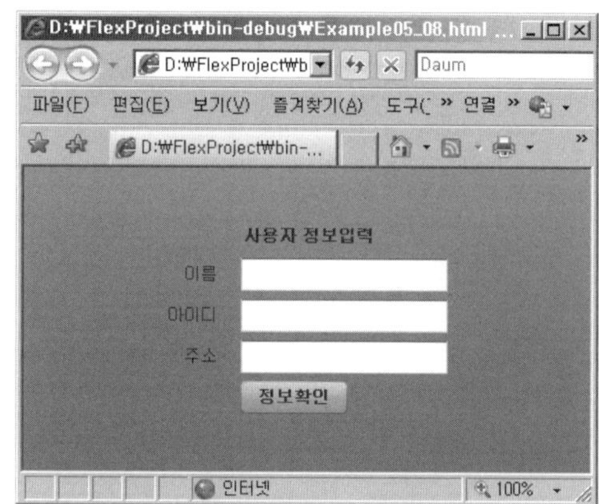

[그림 5-11] Example05_08.mxml 실행결과

● Panel

Panel 컨테이너는 타이틀 바, 상태 바, 컨트롤 바, 콘텐츠 객체로 구성
되어 있으며 여러 컴포넌트를 포함할 수 있다. 특히 디자인이 깔끔하고 효
과적이어서 많이 사용되는 컨테이너이다.

Example05_09.mxml 파일을 생성하고 Panel 컨테이너를 입력하여
Panel 컨테이너를 이용해보자.

Example05_09.mxml

```
1. <?xml version="1.0" encoding="utf-8"?>
2. <mx:Application xmlns:mx="http://www.adobe.com/2006/mxml" layout="vertical">
3.     <mx:Panel title="사용자 정보입력">
4.         <mx:Form>
5.             <mx:FormItem label="이름">
6.                 <mx:TextInput width="150"/>
7.             </mx:FormItem>
8.             <mx:FormItem label="아이디">
```

```
9.                    <mx:TextInput width="150"/>
10.               </mx:FormItem>
11.               <mx:FormItem label="주소">
12.                    <mx:TextInput width="150"/>
13.               </mx:FormItem>
14.               <mx:FormItem>
15.                    <mx:Button label="정보확인"/>
16.               </mx:FormItem>
17.          </mx:Form>
18.     </mx:Panel>
19. </mx:Application>
```

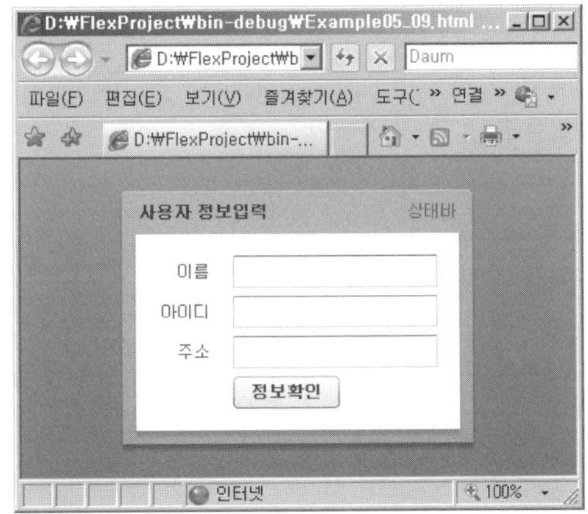

[그림 5-12] Example05_09.mxml 실행결과

● TitleWindow

TitleWindow 컨테이너는 Panel 컨테이너과 매우 유사한 컨트롤로 속성
이나 사용하는 방법이 매우 유사하지만 TitleWindow는 pop-up 윈도로서
동작하도록 설계되어 있다. 이것은 다른 창에서 정보를 보여주거나 사용자

정의 대화상자를 만들 때 주로 사용한다.

FlexProject에 Example05_10.mxml이라는 파일을 만들고 TitleWindow 컨테이너를 선택하여 입력하여 TitleWindow 컨테이너를 실행하여보자.

Example05_10.mxml

```
1.  <?xml version="1.0" encoding="utf-8"?>
2.  <mx:Application xmlns:mx="http://www.adobe.com/2006/mxml" layout="vertical">
3.      <mx:TitleWindow title="사용자 정보입력" showCloseButton="true">
4.          <mx:Form>
5.              <mx:FormItem label="이름">
6.                  <mx:TextInput width="150"/>
7.              </mx:FormItem>
8.              <mx:FormItem label="아이디">
9.                  <mx:TextInput width="150"/>
10.             </mx:FormItem>
11.             <mx:FormItem label="주소">
12.                 <mx:TextInput width="150"/>
13.             </mx:FormItem>
14.             <mx:FormItem>
15.                 <mx:Button label="정보확인"/>
16.             </mx:FormItem>
17.         </mx:Form>
18.     </mx:TitleWindow>
19. </mx:Application>
```

3 line의 showCloseButton 속성을 true로 설정하였는데, showCloseButton 이라는 것은 pop-up 윈도를 닫을 수 있는 버튼을 설정하겠다는 것이다. Example05_10.mxml을 실행한 결과화면은 [그림 5-13]과 같다.

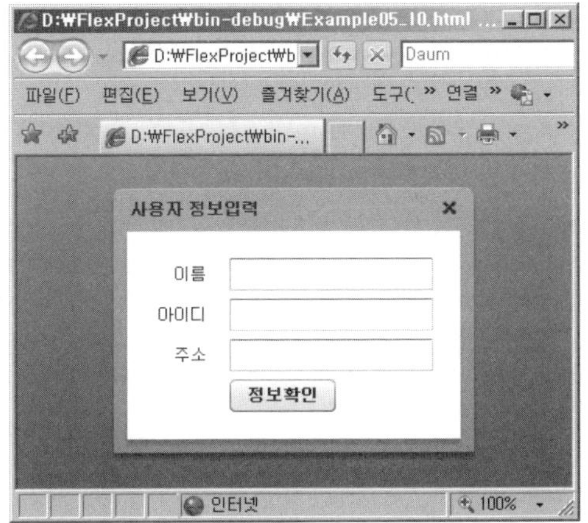

[그림 5-13] Example05_10.mxml 실행결과

● ViewStack

여러 컨테이너가 포함될 수 있는 ViewStack 네비게이터는 여러 컴포넌트가 배열로 구성되어 스택(Stack) 형식으로 실행되며, 컨테이너나 네비게이터만을 자식컴포넌트로 사용할 수 있다. FlexProject에 Example05_11. mxml을 생성하여 ViewStack 네비게이터를 이용해보자.

Example05_11.mxml

```
1.  <?xml version="1.0" encoding="utf-8"?>
2.  <mx:Application xmlns:mx="http://www.adobe.com/2006/mxml" fontSize="13">
3.      <mx:ViewStack id="vStack" width="500" height="250" selectedIndex="1">
4.          <mx:Canvas id="culture" width="410" height="250" showEffect="WipeRight"
        hideEffect="WipeUp">
5.              <mx:Text text="전통문화 메인"/>
6.          </mx:Canvas>
7.      <mx:Canvas id="culture1" width="410" height="250" showEffect="WipeUp"
        hideEffect="WipeDown">
```

```
8.      <mx:TitleWindow title="전통문화 종류" width="390" height="230"
            borderColor="#ffffff" enabled="true" fontSize="12" color="#666666"
            cornerRadius="5" x="10" y="10">
9.                      <mx:Text text="판소리, 도예, 음식, 서예 등"/>
10.             </mx:TitleWindow>
11.         </mx:Canvas>
12.     <mx:Canvas id="culture2" width="410" height="250" showEffect="WipeDown"
            hideEffect="WipeRight">
13.         <mx:Panel width="390" title="대를 잇는 사람들" height="230"
            borderColor="#ffffff" enabled="true" fontSize="12" color="#666666"
            cornerRadius="5" x="10" y="10">
14.                     <mx:Text text="안숙선, 한승호 등"/>
15.             </mx:Panel>
16.         </mx:Canvas>
17.     </mx:ViewStack>
18. </mx:Application>
```

3 line의 selectedIndex 속성은 Example05_11.mxml이 실행되었을 때 처음 보여줄 자식 컴포넌트의 인덱스 값으로서, '전통문화 메인'은 0, '전통문화 종류'는 1, '대를 잇는 사람들'은 2의 값을 갖는다. Example05_11. mxml에서는 selectedIndex 값을 1로 하였기 때문에 초기화면에 '전통문화의 종류'가 출력되며, 만약 selectedIndex 속성을 사용하지 않으면 기본 값인 0번 스택(전통문화 메인)이 출력된다.

하지만 ViewStack 네비게이터는 현재 활성 상태의 컴포넌트를 전환할 수 있는 기본 방식을 정의하지 않기 때문에 LinkBar, TabBar, ButtonBar 또는 ToggleButtonBar 등의 네비게이터를 사용하거나 액션스크립트에서 컴포넌트 전환 로직을 구성해야만 사용자가 현재 활성 상태인 컴포넌트를 변경할 수 있다.

[그림 5-14] Example05_11.mxml 실행결과

● Accordion

Accordion 네비게이터는 자식 컴포넌트를 Accordion 메뉴 방식으로 사용자에게 제공하여, 지식 컴포넌트의 제어와 자식 컴포넌트 간의 이동성을 향상시킬 수 있다.

[표 5-5] Accordion 컨테이너의 속성

속 성	설 명
headerHeight	아코디언 헤더의 높이
historyManagemetnEnabled	히스토리 관리 여부(True/False)
resizeToContent	자식 컴포넌트의 크기를 변경할지 여부(True/False)
selectedChild	선택된 자식 컴포넌트 명
selectedIndex	선택된 자식 컴포넌트의 인덱스 값

Example05_12.mxml에서 Accordion 컨테이너를 실행하여 보자.

131

Example05_12.mxml

```
1.  <?xml version="1.0" encoding="utf-8"?>
2.  <mx:Application xmlns:mx="http://www.adobe.com/2006/mxml" layout="vertical">
3.      <mx:Accordion width="200" height="200" selectedIndex="2" headerHeight="30">
4.          <mx:VBox label="삼한시대">
5.              <mx:Label text="진한, 변한, 마한"/>
6.          </mx:VBox>
7.          <mx:VBox label="원삼국시대">
8.              <mx:Label text="가야, 옥저, 동예, 부여"/>
9.          </mx:VBox>
10.          <mx:VBox label="삼국시대">
11.              <mx:Label text="신라, 백제, 고구려"/>
12.          </mx:VBox>
13.          <mx:VBox label="후삼국시대">
14.              <mx:Label text="신라, 후백제, 발해"/>
15.          </mx:VBox>
16.      </mx:Accordion>
17. </mx:Application>
```

Example05_12.mxml에서 Accordion의 자식 컴포넌트는 네 개의 VBox 컨테이너로 구성되어 있으며, 각 VBox 컨테이너의 label 속성 값이 Accordion의 메뉴에 출력된다. 또한, Accordion 네비게이터의 메뉴는 '삼한시대', '원삼국시대', '삼국시대', '후삼국시대'가 되면 '삼한시대'의 인덱스는 0, '원삼국시대'의 인덱스는 1, '삼국시대'의 인덱스는 2, '후삼국시대'의 인덱스는 3이 된다.

Accordion 네비게이터의 selectedIndex 속성은 Accordion 네비게이터가 실행될 때 처음 보이는 메뉴의 인덱스를 지정하는 것으로 Example05_12.mxml을 실행하면 '삼국시대'가 처음 보이게 된다. 그리고 Accordion 네비게이터의 width와 height 속성 값을 200픽셀로 설정하여 Accordion 네

비게이터의 가로와 세로 크기를 설정하였고, Accordion 네비게이터 메뉴
의 높이는 30픽셀로 출력하기 위해 headerHeight값을 30으로 설정하였
다. Example05_12.mxml의 실행결과는 [그림 5-15]와 같다.

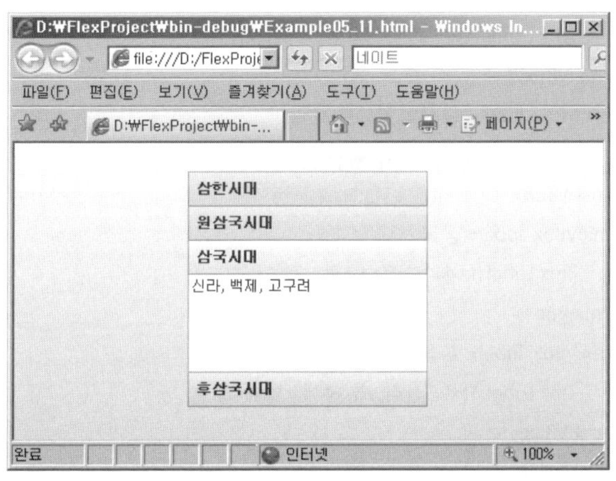

[그림 5-15] Example05_12.mxml 실행결과

● TabNavigator

TabNavigator 네비게이터는 ViewStack 컴포넌트를 상속받아 구현되며
Accordion과 유사하게 사용된다. 폼의 외관과 조작을 알기 쉽게 할 수 있
으며, 자식 컴포넌트를 아코디언 메뉴 방식으로 사용자에게 보여준다.

Example05_13.mxml의 Accordion 대신에 TabNavigator를 사용하여
Flex 애플리케이션을 작성하여 실행시켜보자.

Example05_13.mxml

```
1. <?xml version="1.0" encoding="utf-8"?>
2. <mx:Application xmlns:mx="http://www.adobe.com/2006/mxml" layout="vertical">
3.     <mx:TabNavigator width="350" height="200">
4.         <mx:VBox label="삼한시대">
5.             <mx:Label text="진한, 변한, 마한"/>
6.         </mx:VBox>
7.         <mx:VBox label="원삼국시대">
8.             <mx:Label text="가야, 옥저, 동예, 부여"/>
9.         </mx:VBox>
10.         <mx:VBox label="삼국시대">
11.             <mx:Label text="신라, 백제, 고구려"/>
12.         </mx:VBox>
13.         <mx:VBox label="후삼국시대">
14.             <mx:Label text="신라, 후백제, 발해"/>
15.         </mx:VBox>
16.     </mx:TabNavigator >
17. </mx:Application>
```

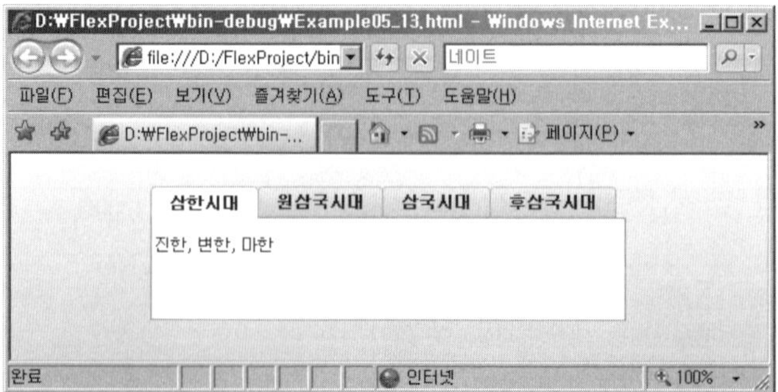

[그림 5-16] Example05_13.mxml 실행결과

● Bar

ButtonBar, LinkBar, MenuBar, TabBar, ToggleButtonBar 등은 계층 구조의 데이터를 메뉴 형식의 수평인 도구 모음으로 출력하도록 하는 네비 게이터로서 개발자의 편의에 따라 원하는 Bar를 선택하여 구현하면 된다.

[표 5-6] Bar 네비게이터 속성

속 성	설 명
dataProvider	데이터 제공자
labelField	각 메뉴 서브 항목의 라벨
itemClick	[이벤트] 서브 서브템을 선택했을 때
rollOver	[이벤트] 커서가 메뉴 서브템으로 이동하였을 때
rollOut	[이벤트] 커서가 메뉴 서브템을 벗어났을 때

FlexProject에 Example05_14.mxml을 생성하여 각각의 Bar 네비게이터의 특징에 대해 살펴보자.

Example05_14.mxml

```
5.  <?xml version="1.0" encoding="utf-8"?>
6.  <mx:Application xmlns:mx="http://www.adobe.com/2006/mxml" layout="vertical"
    backgroundColor="#FFFFFF" fontSize="12">
7.      <mx:HBox>
8.          <mx:Label text="ButtonBar : "/>
9.          <mx:ButtonBar>
10.             <mx:String>고조선</mx:String>          <mx:String>고구려</mx:String>
11.             <mx:String>백    제</mx:String>          <mx:String>신    라</mx:String>
12.             <mx:String>발    해</mx:String>          <mx:String>고    려</mx:String>
13.             <mx:String>조    선</mx:String>
14.         </mx:ButtonBar>
15.     </mx:HBox>
16.     <mx:HBox>
17.         <mx:Label text="LinkBar : "/>
18.     <mx:LinkBar>
```

```
19.          <mx:String>고조선</mx:String>   …   <mx:String>조    선</mx:String>
20.       </mx:LinkBar>
21.    </mx:HBox>
22.    <mx:HBox>
23.       <mx:Label text="MenuBar : "/>
24.       <mx:MenuBar>
25.          <mx:String>고조선</mx:String>   …   <mx:String>조    선</mx:String>
26.       </mx:MenuBar>
27.    </mx:HBox>
28.    <mx:HBox>
29.       <mx:Label text="TabBar : "/>
30.       <mx:TabBar>
31.          <mx:String>고조선</mx:String>   …   <mx:String>조    선</mx:String>
32.       </mx:TabBar>
33.    </mx:HBox>
34.    <mx:HBox>
35.       <mx:Label text="ToggleButtonBar : "/>
36.       <mx:ToggleButtonBar>
37.          <mx:String>고조선</mx:String>   …   <mx:String>조    선</mx:String>
38.       </mx:ToggleButtonBar>
39.    </mx:HBox>
40.</mx:Application>
```

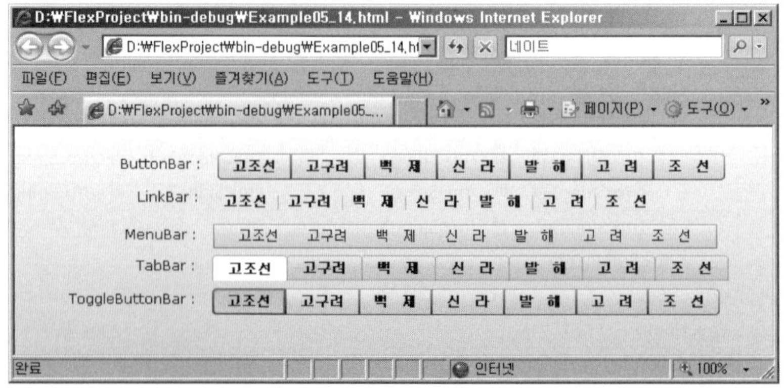

[그림 5-17] Example05_14.mxml 실행결과

1. Label, Panel, Canvas, Text, VBox를 이용하여 아래 그림과 같이 동래부사접왜사도(東來府使接倭使圖)를 소개하는 Flex 페이지를 만들어 보자.

[그림 5-18] 동래부사접왜사도 Flex 애플리케이션(DongRae.mxml 실행화면)

DongRae.mxml

```
1. <?xml version="1.0" encoding="utf-8"?>
2. <mx:Application xmlns:mx="http://www.adobe.com/2006/mxml" fontSize="12"
   backgroundColor="#FFFFFF">
3. <mx:Label text="동래부사접왜사도(東萊府使接倭使圖)" fontSize="15" color="#333333"
   fontWeight="bold"/>
4.    <mx:VBox borderColor="#FFCC99" borderStyle="solid" paddingRight="50"
      paddingBottom="50">
5.         <mx:Canvas>
6.              <mx:Panel title="東萊府使接倭使圖에 대한 소개" x="50" y="50">
7.                   <mx:Label text="이름 : 동래부사접왜사도(東萊府使接倭使圖)"/>
```

```
8.       <mx:Text width="250" text="조선 후기에 동래부사(東萊府使)가
         초량왜관에 닿은 일본 사신을 맞아 대접하는 장면을 그린 것이다.
         이 그림은 조선 후기의 대표적 화가인 정선(鄭敾)이 그린 것으로
         전해지고 있으나 분명하지는 않다. 1폭에서 7폭까지는 동래부사가
         동래부에서 청도기(淸道旗)를 앞세우고 초량왜관 설문(設門)으로
         들어가는 광경이다. 8폭은 일본 사신이 객사(客舍)의 뜰 아래에서
         조선 국왕의 전패(殿牌)에 예를 올리는 장면이다. 9폭에는 조선측
         관청인 성신당(誠信堂), 빈일헌(賓日軒)이 보인다. 10폭에는
         연대청(宴大廳)에서 동래부사가 일본 사신에게 연회를 베푸는
         장면인데, 동쪽에 조선측이 서쪽에 일본측이 자리하고 있으며
         기녀들이 악기를 연주하며 노래하고 춤추는 모습이 펼쳐지고
         있다."/>
9.       </mx:Panel>
10.      <mx:VBox x="350" y="50">
11.          <mx:Image width="350" height="311" source="images/project01.jpg"/>
12.          <mx:Label width="350" textAlign="center"
         text="동래부사접왜사도(東萊府使接倭使圖)" fontWeight="bold"
         fontSize="12"/>
13.      </mx:VBox>
14.    </mx:Canvas>
15.  </mx:VBox>
16. </mx:Application>
```

2. TabNavigator와 Accordion을 이용하여 [그림 5-19], [그림 5-20]과 같이 삼국시대 대표 유물
   을 보여주는 Flex 페이지를 구현해 보자.

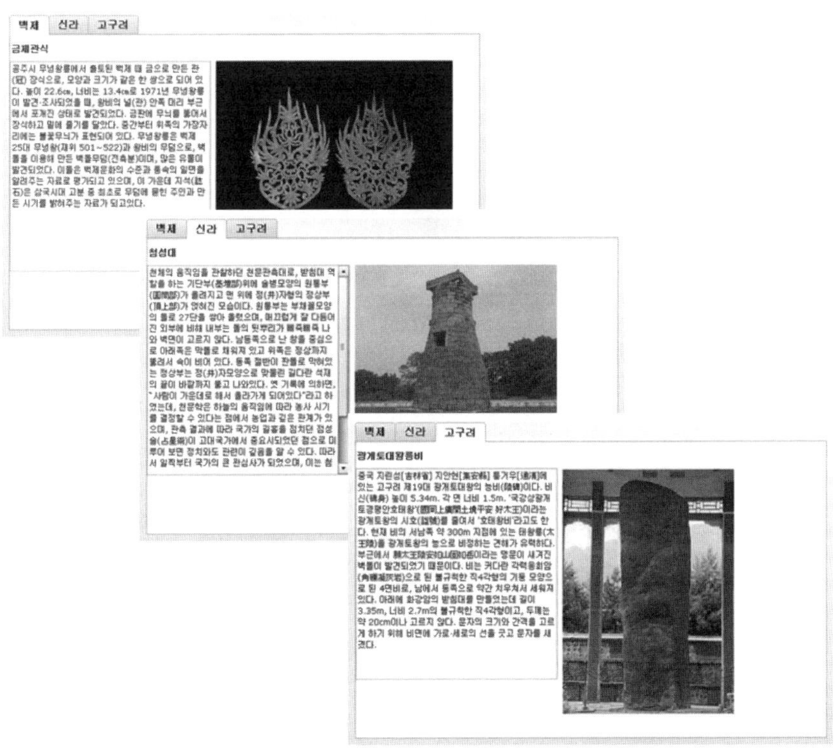

[그림 5-19] TabNavi.mxml 실행화면(TabNavigator)

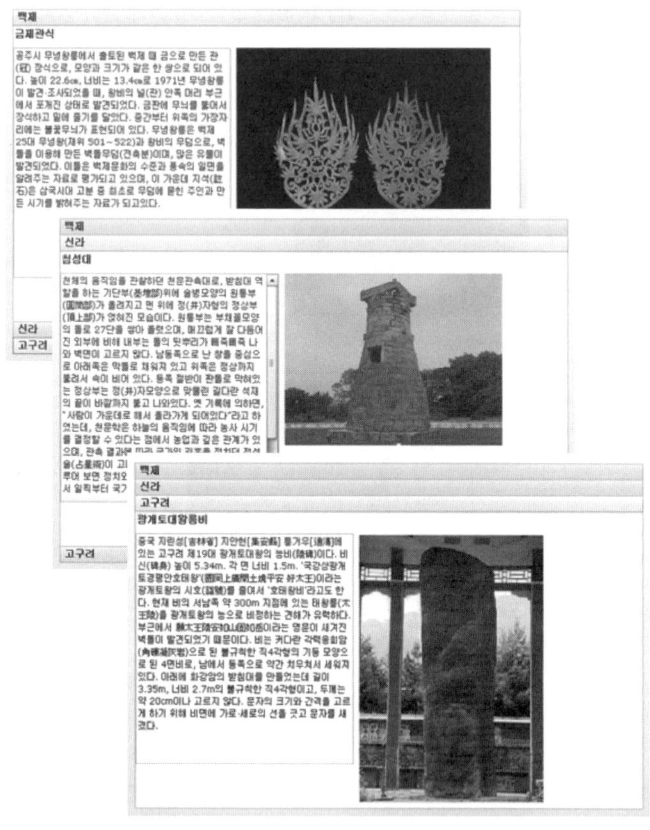

[그림 5-20] AccordionNavi.mxml 실행화면(Accordion)

```
1.  <?xml version="1.0" encoding="utf-8"?>

2.  <mx:Application xmlns:mx="http://www.adobe.com/2006/mxml"
    backgroundColor="#FFFFFF">

3.  <mx:VBox horizontalAlign="center" width="700" height="700">

4.          <mx:Canvas>

5.                  <mx:TabNavigator id="testT" visible="true" fontSize="15" fontWeight="bold"
                    x="0" y="10" width="700" height="450">

6.                  <mx:VBox label="백제">

7.                          <mx:Label text="금제관식" fontSize="13"/>

8.                          <mx:HBox>

9.                                  <mx:TextArea width="300" height="300" fontSize="12"
                                    fontWeight="normal" text="공주시 무녕왕릉에서 출토된 백제
                                    때 금으로 만든 관(冠) 장식으로, 모양과 크기가 같은 한
                                    쌍으로 되어 있다. 높이 22.6cm, 너비는 13.4cm로 1971년
                                    무녕왕릉이 발견·조사되었을 때, 왕비의 널(관) 안쪽 머리
                                    부근에서 포개진 상태로 발견되었다. 금판에 무늬를 뚫어서
                                    장식하고 밑에 줄기를 달았다. 중간부터 위쪽의
                                    가장자리에는 불꽃무늬가 표현되어 있다. 무녕왕릉은 백제
                                    25대 무녕왕(재위 501~522)과 왕비의 무덤으로, 벽돌을
                                    이용해 만든 벽돌무덤(전축분)이며, 많은 유물이 발견되었다.
                                    이들은 백제문화의 수준과 풍속의 일면을 알려주는 자료로
                                    평가되고 있으며, 이 가운데 지석(誌石)은 삼국시대 고분 중
                                    최초로 무덤에 묻힌 주인과 만든 시기를 밝혀주는 자료가
                                    되고있다. "/>

10.                                 <mx:Image source="images/gold.jpg" width="350"
                                    height="350"/>

11.                         </mx:HBox>

12.                 </mx:VBox>

13.                 <mx:VBox label="신라">

14.                         <mx:Label text="첨성대" fontSize="13"/>

15.                         <mx:HBox>

16.                                 <mx:TextArea width="300" height="300" fontSize="12"
                                    fontWeight="normal" text="천체의 움직임을 관찰하던
                                    천문관측대로, 받침대 역할을 하는 기단부(基壇部)위에
                                    술병모양의 원통부(圓筒部)가 올려지고 맨 위에 정(井)자형의
                                    정상부(頂上部)가 얹혀진 모습이다. 원통부는 부채꼴모양의
                                    돌로 27단을 쌓아 올렸으며, 매끄럽게 잘 다듬어진 외부에
                                    비해 내부는 돌의 뒷뿌리가 삐죽삐죽 나와 벽면이 고르지
                                    않다. 남동쪽으로 난 창을 중심으로 아래쪽은 막돌로 채워져
```

있고 위쪽은 정상까지 뚫려서 속이 비어 있다. 동쪽 절반이
판돌로 막혀있는 정상부는 정(井)자모양으로 맞물린 길다란
석재의 끝이 바깥까지 뚫고 나와있다. 옛 기록에 의하면,
"사람이 가운데로 해서 올라가게 되어 있다" 라고
하였는데, 천문학은 하늘의 움직임에 따라 농사 시기를

17. 결정할 수 있다는 점에서 농업과 깊은 관계가 있으며, 관측
결과에 따라 국가의 길흉을 점치던 점성술(占星術)이
고대국가에서 중요시되었던 점으로 미루어 보면 정치와도
관련이 깊음을 알 수 있다. 따라서 일찍부터 국가의 큰
관심사가 되었으며, 이는 첨성대 건립의 좋은 배경이 되었을
것으로 여겨진다. 신라 선덕여왕(재위 632 ~ 647) 때 건립된
것으로 추측되며 현재 동북쪽으로 약간 기울어져 있긴 하나
거의 원형을 간직하고 있다. 동양에서 가장 오래된 천문대로
그 가치가 높으며, 당시의 높은 과학 수준을 보여주는
귀중한 문화재라 할 수 있다. "/>

18. <mx:Image source="images/chumsung.jpg" width="300"
height="350"/>

19. </mx:HBox>

20. </mx:VBox>

21. <mx:VBox label="고구려">

22. <mx:Label text="광개토대왕릉비" fontSize="13"/>

23. <mx:HBox>

24. <mx:TextArea width="300" fontSize="12" height="300"
fontWeight="normal" text="중국 지린성[吉林省]
지안현[集安縣] 퉁거우[通溝]에 있는 고구려 제19대
광개토대왕의 능비(陵碑)이다. 비신(碑身) 높이 5.34m. 각
면 너비 1.5m.
'국강상광개토경평안호태왕'(國岡上廣開土境平安
好太王)이라는 광개토왕의 시호(諡號)를 줄여서
'호태왕비'라고도 한다. 현재 비의 서남쪽 약 300m
지점에 있는 태왕릉(太王陵)을 광개토왕의 능으로
비정하는 견해가 유력하다. 부근에서
願太王陵安如山固如岳이라는 명문이 새겨진 벽돌이
발견되었기 때문이다. 비는 커다란
각력응회암(角礫凝灰岩)으로 된 불규칙한 직4각형의 기둥
모양으로 된 4면비로, 남에서 동쪽으로 약간 치우쳐서
세워져 있다. 아래에 화강암의 받침대를 만들었는데
길이 3.35m, 너비 2.7m의 불규칙한 직4각형이고, 두께는
약 20cm이나 고르지 않다. 문자의 크기와 간격을
고르게 하기 위해 비면에 가로 · 세로의 선을 긋고
문자를 새겼다."/>

25. <mx:Image source="images/kwangae.jpg" width="300"
height="350"/>

```
26.                    </mx:HBox>
27.                  </mx:VBox>
28.               </mx:TabNavigator>
29.            </mx:Canvas>
30.         </mx:VBox>
31. </mx:Application>
```

AccordionNavi.mxml

```
1.   <?xml version="1.0" encoding="utf-8"?>
2.  <mx:Application xmlns:mx="http://www.adobe.com/2006/mxml"
    backgroundColor="#FFFFFF">
3.          <mx:VBox horizontalAlign="center" width="700" height="700">
4.             <mx:Canvas>
5.             <mx:Accordion id="testA" visible="false" width="700" height="600"
    fontSize="15" fontWeight="bold" x="0" y="10" >
6.                <!-- TabNavigator의 6~28 line 입력 -->
7.            </mx:Accordion>
8.            </mx:Canvas>
9.         </mx:VBox>
10. </mx:Application>
```

3. FinalTest Project에 datamodels란 폴더를 생성하고 datamodels 폴더 내에 아래의 assets.xml 파일을 생성하자. 그리고 FinalTest Project에 [그림 5-21]과 같은 레이아웃을 구성하여 [그림 5-22]와 같이 출력되도록 Cultural.mxml application을 구현하자.

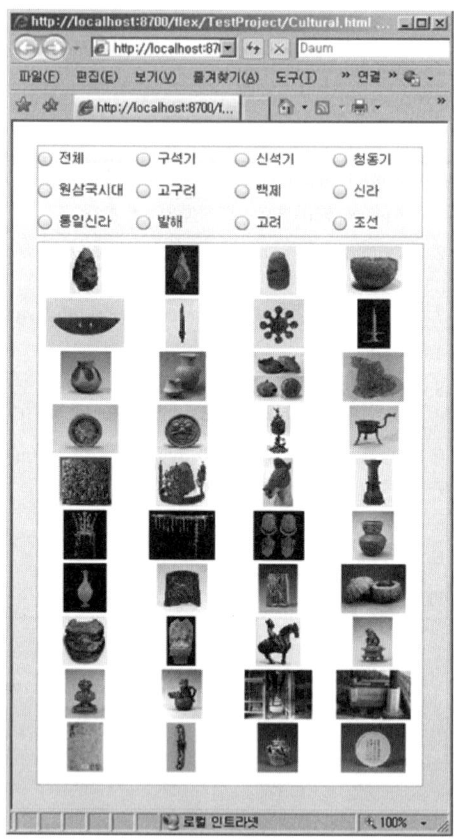

[그림 5-22] Cultural.mxml 실행화면

<table>
<tr><td align="center">Tile 컨트롤을 이용하여
RadioButton 컨트롤 정렬</td></tr>
<tr><td align="center">

TileList 컨트롤을 이용한
이미지 정렬

columnCount는 4로 한다.

</td></tr>
</table>

[그림 5-21] Cultural.mxml 레이아웃

assets.xml

```xml
<?xml version="1.0" encoding="utf-8"?>
<assets>
    <Asset>
        <name>주먹도끼(握槌)</name>
        <year>구석기</year>
        <conts>구석기시대 전기의 대표적인 석기로 여러 용도로 사용되었는데, 특히
대형동물을 도살하는데 적합한 석기이다. 큰 자갈돌이나 격지를 선택해 거의 전면을
떼어 내어, 가장자리를 따라 날카로운 날을 만들었다. 형태는 타원형, 혹은 끝이
뾰족한 삼각형이며 단면은 볼록렌즈에 가깝다. 경기도 연천 전곡리유적에서
출토되었으며 이 유적에서는 이와 같은 주먹도끼가 다량으로 발견되었다. </conts>
        <images>wnajrehRl.jpg</images>
    </Asset>
    <Asset>
        <name>슴베찌르개(剝片尖頭器)</name>
        <year>구석기</year>
        <conts>구석기시대 후기, 돌날기법의 출현 이후에 만들어지는 석기로 돌날의
두터운 부분을 슴베로 만들고 얇은 쪽을 뾰족하게 만든 석기이다. 슴베는 자루에
장착하기 위한 부분으로, 양 옆을 오목하게 하거나 비스듬히 잔손질하여 좁고
길쭉하게 하였다. 끝부분은 돌날이 떨어질 때 자연적으로 생긴 예리한 날을 그대로
이용했다. 길이가 5~10cm 내외의 것들이 대부분으로 자루에 결합되어 창과 같이
찌르는 도구로 사용되었을 것이다. 충북 단양 수양개유적을 비롯해 한반도의 중부
이남지방에서 주로 출토되고 있으며, 일본과 시베리아에서도 출토되고 있다.</conts>
        <images>tmaqpWlfmrp.jpg</images>
    </Asset>
    <Asset>
        <name>뒤지개(掘址具) </name>
        <year>신석기실</year>
        <conts>땅을 일구는 도구로, 돌을 떼어내어 날을 만들고, 나무 손잡이를 날과
평행하게 묶어 사용한 것이다. 신석기시대의 밭갈이는 풀뿌리를 캐내고 땅을 고르는
정도였기 때문에 이 뒤지개를 가지고도 큰 어려움 없이 밭을 일굴 수 있었을 것이다.
하지만 나무와 풀을 태우는 방법[火田]으로 밭을 일구다보니 여러 해에 걸쳐 농사를
지을 수가 없어 삼사년마다 자리를 옮겨 새로운 밭을 일궈야했다. 서울시 암사동
집터유적에서 출토되었다. </conts>
        <images>enlwlro.jpg</images>
    </Asset>
    <Asset>
        <name>덧무늬토기(隆起文土器) </name>
```

<year>신석기실</year>

<conts>덧무늬토기는 토기의 겉면에 진흙 띠를 붙이거나 겉면을 맞잡아 돋게 하여 무늬를 만든 것으로 우리나라 신석기시대 중 가장 이른 시기에 나타난다. 주로 남해안과 동해안 지역에서 출토된다. 이 토기는 경남 통영시 연대도 조개더미유적에서 출토된 것으로 전체에 덧무늬를 마치 한 송이 꽃봉오리처럼 베풀었다. 신석기인들의 뛰어난 공간 구성력과 미적 감각을 잘 보여주고 있다. </conts>

<images>ejtansmlxhrl.jpg</images>

</Asset>

<Asset>

<name>반달칼(半月形石刀) </name>

<year>청동기</year>

<conts>곡식의 이삭을 따는데 사용한 수확용 도구이다. 칼등부분 가까이에 뚫린 두 개의 구멍에 끈을 꿰어 손에 잡고 사용하였다. 청동기시대 벼농사와 함께 본격적으로 사용하다가 철기가 생산되기 시작하면서 점차 자취를 감추었다. 지역에 따라 생김새에 차이가 나타나는데, 반달모양 외에 긴네모꼴과 세모모양 돌칼도 유행하였다. 경기도 양평에서 출토되었다. </conts>

<images>qksekfzkf.jpg</images>

</Asset>

<Asset>

<name>한국식동검(韓國式銅劍) </name>

<year>청동기</year>

<conts>한반도지역에서 주로 출토되는 청동검이다. 날이 좁고 직선적인 형태로 세형동검(細形銅劍), 또는 좁은놋단검이라고도 한다. 검몸과 자루를 따로 만들어[別鑄式] 결합하여 사용한다. 충청남도 아산 남성리의 돌널무덤[石棺墓]에서 출토되었다. </conts>

<images>gksrnrtlrehdrja.jpg</images>

</Asset>

<Asset>

<name>방울(八珠鈴)</name>

<year>청동기</year>

<conts>보통 쌍으로 출토되는데 두 손에 들고 흔들었던 의식용(儀式用) 도구로 추정된다. 가운데의 햇빛무늬를 중심으로 그 바깥쪽에는 8개의 작은 방울이 대칭으로 달려 있다. 앞면에는 여러 가지 집선무늬가 새겨졌으며 뒷면에는 고리가 붙어 있다. 방울 표면에는 고사리무늬[蕨手文]를 대칭으로 새겼으며, 뒷면에는 길게 째진 부분[切開口]이 두 개씩 있고, 그 안에 청동구슬[銅丸]이 들어 있다. 국보 제143호로 전라남도 화순 대곡리의 돌무지널무덤[積石木棺墓]에서 출토되었다. </conts>

<images>qkddnf.jpg</images>

</Asset>

<Asset>

<name>간돌검(磨製石劍)</name>

<year>청동기</year>

<conts>자루끝과 칼코가 옆으로 길게 뻗은 특이한 형태로 실제로 사용되었다기 보다는 껴묻거리용[副葬品]으로 제작된 것으로 보인다. 풍화된 점판암(粘板岩)으로 만들어져 검은색의 결이 무늬처럼 나타나 있다. 경상남도 김해 무계리의 고인돌[支石墓]에서 출토되었다. </conts>

<images>rksehfrja.jpg</images>

</Asset>

<Asset>

<name>가지무늬 토기(彩文土器)</name>

<year>청동기</year>

<conts>토기 형태 바탕흙 등 제작수법이 붉은간토기[紅陶]와 비슷하여 같은 계통으로 보기도 한다. 간혹 집터에서도 출토되지만 주로 의례용으로 고인돌[支石墓]•돌널무덤[石棺墓] 등에서 출토된다. 경상남도 진주 대평리에서 출토되었다. </conts>

<images>rkwlansmlxhrl.jpg</images>

</Asset>

<Asset>

<name>항아리(組合式牛角形把手附長頸壺)와 단지 </name>

<year>원삼국시대</year>

<conts>목이 긴 항아리에 쇠뿔모양의 손잡이가 달린 항아리와 주머니 모양의 단지이다. 원삼국시대의 대표적인 와질토기로 밀폐된 굴가마에서 구워 회색을 띤다. 형태는 민무늬토기에서 변화된 것으로 주로 널무덤[木棺墓]에서 출토되며 원삼국시대 전기에 유행하였다. 경상남도 김해 다호리 널무덤[木棺墓]에서 출토되었다. </conts>

<images>gkddkfldhkekswl.jpg</images>

</Asset>

<Asset>

<name>글자가 새겨진 청동 그릇(壺杅銘靑銅盒) </name>

<year>고구려</year>

<conts>신라 지배층의 무덤에서 출토된 고구려 청동 그릇이다. 바닥에 을묘년국강상광개토지호태왕호우십(乙卯年國罡上廣開土地好太王壺杅十)이라는 글자가 광개토왕릉비와 같은 글자체로 새겨져 있다. 을묘년은 광개토왕의 장례를 치른 다음해(415)로, 이 그릇은 광개토왕을 장사지낸 1년 뒤에 신라 사신(使臣)이 고구려에서 받아왔던 것으로 추정된다. 호우(壺杅)라는 글자를 통해 이러한 형태의 그릇이 당시

고구려에서 호우라고 불리었음을 알 수 있다. 경상북도 경주 호우총에서 출토되었다. </conts>

<images>rmfwkrktoruwlscjdehdrmfmt.jpg</images>

</Asset>

<Asset>

<name>말 탄 사람이 그려진 벽화편(騎馬人物圖壁畵片)</name>

<year>고구려</year>

<conts>새 깃털로 장식된 모자[鳥羽冠]를 쓴 사람이 말을 타고 있는 모습으로, 당시 고구려 사람들의 옷차림과 말갖춤이 잘 표현되어 있다. 남포시 용강의 쌍영총 널길[羨道] 서쪽벽에 그려졌던 것이다. 1913년 일본인에 의해 조사될 때에는 벽면에 부착되어 있었지만, 그 후 떼내어져 조선총독부박물관에 수장되어 오늘에 전한다. 쌍영총 널길 좌우벽에는 수레와 말 탄 사람, 악대 등 풍부한 벽화가 그려져 있었으나, 지금은 거의 없어졌다. </conts>

<images>akfxkstkfkadlrmfuwlsqurghk.jpg</images>

</Asset>

<Asset>

<name>연꽃무늬 수막새(蓮花文圓瓦當)</name>

<year>고구려</year>

<conts>천추총 정상부에 세워졌던 건물에 사용되었던 기와로 생각된다. 막새면 가운데는 볼록하게 솟은 반구형 씨방[子房]이 배치되고, 막새면을 부채살 모양으로 구획한 후 끝이 뾰족한 연꽃잎을 도드라지게 새기는 등 고구려 기와의 특징이 뚜렷하다. </conts>

<images>dusRhcansmltnakrto.jpg</images>

</Asset>

<Asset>

<name>짐승얼굴무늬 수막새(怪獸面文圓瓦當)</name>

<year>고구려</year>

<conts>크게 과장된 두 눈과 날카로운 이빨을 드러낸 짐승얼굴이다. 짐승얼굴무늬는 나쁜 것을 쫓기[辟邪]위한 것으로, 주술적인 장식이나 건축, 무덤 등에서 많이 나타난다. </conts>

<images>wlatmddjfrnfansmltnakrto.jpg</images>

</Asset>

<Asset>

<name>백제금동대향로(百濟金銅大香爐)</name>

<year>백제</year>

<conts>악취를 제거하고 부정을 없애기 위해 향을 피우던 도구이다. 아래에는 다리 하나를 치켜들고 있는 한 마리의 용이 갓 피어나려는 연꽃봉오리를 입으로 받치고 있고 그 위에 신선들이 사는 박산(博山)이 있다. 박산의 꼭대기에는 봉황 한 마리가 날개를 활짝 펴고 서 있는 모습이다. 연기는 봉황의 가슴과 뚜껑에 뚫려 있는

12개의 구멍으로 피어오르도록 고안되어 있다. 국보 제287호로, 충청남도 부여
능산리 절터에서 출토되었다. </conts>

<images>qorwprmaehdeogidfh.jpg</images>

</Asset>

<Asset>

<name>초두(액체를 데우는 그릇)(鐎斗) </name>

<year>백제</year>

<conts>몸체와 3개의 다리, 손잡이를 따로 만들어 접합한 것이다. 다리는
끝부분이 말발굽 모양이며 밖으로 휘어져 있어 안정감을 더해준다. 손잡이 끝에는
용머리가 섬세하게 표현되어 있다. 이러한 그릇은 한성도읍기에 중국 청자와 함께
들여온 것으로, 백제의 대외교류를 알 수 있는 유물이다. 서울 풍납토성에서
출토되었다</conts>

<images>chen.jpg</images>

</Asset>

<Asset>

<name>산수봉황무늬벽돌(山景鳳凰文塼) </name>

<year>백제</year>

<conts>건물이나 회랑의 바닥에 깔았던 것이다. 아래쪽으로 시냇물이 흐르고
그 뒤쪽으로 세 개의 봉우리[三山]가 연속적으로 표현되었으며, 그 좌우로 기암절벽이
있다. 가운데의 산봉우리 위에는 큰 봉황이 비상하려는 듯 두 날개를 활짝 펴고
있으며 그 좌우에는 상서로운 구름들이 떠돌고 있다. 불로장생의 신선들이 살고
있다는 삼신산(三神山), 봉황, 상서로운 구름 등에서 백제인의 도교적 세계관을 엿볼
수 있다. 충청남도 부여 외리에서 출토되었다. </conts>

<images>tkstnqhdghkdansmlqurehf.jpg</images>

</Asset>

<Asset>

<name>금동관(金銅冠)</name>

<year>백제</year>

<conts>전라남도 나주 신촌리의 독무덤에서 출토된 것으로, 내관과 외관으로
이루어져 있다. 외관은 3개의 세움장식이 있으며 내관인 관모는 반원모양의 금동판
2장을 맞붙여 만들었다. 금동신발이나 장식대도 등 함께 출토된 유물들로 보아 이
금동관의 주인은 이 지역 최고의 지배자로 짐작된다. 특히 관모는 익산 입점리와
일본 에다후나야마고분[江田船山古墳]에서도 비슷한 것이 출토된 바 있어 일본과의
교류관계를 살필 수 있다. </conts>

<images>rmaehdrhks.jpg</images>

</Asset>

<Asset>

<name>말 머리 가리개(馬面冑)</name>

<year>가야</year>

<conts>전쟁터에서 말 얼굴을 보호하기 위한 것이다. 2조각의 넓은 철판으로 구성된 얼굴 덮개부, 정수리와 귀를 가리는 챙, 그리고 좌우 볼을 가리는 볼 가리개의 세부분으로 이루어져 있으며 쇠못과 가죽 끈으로 연결하였다. 말의 눈부위는 덮개부와 볼 가리개의 가장자리를 반달모양으로 오목하게 도려내었다. 부산 복천동 10호 무덤에서 출토되었다. </conts>

<images>akfajflrkflro.jpg</images>

</Asset>

<Asset>

<name>아라가야 토기(阿羅加耶土器)</name>

<year>가야</year>

<conts>아라가야는 함안지역에 위치한 가야로, 변한의 안야국(安邪國)이 성장•발전한 나라이다. 낙동강(洛東江)과 남강(南江)이 합류하는 지점에 위치하고 있어 육상과 해상의 교통 이점을 이용하여 성장하였다. 아라가야 토기는 상하의 폭이 똑같은 공(工)자형 굽다리접시와 굽다리접시의 굽에 뚫린 불꽃모양[火焰形]의 구멍이 특징적이다.</conts>

<images>dkfkrkdixhrl.jpg</images>

</Asset>

<Asset>

<name>금관(金冠)</name>

<year>신라</year>

<conts>신라 왕족의 힘과 권위를 상징한 것이다. 이 금관은 나뭇가지모양 세움장식[樹枝形]과 사슴뿔모양[鹿角形]의 세움장식이 있는 전형적인 형태이다. 세움장식은 지상(地上)과 천상(天上)을 이어주는 매개체인 나무를 상징화한 것이다. 금관에는 연속점무늬[點列紋]와 곱은옥, 달개[瓔珞] 등이 장식되어 있다. 국보 제191호로, 여자의 무덤으로 알려진 경주 황남대총 북쪽무덤에서 출토되었다.</conts>

<images>rmarhks.jpg</images>

</Asset>

<Asset>

<name>허리띠(金製帶金具)</name>

<year>신라</year>

<conts>금으로 만든 허리띠 꾸미개로, 허리띠에 물건을 주렁주렁 매달고 생활하는 북방유목민의 풍습에서 유래한 것이다. 가죽은 없어지고 꾸미개만 남아 있다. 드리개에는 옥, 물고기모양, 손칼모양, 수실모양, 홀[圭]모양 판 등이 매달려 있는데 일상생활에 필요한 연모를 상징적으로 나타낸 것이다. 국보 제192호로, 황남대총 북쪽무덤에서 출토되었다. </conts>

<images>gjflEl.jpg</images>

</Asset>

<Asset>

<name>귀걸이(金製太環耳飾) </name>

<year>신라</year>

<conts>얇은 금판을 둥글게 말아 만든 것으로, 신라 귀걸이 중 가장 크고 화려하다. 중심고리[主環]에 금알갱이를 붙여[累金技法] 거북등무늬와 세잎무늬, 연결고리[遊環]에도 작은 금알갱이를 붙여 세잎무늬를 표현하였다. 중간고리 장식[中間飾]에는 눈테[刻目]가 새겨진 37개의 하트모양 달개가 달려 있다. 국보 제90호로, 경상북도 경주 보문리 부부총(夫婦塚)의 여자무덤에서 출토되었다. </conts>

<images>rnlrjfdl.jpg</images>

</Asset>

<Asset>

<name>토우 붙은 항아리(土偶附長頸壺) </name>

<year>신라</year>

<conts>뱀, 개구리, 사람 등의 토우가 어우러져 항아리에 붙어 있다. 개구리의 왼쪽 뒷다리를 물고 있는 뱀이 대칭으로 배치되고 뱀 사이에는 오른손으로 성기를 잡고 왼손에 뭉둥이를 들고 있는 남자가 표현되었다. 뱀, 개구리, 사람 등이 비교적 단조롭게 표현되었으나 신라인의 예술성과 사상을 엿 볼 수 있다. 국보 제195호로, 경주 노동동 11호 무덤에서 출토되었다. </conts>

<images>xhdnqnxdmsgkddkfl.jpg</images>

</Asset>

<Asset>

<name>유리병 (鳳首形瓶)</name>

<year>신라</year>

<conts>연록색의 유리병으로, 봉황(鳳凰)의 머리를 닮았다하여 '봉수형(鳳首形) 유리병' 으로도 부른다. 손잡이에는 금실로 감아 수리한 흔적이 있어 당시 왕실에서도 유리는 매우 귀중품이었음을 알 수 있다. 이 유리병은 대롱불기법으로 만들어진 이른바 '로만글라스' 로, 비단길 혹은 바닷길을 통해 우리나라에 들어왔을 것으로 추정된다. 국보 제193호로, 황남대총 남쪽무덤에서 출토되었다. </conts>

<images>dbflqud.jpg</images>

</Asset>

<Asset>

<name>짐승얼굴무늬 기와(怪獸面瓦) </name>

<year>통일신라</year>

<conts>이마에 뿔이 돋아난 무서운 짐승 얼굴을 입체적이고 실감나게 표현한 기와이다. 악귀를 막기 위한 것으로, 안압지 주변 건물 지붕의 마루 끝에 부착했던 것으로 생각된다. 표면에는 유약이 입혀졌으며, 경주 안압지에서 출토되었다. </conts>

<images>wlatmddjfrnfansmlrldhk.jpg</images>

</Asset>

<Asset>

<name>십이지-토끼(十二支-卯)</name>

<year>통일신라</year>

<conts>무덤을 지키기 위해 무덤 주위에 묻은 십이지의 12마리 동물 중 4번째인 토끼이다. 토기는 동동남 방향에 해당되는 동물이다. 갑옷을 입은 사람의 몸에 토끼의 얼굴을 한 무사의 모습으로, 오른손에 방패 같은 것을 들고 서 있다. 김유신 무덤의 둘레돌[護石]에는 평복 차림의 십이지신장상이 새겨져 있고 곱돌로 만든 십이지 신상을 무덤 주위에 따로 파묻어 이중으로 배치하였다. 경주 충효동에 있는 김유신 장군의 무덤이라고 전해오는 곳에서 출토되었다. </conts>

<images>tlqdlwlxhRL.jpg</images>

</Asset>

<Asset>

<name>뼈 단지(骨壺)</name>

<year>통일신라</year>

<conts>화강암의 석함 속에 화장한 뼈를 담는 그릇이 들어 있다. 이 뼈 단지는 몸체와 뚜껑의 안팎에 녹색의 유약이 입혀 있다. 꼭지가 없는 합으로, 합과 뚜껑의 전면에 화려한 도장무늬가 장식되었다. 국보 제125호로, 경주 남산에서 출토되었다 </conts>

<images>Quekswl.jpg</images>

</Asset>

<Asset>

<name>용 머리(石製龍頭)</name>

<year>발해</year>

<Conts>건물 기단에 끼워 넣어 장식하였던 것으로, 벽면에 튼튼하게 끼워질 수 있도록 뒷부분을 쐐기 모양으로 길게 깎아내고 고정하기 위한 홈을 팠다. 상경성을 비롯한 발해의 도성(都城)에서 몇 개가 출토되었지만 형태와 조각 기법은 모두 같다. 귀밑까지 찢어진 입, 날카로운 이빨, 툭 튀어나온 두 눈, 머리에서 귀 뒷부분까지 이어진 갈퀴 등이 어떤 악귀(惡鬼)도 얼씬하지 못할 상서로운 용의 모습이다.</Conts>

<images>dydajfl.jpg</images>

</Asset>

<Asset>

<name>부처(二佛竝坐像)</name>

<year>발해</year>

<Conts>석가와 다보 두 여래상이 나란히 앉은 모습을 표현한 이불병좌상(二佛竝坐像)이다. 광배에는 연꽃을 통하여 다시 태어나는 동자상(童子像) 5구를 돋을새김 하였다. 이 연화화생상은 이 세상에서 좋은 일을 하면 극락간다는 아미타신앙이 반영된 것이다. 발해 팔련성(八連城) 제2사지에서 출토되었다.</Conts>

<images>qncj.jpg</images>

</Asset>

<Asset>

<name>말 탄 인물상(靑銅騎馬人物像)</name>

<year>발해</year>

<Conts>말을 타고 있는 사람의 모습을 간결하게 표현하였다. 말 등에는 구멍이 뚫려 있어 본래 끈을 꿰어 매달고 다녔음을 알 수 있다. 발해의 수도였던 상경 용천부에서 출토되었다.</Conts>

<images>akf.jpg</images>

</Asset>

<Asset>

<name>청자 사자 장식 향로(靑磁 獅子 裝飾 香爐)</name>

<year>고려</year>

<conts>향을 피우기 위해 사용된 향로는 금속기에서 비롯되어 도자기 제작기술의 발달과 함께 청자로도 제작되었다. 처음에는 청동으로 만든 향로를 그대로 본떠 제작하기도 하였지만 자유로운 변화가 가능한 흙의 특성을 살려 다양한 조각 장식이나 무늬가 가미되었다. 조각 장식이 있는 경우 대체로 뚜껑이 있는 향로이며 주된 장식 소재는 동물이다. 사자●원앙●오리 등 현실생활에서 볼 수 있는 것과 기린●어룡●구룡 등 상상 속의 동물들도 자주 등장한다. 이 향로 뚜껑에는 사자 모양의 조각 장식이 있는데 사자는 불법佛法을 수호하는 동물로 여겨져 석탑이나 석등 그리고 불교 의식과 관련된 도구에 자주 등장하는 소재이다. 이 작품 역시 불단에서 향을 피우는데 사용한 것으로 여겨진다. 특히 이 향로는 서긍徐兢이 지은 『선화봉사고려도경宣和奉使高麗圖經』에 기술된 사자 향로와 관련하여 주목받아 왔다. 기록에 따르면 "산예출향(狻猊出香사자 모양을 한 향로) 역시 비색인데, 위에는 쭈그리고 있는 짐승이 있고 아래에는 연꽃이 있어 그것을 받치고 있다. 여러 기물들 가운데 이 물건만이 가장 뛰어나다..." 라고 쓰여 있다. 이 향로가 서긍이 보았던 향로와는 차이가 있지만 12세기 전반 청자의 상황을 알 수 있는 자료로 인식되고 있다. </conts>

<images>cjdwktkwkwkdtlrgidfh.jpg</images>

</Asset>

<Asset>

<name>청자 칠보무늬 향로(靑磁 透刻 七寶文 香爐)</name>

<year>고려</year>

<conts>이 향로는 고려 청자를 대표할 뿐만 아니라 해외 전시에서도 사랑받는 우리의 자랑스러운 문화재 가운데 하나이다. 향로의 구조는 향이 빠져나가는 뚜껑과 향을 태우는 몸체, 그리고 이를 지탱하는 받침으로 이루어진다. 뚜껑은 한 가운데 구멍이 있어 연기가 빠져나가도록 하였으며 이 위에 칠보무늬가 투각된 둥근 손잡이를 붙여 연기가 넓게 분산되도록 하였다. 이 향로는 서로 다른 모양을 기능적으로 결합하여 하나의 완성된 조형물로 나타내었을 뿐만 아니라 음각●양각●투각●퇴화●상감●첩화 등 다양한 기법이 결합된 걸작이라 하겠다. </conts>

<images>cjdwkclfqhansmlgidfh.jpg</images>

</Asset>

<Asset>

<name>청자 어룡 모양 주전자(靑磁 魚龍形 注子) </name>

<year>고려</year>

<conts>상형 청자는 말 그대로 인물이나 동●식물의 형상을 본떠서 만든 청자를 말한다. 상형 기법으로 만든 청자는 모본이 되는 형상의 대표적인 특징만을 간결하게 묘사하여 어느 경우에는 모본보다 강한 느낌을 준다. 이 주전자는 상상 속의 동물을 형상화 한 것이다. 머리는 용, 몸체는 물고기의 형상으로 이러한 동물을 '어룡' 이라 하는데 이 주전자의 경우 지느러미가 날개처럼 커지고 꼬리 부분이 치켜세워져 마치 용이 날고 있는 것처럼 보인다. </conts>

<images>cjdwkdjfydahdidwnwjswk.jpg</images>

</Asset>

<Asset>

<name>고려대장경</name>

<year>고려</year>

<conts>12세기 국보 61호고려시대에 불경(佛經)과 장소(章疏)를 집대성하여 인간(印刊)한 불경으로대장경의 조조는 고려가 가장 어려웠던 국난의 시기에 초조판부터 헤아려 실로 240년이라는 장구한 시일을 통하여 이룩한 거국적 대사업으로, 대장경의 인쇄를 둘러싸고 경쟁하였던 송●거란에 대해 문화국으로서의 위신을 드높였을 뿐 아니라, 인쇄술과 출판술의 발전에도 크게 공헌하였다. </conts>

<images>rhfueowkdrud.jpg</images>

</Asset>

<Asset>

<name>몽고정</name>

<year>고려</year>

<conts>고려말 충렬왕 7년(1281) 원나라 세조가 일본 원정을 준비하기 위하여 정동행성을 두었으나, 일본 정벌이 2차에 걸쳐 실패로 돌아간 후 동년 10월에 연해 방비를 위해 이곳 환주산(현 자산동 무학국민학교 뒤쪽 마산정수장 일대)에 둔진을 설치하였다. 이 몽고정은 이곳의 둔진군이 용수를 쓰기 위해 우물을 만들었던 것으로 추정되고 있다.</conts>

<images>ahdrhwjd.jpg</images>

</Asset>

<Asset>

<name>직지심체요절 </name>

<year>고려</year>

<conts>지금까지 남아있는 세계에서 가장 오래된 금속활자책, 1377년

흥덕사에서 간행하였으나 프랑스 국립도서관에 보관중이다. 특히 「직지」는 현재까지
세계 최고의 금속활자본으로 독일의 쿠텐베르크가 발명한 활자보다도 무려 63년이나
앞서는 것으로 우리 조상들의 창의력과 얼이 담긴 자랑스러운 보물이다. 그런데
이러한 「직지」가 지금까지 알려져 왔던 것과는 달리 국제적으로 공인을 받지
못하고 있는 것으로 확인되었습니다.</conts>

<images>wlrwl.jpg</images>

</Asset>

<Asset>

<name>은장도</name>

<year>조선</year>

<conts>은으로 만든 장식용 칼이다. 은장도는 상류층의 부녀자들이 장식용으로
차고 다녔던 것으로 짐작되는데, 이 은장도는 칼집만 있을 뿐 칼은 남아 있지 않다.
</conts>

<images>dmswkdeh.jpg</images>

</Asset>

<Asset>

<name>백자 매화 대나무 새무늬 항아리(白磁 靑畵 梅鳥竹文 壺)</name>

<year>조선</year>

<conts>이 항아리에는 도화서 화원의 솜씨가 돋보이는 한국적인 무늬들이
담겨 있다. 연꽃 봉오리 모양 꼭지가 달린 뚜껑에도 대나무와 매화가 있다. 전면에
걸쳐 대나무·매화·새를 섬세하고 사실적으로 묘사하여 한국적인 정서가 돋보인다.
중심의 무늬는 청화 안료의 색깔이 짙고 강한 반면에 뚜껑의 매화와 대나무,
아랫부분의 잔잔한 국화, 주둥이 주변의 넝쿨 같은 무늬는 의도적으로 색을 옅게
함으로써, 그림의 입체감과 사실적인 효과를 높이고 있다. </conts>

<images>vuswlRhwdl.jpg</images>

</Asset>

<Asset>

<name>시가 있는 백자 접시(白磁 靑畵 詩銘 楪匙)</name>

<year>조선</year>

<conts>아가리가 수평으로 낮게 벌어지고 바닥 면이 둥글고 납작한 형태의
접시를 '전접시'라고 부른다. 특히 백자 전접시 가운데 납작한 접시 면에 그림이나
시를 적어 넣은 것들이 많다. 이 접시도 은은한 광택이 있는 순백색 바탕에 낭만적인
칠언시七言詩가 청화 안료로 단정하게 적혀있는데, 조선시대 선비의 멋과 풍류가
그대로 담겨 있다. 시 내용은 다음과 같다.</conts>

<images>wjqtl.jpg</images>

</Asset>

</assets>

Cultural.mxml

```
1.  <?xml version="1.0" encoding="utf-8"?>
2.  <mx:Application xmlns:mx="http://www.adobe.com/2006/mxml">
3.      <mx:Model id="assetsM" source="importComponents/assets.xml"/>
4.      <mx:RadioButtonGroup id="rbG"/>
5.      <mx:Tile direction="horizontal" borderStyle="solid">
6.          <mx:RadioButton id="all" label="전체"/>
7.          <mx:RadioButton id="gu" label="구석기"/>
8.          <mx:RadioButton id="shin" label="신석기"/>
9.          <mx:RadioButton id="chong" label="청동기"/>
10.         <mx:RadioButton id="won" label="원삼국시대"/>
11.         <mx:RadioButton id="gogu" label="고구려"/>
12.         <mx:RadioButton id="paek" label="백제"/>
13.         <mx:RadioButton id="shil" label="신라"/>
14.         <mx:RadioButton id="tong" label="통일신라"/>
15.         <mx:RadioButton id="bal" label="발해"/>
16.         <mx:RadioButton id="go" label="고려"/>
17.         <mx:RadioButton id="jo" label="조선"/>
18.     </mx:Tile>
19.     <mx:TileList width="100%" height="100%" id="tileL" columnCount="4"
        dataProvider="{assetsM.Asset}">
20.         <mx:itemRenderer>
21.             <mx:Component>
22.                 <mx:Image horizontalAlign="center" source="./images/{data.images}"/>
23.             </mx:Component>
24.         </mx:itemRenderer>
25.     </mx:TileList>
26. </mx:Application>
```

4. FinalTest Project에 Tree control을 이용하여 [그림 5-23]과 같이 출력되는 Food.mxml application을 구현하자.

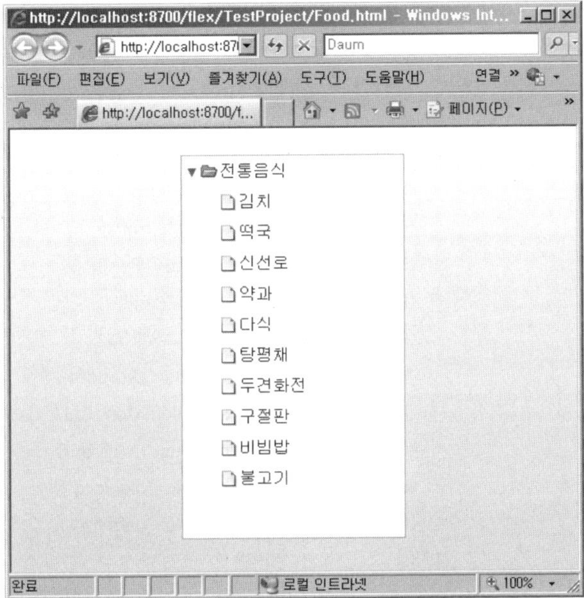

[그림 5-23] Food.mxml 실행화면

Food.mxml

```
1.  <?xml version="1.0" encoding="utf-8"?>
2.  <mx:Application xmlns:mx="http://www.adobe.com/2006/mxml">
3.    <mx:Tree id="culture_food" labelField="@label" showRoot="true" width="200"
          height="598" fontSize="15">
4.            <mx:XMLListCollection id="Culture">
5.              <mx:XMLList>
6.                <folder label="전통음식">
7.                  <Pfolder label="김치" data="rlacl"/>
8.                  <Pfolder label="떡국" data="Ejrrnr"/>
9.                  <Pfolder label="신선로" data="tlstjsfh"/>
10.                 <Pfolder label="약과" data="dirrhk"/>
11.                 <Pfolder label="다식" data="ektlr"/>
12.                 <Pfolder label="탕평채" data="xkdvudco"/>
13.                 <Pfolder label="두견화전" data="enrusghkwjs"/>
14.                 <Pfolder label="구절판" data="rnwjfvks"/>
15.                 <Pfolder label="비빔밥" data="qlqlaqkq"/>
16.                 <Pfolder label="불고기" data="qnfrhfl"/>
17.               </folder>
18.             </mx:XMLList>
19.           </mx:XMLListCollection>
20.       </mx:Tree>
21. </mx:Application>
```

5. TestProject 프로젝트의 TestProject.mxml에 ToggleButtonBar control을 사용하여 [그림 5-24]와 같은 메뉴 바를 생성하시오.

[그림 5-24] TestProject Project의 TestProject.mxml 실행화면

FinalTest.mxml

```
1. <?xml version="1.0" encoding="utf-8"?>
2. <mx:Application xmlns:mx="http://www.adobe.com/2006/mxml" fontSize="13"
   backgroundColor="white">
3.     <mx:Array id="vStack1">
4.         <mx:String>HOME</mx:String>
5.         <mx:String>PROFILE</mx:String>
6.         <mx:String>FOOD</mx:String>
7.         <mx:String>CULTURAL ASSETS</mx:String>
8.         <mx:String>BOARD</mx:String>
9.         <mx:String>EPILOGUE</mx:String>
10.     </mx:Array>
11. <mx:ToggleButtonBar id="tBB1" dataProvider="{vStack1}" width="800" height="30"/>
12. </mx:Application>
```

Chapter ❻ Flex에 액션스크립트를 달자

Flex에서는 액션스크립트를 사용해 Flex 애플리케이션의 기능을 확장할 수가 있기 때문에 Flex를 사용하는 데 있어 필요한 중요한 기술이 액션스크립트이다. 액션스크립트는 ECMAScript를 베이스로 개발된 객체 지향 프로그램 언어로서 Flex에서 액션스크립트를 반드시 사용해야 하는 것은 아니지만, Flex에서 구현할 수 없는 흐름 제어나 객체 컨트롤을 가능하게 한다.

액션스크립트는 플래시 플레이어에서 실행되는 프로그래밍 언어로서 텍스트 기반의 스크립트로 작성되고 Flex Builder나 Flex SDK와 함께 제공되는 컴파일러 또는 플래시 저작 툴에서 바이트 코드로 컴파일되어 SWF 파일로 생성된다. 그리고 플래시 플레이어의 AVM(Actionscript Virtual Machine)이 SWF를 실행한다.

액션스크립트 3.0은 언어 부분과 플래시 플레이어 API의 두 부분으로 구성된다. 언어 부분은 프로그램을 위한 문장, 표현식, 조건문, 데이터타입 등이 해당되고, 플래시 플레이어 API는 플래시 플레이어에 접근하여 동작을 제어할 수 있는 클래스로 구성된다. 또한 액션스크립트는 독자적인 문법이나 구두점 기호의 규칙이 있는데 이 규칙에서는 의미를 만들어내는 스크립트를 작성하기 위해서 사용되는 캐릭터나 단어, 기술 순서 등이 정의된다. 예를 들어 영어에서는 문장은 피리어드(.)로 끝나지만, 액션스크립트에서는 문장의 마지막에 세미콜론(;)을 입력한다.

1. 액션스크립트를 알고 가자

Flex를 개발할 때 액션스크립트가 갖는 의미는 매우 크다. 만약 액션스크립트없이 MXML로만 Flex 애플리케이션을 개발한다면 매우 단순하고, 기능 또한 한정되지만 액션스크립트를 사용하면 Flex 애플리케이션의 기능을 확장시키고 컨트롤들을 효율적으로 제어한다. 그리고 이벤트와 핸들러를 정의하고 컴포넌트를 제어하여 새로운 클래스와 패키지, 컴포넌트를 제작할 수 있도록 설계되었기 때문에 효율적인 Flex 애플리케이션을 개발하는 데 효과적으로 사용된다.

Flex 3는 액션스크립트 3.0을 사용하는데 액션스크립트 3.0은 객체지향 프로그래밍의 면모를 갖추고 있으면서 문법적으로 더욱 정확한 코딩을 요구하며, 기존 버전에는 없던 프로그래밍 언어의 유연성과 성능을 지니고 있다.

[표 6-1] 액션스크립트와 Flex의 버전

- 액션스크립트 3.0 – Flex 2 – 플래시 플레이어 9
- 액션스크립트 2.0 – Flex 1.5 – 플래시 플레이어 7 또는 8

참고 : 액션스크립트 1.0은 플래시 플레이어 6 이하 버전에서 작동

액션스크립트 3.0의 특징을 살펴보면 다음과 같다.

- **엄격해진 데이터 형식 체크** : 모호한 코드를 방지하고 메모리를 절약하여 성능을 향상시키기 위해 변수나 함수를 선언할 때 데이터 타입과 제한자 사용을 권장한다.

- **기존 버전과의 호환성** : 액션스크립트 3.0은 AVM2(ActionScript Virtual Machine 2)에서 실행되며, 기존 액션스크립트와의 호환을 위해 플래시 플레이어 9에 AVM1에 탑재되어 있다.

- **다양한 API를 지원** : 액션스크립트 3.0은 정규식 지원 및 XML(E4X) 명세서(ECMA-357 edition2)의 ECMAScript에 기반한 XML API를 지원한다.

- **런타임 익셉션(Runtime Exception) 제공** : 액션스크립트 3.0에서는 플래시 플레이어 실행 시 발생하는 에러를 추적하여 보여주는 스택 트레이스 값으로 보여준다.

- **최종 클래스(Sealed Class)** : 상속을 할 수 없고 속성이나 함수를 추가하지 못하는 최종 클래스를 도입하여 메모리 소모를 줄이고 효과적인 애플리케이션을 생성할 수 있다.

- **새로운 데이터 타입 도입** : 액션스크립트 3.0에서는 32비트 정수형인 int와 부호없는 정수인 uint가 도입되었다.

- **Display List API** : 액션스크립트 화면에 보여주는 비주얼 컴포넌트를 다룰 수 있는 API를 지원하는데, 플래시의 무비클립과 유사하지만 가벼운 Sprite 클래스가 도입되었다. Sprite 클래스는 Flex 비주얼 컴포넌트의 기초가 되는 클래스이다.

2. Flex에서 액션스크립트 사용

액션스크립트는 플래시 플레이어에서 사용되는 프로그래밍 언어로서 컴퓨터에 명령을 내리기 위해 사용된다. Flex에서 액션스크립트를 사용하는 방법은 mxml 문서의 〈mx:Script〉 태그 내에 사용할 수도 있고 액션스크립트 클래스를 생성하여 사용할 수도 있다. 또한 사용문법은 자바스크립트와 매우 유사하다.

Example06_01.mxml

```
1. <?xml version="1.0" encoding="utf-8"?>
2. <mx:Application xmlns:mx="http://www.adobe.com/2006/mxml" >
3.     <mx:Script>
4.        <![CDATA[
5.            import mx.controls.Alert;
6.            /* 이름을 경고창으로 출력하는 함수 */
7.            public function showInfo():void {
8.                mx.controls.Alert.show("버튼 클릭");
9.            }
10.        ]]>
11. </mx:Script>
12.     <mx:Button label="클릭" click="showInfo()"/>
13. </mx:Application>
```

Example06_01.mxml은 버튼을 클릭하였을 때 경고창에 '버튼 클릭'을 출력하도록 하는 Flex 애플리케이션이다. 액션스크립트는 이벤트 핸들러에 의해 실행되는데 이벤트 핸들러는 액션스크립트를 실행하기 위한 연결도구로서 해당 이벤트에 따라 액션스크립트 함수를 호출한다. 7~9 line은 이벤트 핸들러 함수 showInfo()에 대해 정의하여, 12 line의 Button 컨트롤의 click 이벤트 핸들러에 의해서 사용자가 Button 컨트롤을 클릭하면 showInfo()함수를 실행한다.

액션스크립트 클래스를 따로 생성하여 사용하고자 하는 경우에는 Example06_02.mxml와 같이 사용한다. Example06_02.as에 액션스크립트 클래스를 생성하고 Example06_02.mxml의 3 line과 같이 ⟨mx:Script⟩ 태그의 source 속성에서 Example06_02.as를 지정하여 Button 컨트롤을 클릭하면 Example06_02.as의 ShowInfo() 함수를 실행한다.

Example06_01.mxml과 Example06_02.mxm은 액션스크립트를 사용하는 방법이 상이하지만 실행결과는 동일하다.

Example06_02.mxml

```
1.  <?xml version="1.0" encoding="utf-8"?>
2.  <mx:Application xmlns:mx="http://www.adobe.com/2006/mxml" backgroundColor="#FFFFFF">
3.      <mx:Script source="Example06_02.as"/>
4.      <mx:Button label="클릭" click="showInfo()"/>
5.  </mx:Application>
```

Example06_02.as

```
1.  public function showInfo():void {
2.      mx.controls.Alert.show("버튼 클릭");
3.  }
```

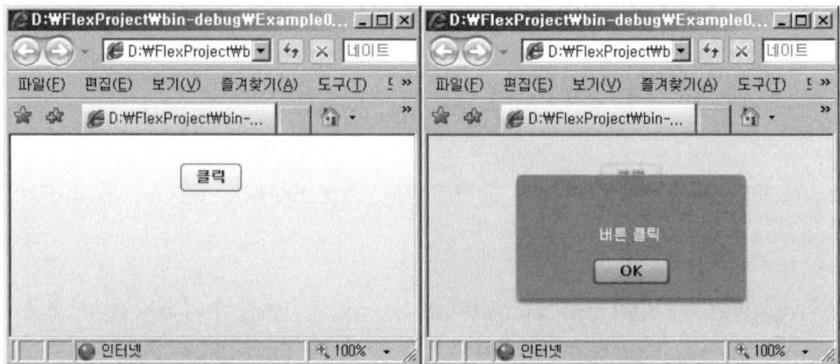

[그림 6-1] Example06_01.mxml과 Exmple06_02.mxml의 실행결과

예제와 같이 액션스크립트를 사용하고자 할 때에는 〈mx:Script〉 태그를 사용하는데 이때 주의해야 할 것은 CDATA로 구성되어야 한다는 것이다. Flex에서는 〈mx:Script〉 태그의 내용을 XML로 인식하기 때문에 Flex 파서에 의해서 특수문자로 해석되지 않도록 CDATA로 묶어주어야 한다.

● 문장

위의 예제에서 보면 각 구문마다 세미콜론이 사용되는데 세미콜론은 각 문장을 구분을 위해 구문의 마지막에 써주어야 한다. 액션스크립트 문에 길게 한 문장으로 되어 있어도 ' ; ' 기호가 있으며 ' ; '를 기준으로 하여 다른 문장으로 인식한다.

[표 6-2] 액션스크립트의 문장

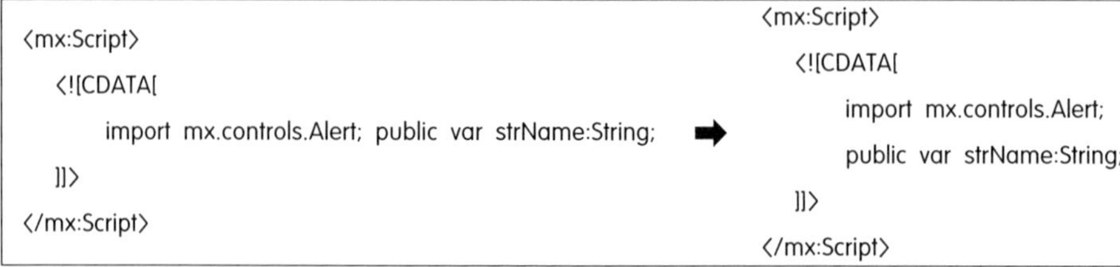

● 주석

주석 부분은 코드에 대한 설명을 넣고 실행되지 않게 하기 위해서 사용한다. 액션스크립트의 주석에는 단행주석과 다행주석이 있는데 단행주석은 '//', 다행주석은 '/* */'로 표현하며 다른 코드에 영향을 주지 않는다.

[표 6-3] 액션스크립트의 주석 사용

```
<mx:Script>
    <![CDATA[
        /*
        Alert 컴포넌트를 액션스크립트로 생성할 수 있도록 mx.controls.Alert
        클래스를 로딩
        */
        import mx.controls.Alert;

        // 이름을 경고창으로 출력하는 함수
        public function showInfo():void {
            mx.controls.Alert.show("버튼 클릭");
        }
    ]]>
</mx:Script>
```

● 코드블록({ })

코드블록은 실행되는 코드를 하나의 로직으로 묶어주기 위해서 사용한다. 함수나 제어문의 실행 문장을 묶을 때 '{ }'로 둘러싸서 논리적 단위로 처리한다.

[표 6-4] 액션스크립트의 코드블록

```
<mx:Script>
    <![CDATA[
        public function showInfo():void {
            mx.controls.Alert.show("버튼 클릭");
        }
    ]]>
</mx:Script>
```

액션스크립트 코드블록

● 변수

변수란 어떤 값을 저장할 수 있는 공간으로 상수와 다른 점은 그 값이 변할 수 있다는 점이다. 변수는 기본적으로 데이터 형을 가지게 되는데 사용하는 형태에 따라 데이터 형을 적절하게 선택하여 사용하여야 한다. 변수 선언은 다음과 같이한다.

> 접근제한자 var 변수명 : 변수타입=초기 값 ;
> ex) public var imsi : Number=1 ;

변수를 이름을 설정할 때에는 주의할 점이 몇 가지 있다. 액션스크립트 파서는 대소문자를 구분하기 때문에 Test라는 변수와 test라는 변수는 서로 다른 변수가 되기 때문에 변수명이나 함수명을 지정할 때는 규칙적인 이름으로 정해 주는 것이 좋다. 또한 변수명을 지정할 때는 키워드와 예약어를 피해야만 한다. 왜냐하면 액션스크립트에서 기본적으로 존재하는 예약어가 자신이 지정한 변수명과 같아진다면 예약어와 변수명이 구분되지 않기 때문이다. 다음은 액션스크립트의 키워드와 예약어이다.

[표 6-5] 액션스크립트의 키워드와 예약어

as	break	case	catch	class	const	continue	default
delete	do	else	extends	false	finally	for	function
if	implements	import	in	instanceof	interface	internal	is
native	new	null	package	private	protected	public	return
super	switch	this	throw	to	true	try	typeof
use	var	void	while	with	each	get	set
include	dynamic	final	override	static	namespace	등	

[표 6-6] 액션스크립트의 예약어 사용

```
<mx:Script>
    <![CDATA[
        public function showInfo():void {
        // 예약어를 변수명으로 사용하였기 때문에 error!
            public var int:String;
        // 올바른 변수명 사용
            public var strName:String;
            mx.controls.Alert.show("버튼 클릭");
        }
    ]]>
</mx:Script>
```

● 접근제한자

접근제한자는 클래스 변수, 상수, 함수 등의 사용 범위를 제한할 때 사용
한다. 접근제한자는 [표 6-7]과 같은데 internal의 경우 같은 디렉터리에
있는 클래스에서만 접근이 가능하고, private는 같은 클래스 내에서만 접
근이 가능하다. 또한 protected는 같은 클래스 및 상속한 클래스에서 접근
할 수 있으며, public은 모든 위치에서 접근이 가능하다. 만약 접근제한자

를 따로 쓰지 않은 경우에는 internal로 설정된다.

[표 6-7] 액션스크립트의 접근제한자

접근제한자	정 의
internal	같은 패키지 내에서만 접근 가능
private	같은 클래스 내에서만 접근 가능
protected	같은 클래스 및 상속한 클래스에서만 접근 가능
public	모든 클래스에서 접근 가능

● 액션스크립트 사용방법

일반적으로 Flex 애플리케이션을 개발할 때는 MXML과 액션스크립트를 함께 사용해 개발을 하게 되는데 일반적으로 MXML은 사용자 인터페이스를 만들고 레이아웃을 하는데 사용되고 액션스크립트는 사용자 인터페이스를 제어하는데 사용된다. Example06_03.mxml은 액션스크립트를 사용한 Flex 애플리케이션이다.

Example06_03.mxml

```
1.  <?xml version="1.0" encoding="utf-8"?>
2.  <mx:Application xmlns:mx="http://www.adobe.com/2006/mxml" layout="horizontal"
    fontSize="12">
3.      <mx:Script>
4.          <![CDATA[
5.              import mx.controls.Alert;
6.              public var basicStr:String = "기본 Button을 클릭하셨습니다.";
7.              public var imageStr:String = "이미지 Button을 클릭하셨습니다.";
8.              public function basicButton():void {
9.                  mx.controls.Alert.show(basicStr, "Button Information");
10.             }
11.             public function imageButton():void {
12.                 mx.controls.Alert.show(imageStr, "Button Information");
```

```
13.                   }
14.            ]]>
15.      </mx:Script>
16.      <mx:Button id="Bt1" label="기본 Button" click="basicButton()"/>
17. <mx:Button id="Bt2" label="이미지 Button" icon="@Embed('images/Garden.jpg')" click="imageButton()"/>
18. </mx:Application>
```

[그림 6-2] Example06_03.mxml의 실행결과

3. 액션스크립트의 데이터 형

데이터 형은 데이터의 형식을 지정하는 것으로 액션스크립트 3.0에서 지원하는 데이터 형은 [표 6-8]과 같다.

[표 6-8] 액션스크립트의 데이터 형

데이터 형	기본값	예	값 범위
Boolean	false	true	true, false
int	0	−5	$-2^{31} \sim 2^{31}-1$
Number	Nan	4.5	$5e-324 \sim 1.79e+308$
uint	0	3	$0 \sim 2^{32}-1$

String	null	"Hello World"	UTF-16
Object	null	myObject	
Void	undefined		
Array	null	[1, 2, 3]	
기타 클래스	null		
*			어떤 타입의 데이터든 올 수 있다.

● Boolean

Boolean은 true와 false의 값을 갖는 데이터 형으로 true와 false는 1과 0으로 변환될 수 있고 CheckBox와 같은 데이터 값을 저장하는데 사용된다. Boolean 데이터 형은 참과 거짓을 구분하거나 논리 연산자와 함께 사용된다.

```
var tf:Boolean = true;
```

● int

32bit의 정수를 나타내는 데이터 형으로 액션스크립트 3.0에서 새로 추가된 데이터 형으로 -2^{31} ~ $2^{31}-1$ 범위까지의 데이터를 갖는다.

```
var i:int = -5;
```

● Number

Number는 부동 소수점을 갖는 실수로서 액션스크립트에서 제공하는 Number는 5e-324 ~ 1.79e+308 범위까지 데이터를 가질 수 있다.

```
var n:Number = 4.5;
```

● Unit

Unit은 unsigned int의 약자로 32bit로 표현되며 양수만 표현한다. 따라서 $2^{31}-1$까지 표현이 가능하다.

```
var u:uint = 3;
```

● String

String은 연속하는 문자. 즉, 문자열 형태를 저장할 수 있는 데이터 형이다. 이 데이터 형에 값을 저장하기 위해서는 값이 문자라는 것을 알려주기 위해 큰따옴표(" ")나 작은따옴표(' ')를 사용한다.

```
var str:String = "Hello World";
```

String에서는 문자로 직접적인 표현을 할 수 없는 특수 문자가 존재한다. 이는 문자로서 직접적인 표현이 불가능하기 때문에 액션스크립트에서 정의해 놓았다. [표 6-9]는 특수 문자를 표현하는 방법과 해당 문자에 관한 것이다.

[표 6-9] 액션스크립트의 특수문자

특수 문자	내 용	특수 문자	내 용
\b	백스페이스	\'	작은따옴표
\t	탭	\\	역 슬래시
\n	개행	\000~\377	8bit 형식의 8진법
\f	폼 피드	\x00~\xFF	8bit 형식의 16진법
\r	캐리지 리턴	\u000~\uFFFF	16bit 유니코드 형식의 16진법
\"	큰따옴표		

173

Example06_04.mxml에서 액션스크립트의 특수문자 사용에 대해 실행하여보자.

Example06_04.mxml

```
1.  <?xml version="1.0" encoding="utf-8"?>
2.  <mx:Application xmlns:mx="http://www.adobe.com/2006/mxml" layout="vertical"
        fontSize="11">
3.      <mx:Script>
4.          <![CDATA[
5.              public function checkCharacter():void{
6.                  var str:String=null;
7.          str = "\"서시\" \n Yoon Dong Joo \n 죽는 날까지 하늘을 우러러\t 한점
            부끄럼이 없기를 잎새에 이는 바람에도 \r 나는 괴로와했다 \n \'별\'을
            노래하는 마음으로 \\ 모든 죽어가는 것들을 사랑해야지";
8.                  mx.controls.Alert.show(str, "특수문자확인");
9.              }
10.         ]]>
11.     </mx:Script>
12.     <mx:Button id="Bt1" label="특수문자" click="checkCharacter()"/>
13. </mx:Application>
```

Example06_04.mxml을 실행하면 \"·\n·\t·\r 등이 특수문자로 처리되어 출력되는 것을 알 수 있다.

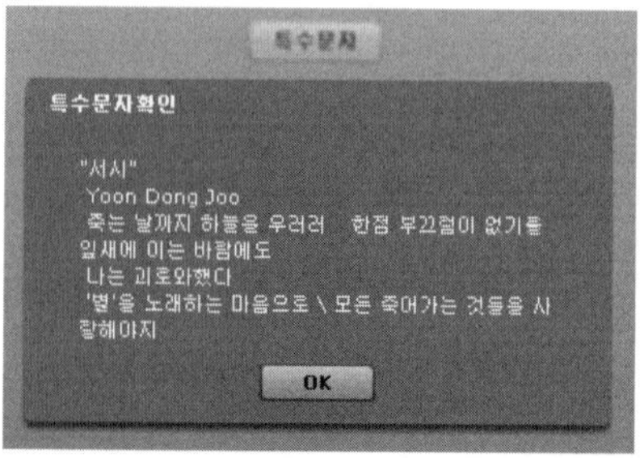

[그림 6-3] Example06_04.mxml 실행결과

또한 String 데이터 형은 16bit 분자열을 나타내며, 기본적으로 null 값을 갖고 내부적으로 UTF-16 형식으로 저장되어 다국어 처리가 가능하다.

● Object

오브젝트는 한 개의 데이터뿐만 아니라 여러 데이터들로 이루어진 형태의 오브젝트를 지정할 때 사용한다. 이때 오브젝트 안에 있는 속성에 접근하기 위해서는 ' . '을 사용하여 접근하고 만들어둔 코드를 재사용할 수 있는 장점이 있다.

```
var myObject:Object = new Object;
```

● void

변수가 선언되지 않았을 경우로 undefined 값만을 갖는다.

● Array

변수가 선언되지 않았을 경우로 undefined 값만을 갖는다.

```
var arr:Array = [1, 2, 3];
```

● *

변수나 함수의 데이터 형이 정해지지 않았을 경우 자동으로 설정되는 형식으로 정해지지 않은 타입의 명시적인 표시이다.

175

3. 액션스크립트의 연산자

연산자는 한 개 이상의 피연산자와 결합하여 연산을 담당하는 기능어를 말한다. 액션스크립트 3.0에서 지원하는 연산자는 [표 6-10]과 같다.

[표 6-10] 액션스크립트의 연산자 종류

종 류	내 용
산술 연산자	수치 계산을 위해 제공되는 연산자
대입 연산자	최종 결과를 피연산자에 저장하는 연산자
비교 연산자	두 피연산자의 값을 비교하는 연산자
논리 연산자	참과 거짓을 판별하는 연산자
비트 연산자	비트 차원의 논리 연산을 수행하는 연산자
증감 연산자	피연산자의 값을 증감하는 연산자
문자열 연산자	문자열 연결, 형 변환과 비교하는 연산자

● **산술 연산자**

산술 연산자는 덧셈, 뺄셈, 곱셈, 나눗셈 등의 산술 연산을 실행하는 연산자이다. 예를 들어 Number형을 갖는 iA와 iB, iC라는 변수가 있다고 가정하자. 이 변수들에게 iC=iA+iB과 같은 덧셈 연산을 수행했다고 했을 때 iA와 iB는 피연산자, iC에는 iA와 iB의 연산의 결과 값이 저장되게 된다.

[표 6-11] 액션스크립트 산술 연산자

연산자	내 용	연산자	내 용
+	덧셈	*	곱셈
−	뺄셈	/	나눗셈
%	나머지		

Example06_05.mxml

```
1.  <?xml version="1.0" encoding="utf-8"?>
2.  <mx:Application xmlns:mx="http://www.adobe.com/2006/mxml" layout="vertical"
    fontSize="11">
3.      <mx:Script>
4.          <![CDATA[
5.              public function checkOperator():void{
6.                  var iA:Number=1;
7.                  var iB:Number=3;
8.                  var iC:Number=iA+iB;
9.                  mx.controls.Alert.show(iC.toString(), "산술연산");
10.             }
11.         ]]>
12.     </mx:Script>
13.     <mx:Button id="Bt1" label="산술연산" click="checkOperator()"/>
14. </mx:Application>
```

● 대입 연산자

'=' 연산자는 변수에 값을 대입하기 위해서 사용하는 대입 연산자이고 '+='와 같은 연산자는 왼쪽의 피연산자에 오른쪽 피연산자가 연산을 한 결과가 왼쪽의 피연산자에 대입된다. 다시 말하면, iA+=iBj는 iA=iA+iBj와 같다.

[표 6-12] 액션스크립트 대입 연산자

연산자	내 용	연산자	내 용
=	대입	<<=	비트 단위로 왼쪽으로 쉬프트 후 대입
+=	덧셈 후 대입	>>=	비트 단위로 오른쪽으로 쉬프트 후 대입
-=	뺄셈 후 대입	>>>=	>>=와 동일하지만 왼쪽비트를 0으로 채운다.
*=	곱셈 후 대입	&=	비트 단위의 AND연산 후 대입
/=	나눗셈 후 대입	|=	비트 단위의 OR연산 후 대입
%=	나머지를 구한 후 대입	^=	비트 단위의 XOR연산 후 대입

Example06_06.mxml

```
1. <?xml version="1.0" encoding="utf-8"?>
2. <mx:Application xmlns:mx="http://www.adobe.com/2006/mxml" layout="vertical"
   fontSize="11">
3.     <mx:Script>
4.         <![CDATA[
5.             public function checkOperator():void{
6.                 var iA:Number=4;
7.                 var iB:Number=1;
8.                 var iC:Number = iA *= iB;
9.                 var iD:Number = iA <<= iB;
10.                mx.controls.Alert.show(iC.toString(), "대입연산 *= ");
11.                mx.controls.Alert.show(iD.toString(), "대입연산 <<= ");
12.            }
13.        ]]>
14.    </mx:Script>
15.    <mx:Button id="Bt1" label="대입연산" click="checkOperator()"/>
16. </mx:Application>
```

● 비교 연산자

비교 연산자는 2개의 표현식을 비교해서 그 결과를 true 또는 false의 Boolean형으로 반환한다. 일반적으로 비교 연산자는 조건문에서 주로 사용되는데 조건이 참인지 거짓인지를 판별하기 위해서 사용한다.

[표 6-13] 액션스크립트 비교 연산자

연산자	내 용
〈	좌측 피연산자가 우측 피연산자보다 작으면 true, 그렇지 않으면 false를 반환
〉	좌측 피연산자가 우측 피연산자보다 크면 true, 그렇지 않으면 false를 반환
〈=	좌측 피연산자가 우측 피연산자보다 작거나 같으면 true, 그렇지 않으면 false를 반환
〉=	좌측 피연산자가 우측 피연산자보다 크거나 같으면 true, 그렇지 않으면 false를 반환
〈〉, !=	좌측 피연산자와 우측 피연산자가 다르면 true, 그렇지 않으면 false를 반환
==	좌측 피연산자와 우측 피연산자가 같으면 true, 그렇지 않으면 false를 반환
===	좌측 피연산자와 우측 피연산자의 값이나 참조, 데이터 형이 모두 같으면 true, 그렇지 않으면 false를 반환(형 변환이 되지 않는다.)

Example06_07.mxml

```
1.  <?xml version="1.0" encoding="utf-8"?>
2.  <mx:Application xmlns:mx="http://www.adobe.com/2006/mxml" layout="vertical"
    fontSize="11">
3.      <mx:Script>
4.          <![CDATA[
5.              public function checkOperator():void{
6.                  var iA:Number=5;
7.                  var iB:Number=3;
8.                  var iC:Boolean = iA != iB;
9.                  var iD:Boolean = iA < iB;
10.                 mx.controls.Alert.show(iC.toString(), "비교연산 != ");
11.                 mx.controls.Alert.show(iD.toString(), "비교연산 < ");
12.             }
13.         ]]>
14.     </mx:Script>
15.     <mx:Button id="Bt1" label="비교연산" click="checkOperator()"/>
16. </mx:Application>
```

● 논리 연산자

논리 연산자는 Boolean 형의 두 피연산자를 비교하여 Boolean 형으로 값을 리턴한다. 예를 들어 && 연산인 경우 좌측과 우측 모두 true인 경우 true가 되고 둘 중 하나의 값이 false인 경우 false를 리턴하게 된다.

[표 6-14] 액션스크립트 논리 연산자

연산자	내 용
&&	피연산자 모두 true인 경우 true를 리턴
||	피연산자 중 true가 하나라도 존재한다면 true를 리턴
!	피연산자의 값을 반전하여 리턴한다. 즉, true인 경우 false, false인 경우 true를 리턴

Example06_08.mxml

```
1. <?xml version="1.0" encoding="utf-8"?>
2. <mx:Application xmlns:mx="http://www.adobe.com/2006/mxml" layout="vertical"
   fontSize="11">
3.     <mx:Script>
4.         <![CDATA[
5.             public function checkOperator():void{
6.                 var iA:Boolean=true;
7.                 var iB:Boolean=false;
8.                 var iC:Boolean = iA && iB;
9.                 var iD:Boolean = iA || iB;
10.                mx.controls.Alert.show(iC.toString(), "논리연산 && ");
11.                mx.controls.Alert.show(iD.toString(), "논리연산 || ");
12.            }
13.        ]]>
14.    </mx:Script>
15.    <mx:Button id="Bt1" label="논리연산" click="checkOperator()"/>
16. </mx:Application>
```

● 비트 연산자

비트 연산자는 비트 단위로 연산을 하는 연산자로 32비트 정수로 변환되어 연산한다.

[표 6-15] 액션스크립트 비트 연산자

연산자	내 용
&	비트 단위의 AND 연산
|	비트 단위의 OR 연산
^	비트 단위의 XOR 연산
~	비트 단위의 NOT 연산
<<	왼쪽으로 우측피연산자의 값만큼 쉬프트
>>	우측으로 우측피연산자의 값만큼 쉬프트
>>>	>> 연산자와 동일한 연산을 하지만 왼쪽 비트를 0으로 채운다.

Example06_09.mxml

```
1. <?xml version="1.0" encoding="utf-8"?>
2. <mx:Application xmlns:mx="http://www.adobe.com/2006/mxml" layout="vertical" fontSize="11">
3.     <mx:Script>
4.         <![CDATA[
5.             public function checkOperator():void{
6.                 var iA:Number=5;
7.                 var iB:Number=3;
8.                 var iC:Number = iA & iB;
9.                 var iD:Number = iA | iB;
10.                var iE:Number = iA ^ iB;
11.                var iF:Number = ~iA;
12.                mx.controls.Alert.show(iC.toString(), "비트연산 & ");
13.                mx.controls.Alert.show(iD.toString(), "비트연산 | ");
14.                mx.controls.Alert.show(iE.toString(), "비트연산 ^ ");
15.                mx.controls.Alert.show(iF.toString(), "비트연산 ~ ");
16.            }
17.        ]]>
18.    </mx:Script>
19.    <mx:Button id="Bt1" label="비트연산" click="checkOperator()"/>
20.</mx:Application>
```

● 증감 연산자

증감 연산자는 선행증감과 후행증감으로 구분되는 연산자로 피연산자 자신에게 연산결과를 반환한다. 선행 증감 연산은 피연산자의 값을 증감시킨 후 피연산자 자체를 반환하며, 후행 증감은 피연산자 값을 임시 변수에 저장하고 피연산자 값을 증감한 후 실제 반환되는 값으로는 임시 변수를 사용한다.

[표 6-16] 액션스크립트 증감 연산자

연산자	내 용
++	피연산자의 값을 1 증가
--	피연산자의 값을 1 감소

Example06_10.mxml

```
 1. <?xml version="1.0" encoding="utf-8"?>
 2. <mx:Application xmlns:mx="http://www.adobe.com/2006/mxml" layout="vertical"
    fontSize="11">
 3.     <mx:Script>
 4.         <![CDATA[
 5.             public function checkOperator():void{
 6.                 var iA:Number=5;
 7.                 var iB:Number=3;
 8.                 var iC:Number = iA++;
 9.                 var iD:Number = iB--;
10.                 var iE:Number = ++iA;
11.                 var iF:Number = --iB;
12.                 mx.controls.Alert.show(iC.toString(), "증감연산 후++ ");
13.                 mx.controls.Alert.show(iD.toString(), "증감연산 후-- ");
14.                 mx.controls.Alert.show(iE.toString(), "증감연산 전++ ");
15.                 mx.controls.Alert.show(iF.toString(), "증감연산 전-- ");
16.             }
17.         ]]>
18.     </mx:Script>
19.     <mx:Button id="Bt1" label="증감연산" click="checkOperator()"/>
20.</mx:Application>
```

● 문자열 연산자

문자열 연산자 '+'로 형 변환이 되고 피연산자들의 문자열을 연결한다.
비교연산자〈〉, 〉=, 〈, 〈=)에서 2개의 피연산자 모두 문자열인 경우 알파벳의
우선순위, 대소문자 등을 비교하여 리턴한다.

● 연산자 우선순위

복합적인 연산을 수행할 경우는 연산자의 우선순위에 따라서 연산하게
된다. 그렇기 때문에 연산자를 사용할 때는 우선순위를 잘 지켜서 사용해
야만 올바른 연산을 할 수 있다. [표 6-17]은 높은 우선순위부터 차례대로
우선순위를 나타낸 것이다.

[표 6-17] 액션스크립트 연산자 우선순위

연산자	방 향	사 용
후치형++, 후치형―	⇐	a++, a―
., [], ()	⇒	test[0], (a+b)
전치형++, 전치형―	⇒	++a, ―a
단항―	⇒	―a
new, delete	⇐	new, delete
*, /, %, +, ―	⇒	a*b, a/b
〈〈, 〉〉, 〉〉〉	⇒	a〈〈2
instanceof	⇒	
〈, 〈=, 〉, 〉=, ==, !=	⇒	a〈b, a!=b
&, ^, |	⇒	a&b
&&, ||	⇒	a||b
? :	⇒	(a〉b)?c:d
=	⇐	a=100

4. 액션스크립트의 제어문

액션스크립트의 제어문은 데이터의 조건에 따라 실행하는 구문을 결정하는 조건문과 데이터의 조건에 따라 실행 구문을 반복하여 실행하는 반복문이 있다.

(1) 조건문

조건문은 조건이 true일 경우 실행되는 제어구조로서 액션스크립트에서는 if문, switch문과 삼항 연산자가 있다. if문은 일반적으로 조건에 따라 수행하는 구조로 이루어지고 switch문은 값을 비교하여 수행하는 구조로 이루어져 있다.

● if문

if문은 조건 표현식이 참(true)인 경우에 실행할 프로그램 문장뿐만 아니라, 조건표현식이 거짓(false)인 경우에 실행할 프로그램 문장을 지정함으로써 프로그램을 단순화할 수도 있는데, 이러한 구조를 if-else라고 하며 기본 형식은 [표 6-18]과 같다. 여기서, 수행해야 할 프로그램 문장이 여러 개인 경우에는 중괄호{ }를 하여 if문이 적용되는 범위를 명시해야 하지만, 실행할 문장이 하나라면 중괄호 { }를 생략할 수 있다.

[표 6-18] if문 기본 형식

```
if (조건){
        // 조건을 만족할 때 실행문장;
    }
else if (조건){
        // 현재 조건을 만족할 때 실행문장;
    }
………
else{
        // 위의 어떠한 조건도 만족하지 않을 때 실행하는 문장;
}
```

Example06_11.mxml을 생성하여 점수가 100점 이상이면 Best, 60점 이상이면 Pass, 그 외 점수는 Reject를 출력하는 Flex 애플리케이션을 구현하여보자.

Example06_11.mxml

```
1.  <?xml version="1.0" encoding="utf-8"?>
2.  <mx:Application xmlns:mx="http://www.adobe.com/2006/mxml" layout="vertical"
    fontSize="11">
3.      <mx:Script>
4.          <![CDATA[
5.              import mx.controls.Alert;
6.              public function ifExecute():void{
7.                  var jumsu:Number=80;
8.                  if(jumsu >= 100) {
9.                      mx.controls.Alert.show("Best");
10.                 }
11.                 else if(jumsu >= 60){
12.                     mx.controls.Alert.show("Pass");
13.                 }
14.                 else{
```

```
15.                        mx.controls.Alert.show("Reject");
16.                 }
17.             }
18.         ]]>
19.     </mx:Script>
20.     <mx:Button id="Bt1" label="if문 실행" click="ifExecute()"/>
21. </mx:Application>
```

● switch문

switch문은 비교할 대상과 case와 비교하여 true인 경우 실행되도록 한 제어구조이다. 이때 비교할 대상과 case의 조건과는 '==='조건이 성립되어야만 실행이 되도록 설계되어 있어서 형태, 참조, 값이 모두 일치해야 실행구문이 실행이 될 수 있다. 위의 구조에 case문에는 break 구문이 존재하는데 break문을 사용하지 않으면 비교할 대상과 조건이 성립되는 모든 case가 실행된다.

[표 6-19] switch 문 기본 형식

```
switch (비교할 대상){
    case 조건1 :
        // 비교대상이 조건 1을 만족할 때 실행할 문장;
        break;          'switch 문을 빠져나감
    case 조건2 :
        // 비교대상이 조건 2를 만족할 때 실행할 문장;
        break;          'switch 문을 빠져나감
    ......
    default :
        // 실행문장;
}
```

switch 문을 이용하여 점수가 90~100인 경우는 A, 80~89인 경우는 B, 70~79인 경우는 C, 60~69인 경우는 D, 그 외의 경우는 F를 출력하는 Flex 애플리케이션을 구현하여보자.

Example06_12.mxml

```
1. <?xml version="1.0" encoding="utf-8"?>
2. <mx:Application xmlns:mx="http://www.adobe.com/2006/mxml" layout="vertical"
     fontSize="11">
3.     <mx:Script>
4.         <![CDATA[
5.             import mx.controls.Alert;
6.             public function switchExecute():void{
7.                 var jumsu:int=79;
8.                 switch(int(jumsu/10)){
9.                     case 10:
10.                    case 9:
11.                        mx.controls.Alert.show("A");          break;
12.                    case 8:
13.                        mx.controls.Alert.show("B");          break;
14.                    case 7:
15.                        mx.controls.Alert.show("C");          break;
16.                    case 6:
17.                        mx.controls.Alert.show("D");          break;
18.                    default:
19.                        mx.controls.Alert.show("F");          break;
20.                }
21.            }
22.        ]]>
23.    </mx:Script>
24.    <mx:Button id="Bt1" label="switch문 실행" click="switchExecute()"/>
25.</mx:Application>
```

● 삼항 연산자

물음표와 콜론을 기준으로 3개의 항으로 나눌 수 있어서 삼항 연산자라고 한다. 삼항 연산자는 조건에 따라 결과 값을 반환하는데 조건식이 참이면 리턴값 1을 반환하고, 거짓이면 리턴값 2를 반환한다.

[표 6-20] 삼항 연산자 기본 형식

(조건식) ? 리턴값 1 : 리턴값 2 ;

삼항연산자를 이용하여 점수가 60보다 크면 Pass, 그렇지 않으면 Reject를 출력하는 Flex 애플리케이션을 구현하여 보자.

Example06_13.mxml

```
1.  <?xml version="1.0" encoding="utf-8"?>
2.  <mx:Application xmlns:mx="http://www.adobe.com/2006/mxml" layout="vertical"
    fontSize="11">
3.      <mx:Script>
4.          <![CDATA[
5.              import mx.controls.Alert;
6.              public function threeExecute():void{
7.                  var jumsu:int=55;
8.                  (jumsu >= 60)? Alert.show("Pass"):Alert.show("Reject");
9.              }
10.         ]]>
11.     </mx:Script>
12.     <mx:Button id="Bt1" label="삼항연산자 실행" click="threeExecute()"/>
13. </mx:Application>
```

(2) 액션스크립트의 반복문

박복문은 조건이 true이면 실행문장을 반복해서 실행되는 제어구조로서 액션스크립트에서는 for문, for each... in문, while 문과 do... while문이 있으며, 반복문 내의 흐름을 제어하기 위해 break, continue와 return이 있다.

● for문

for 반복문은 프로그래밍에 있어서 가장 기본이 되는 순환 및 반복을 다루기 때문에 대부분의 프로그래밍 언어에서 제공하고 있다. for 반복문은 반복문 안에 변수 초기화, 반복실행 조건문, 증감연산과 실행문장을 모두 포함한다. for문은 변수초기화, 반복실행조건문, 증감연산 등 크게 세 가지 부분으로 구성되며, 기본 형식은 [표 6-21]과 같다.

[표 6-21] for문 기본 형식

```
for (변수초기화; 반복실행 조건문; 증감연산) {
    실행문장;
}
```

for문의 실행 순서는 변수초기화→반복실행조건문→실행문장→증감연산→반복실행조건문→실행문장→증감연산→…으로 변수초기화구문만 초기에 한번 실행하고 반복실행조건문→실행문장→증감연산을 반복실행조건문을 만족할 때까지 반복하여 실행한다.

for문을 이용하여 1에서 20까지 출력하는 Example06_14.mxml을 구현하여 보자.

Example06_14.mxml

```
1.  <?xml version="1.0" encoding="utf-8"?>
2.  <mx:Application xmlns:mx="http://www.adobe.com/2006/mxml" layout="vertical">
3.      <mx:Script>
4.          <![CDATA[
5.              import mx.controls.Alert;
6.              public function forExecute():void{
7.                  var str:String="";
8.                  for(var i:Number=0; i<20; i++){
9.                      str += i+1 +"\t";
10.                 }
11.                 mx.controls.Alert.show(str,"for문");
12.             }
13.         ]]>
14.     </mx:Script>
15.     <mx:Button id="Bt1" label="for문 실행" click="forExecute()"/>
16. </mx:Application>
```

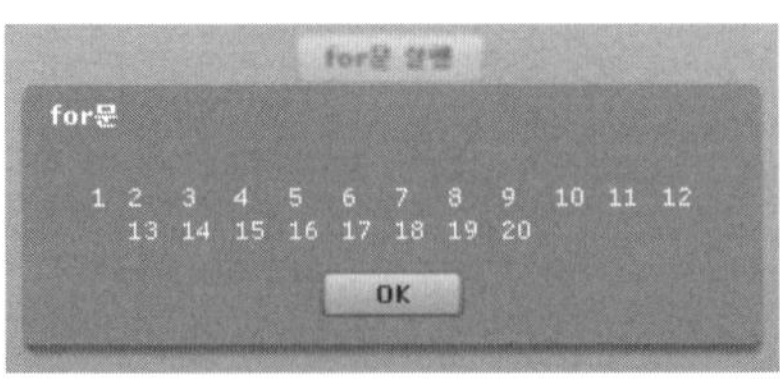

[그림 6-4] Example06_14.mxml의 실행결과

● for each... in문

for each... in문 효율적인 실행을 위해 설계된 반복문으로 Collection 객체를 순차적으로 접근하는 반복문으로 Collection 객체가 모두 접근되면 실행이 종료된다. for each... in문의 기본형을 살펴보면 [표 6-22]와 같다.

[표 6-22] for each... in문 기본 형식

```
for each(변수명 in Collection객체) {
    실행문장;
}
```

for each…in 문을 이용하여 배열에 있는 값을 출력하는 Example 06_15.mxml을 구현하여 보자.

Example06_15.mxml

```
1.  <?xml version="1.0" encoding="utf-8"?>
2.  <mx:Application xmlns:mx="http://www.adobe.com/2006/mxml" layout="vertical"
    fontSize="11">
3.      <mx:Script>
4.          <![CDATA[
5.              import mx.controls.Alert;
6.              public function forExecute():void{
7.                  var str:String="";
8.                  var arr:Array =
                    ["쥐","소","호랑이","토끼","용","뱀","말","양","잔나비","닭","개","돼지"];
9.                  for each(var forStr:String in arr){
10.                     str += forStr +"\t";
11.                 }
12.                 mx.controls.Alert.show(str,"for each...in문");
13.             }
14.         ]]>
15.     </mx:Script>
16.     <mx:Button id="Bt1" label="for each...in문 실행" click="forExecute()"/>
17. </mx:Application>
```

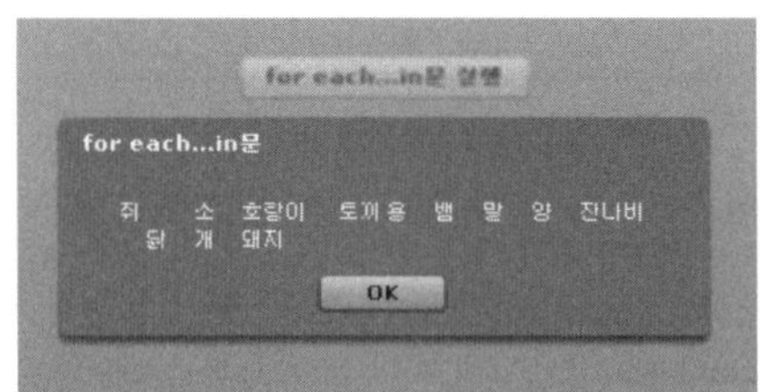

[그림 6-5] Example06_15.mxml의 실행결과

● **while문**

while문은 for문과 마찬가지로 프로그램의 특정 블록을 반복적으로 실행하기 위해 사용된다. 그러나 for문은 변수의 초기화, 조건문, 그리고 증감 연산을 하나의 문장에 모두 포함시키지만, while문은 조건문만을 갖고 있다. 따라서 변수의 초기화나 증감연산 등은 각각 while문이 시작되기 전과 while문에 별도로 기술해야 하는데, 이의 기본 형식을 살펴보면 [표 6-23]과 같다.

[표 6-23] while문 기본 형식

```
변수초기화;
while(반복실행조건문) {
   실행문장;
   ……
   증감연산;
}
```

while문은 for문과 같이 반복실행조건문을 만족할 때까지 반복하여 실행하기 때문에 for문을 while문으로 변경하여 실행할 수 있다. Example 06_14.mxml의 for문을 while문으로 변경하여 Example06_16.mxml을 실행하여 보자.

Example06_16.mxml

```
1.  <?xml version="1.0" encoding="utf-8"?>
2.  <mx:Application xmlns:mx="http://www.adobe.com/2006/mxml" layout="vertical"
    fontSize="11">
3.      <mx:Script>
4.          <![CDATA[
5.              import mx.controls.Alert;
6.              public function whileExecute():void{
7.                  var str:String="";
8.                  var i:Number = 0;
9.                  while(i<20){
10.                     str += i+1 +"\t";
11.                     i++;
12.                 }
13.                 mx.controls.Alert.show(str,"while문 ");
14.             }
15.         ]]>
16.     </mx:Script>
17.     <mx:Button id="Bt1" label="while문 실행" click="whileExecute()"/>
18. </mx:Application>
```

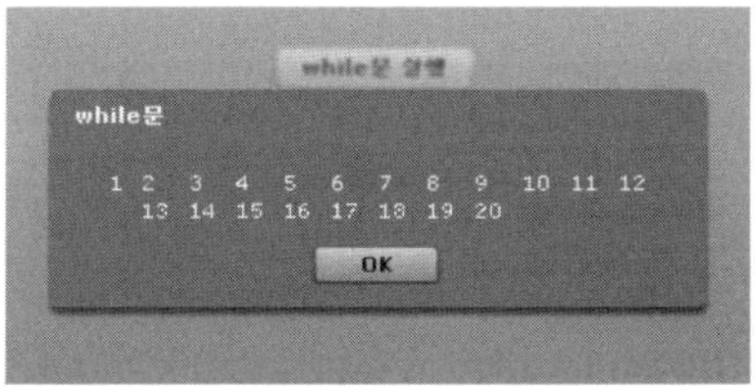

[그림 6-6] Example06_16.mxml의 실행결과

● do... while문

do... while문은 while 반복문과 마찬가지로 주어진 조건을 평가하여 참 (true)일 경우 do while 내의 프로그램 문장을 수행하는 제어문으로, 프로

그램 문장을 수행한 후에 계속 수행할지의 여부를 평가한다. 따라서 조건에 관계없이 do… while 내의 문장을 최소한 한번을 실행하게 되는데, 이의 기본형을 살펴보면 [표 6-24]와 같다.

[표 6-24] do while문 기본 형식

```
do {
   실행문장;
   ……
} while (반복실행조건문)
```

do… while문을 이용하여 Example06_17.mxml을 실행하여 보자.

Example06_17.mxml

```
1. <?xml version="1.0" encoding="utf-8"?>
2. <mx:Application xmlns:mx="http://www.adobe.com/2006/mxml" layout="vertical" >
3.      <mx:Script>
4.          <![CDATA[
5.              import mx.controls.Alert;
6.              public function whileExecute():void{
7.                  var str:String="";
8.                  var i:Number = 0;
9.                  do{
10.                     str += i+1 +"\t";
11.                     i++;
12.                 }while(i<0);
13.                 mx.controls.Alert.show(str,"do… while문 ");
14.             }
15.         ]]>
16.     </mx:Script>
17.     <mx:Button id="Bt1" label="do… while문 실행" click="whileExecute()"/>
18. </mx:Application>
```

Example06_17.mxml을 보면 8 line에서 변수 i의 값을 0으로 설정하고 9~12 line을 반복 실행한다. 하지만 다른 반복문들과 달리 반복실행조건 문이 맨 뒤에 있기 때문에 10과 11 line을 먼저 실행하고 반복실행조건문을 체크하게 된다. 따라서 do... while문은 조건을 만족하지 않더라도 적어도 한번은 반복문을 실행하게 된다. Example06_17.mxml의 실행결과는 [그림 6-7]과 같다.

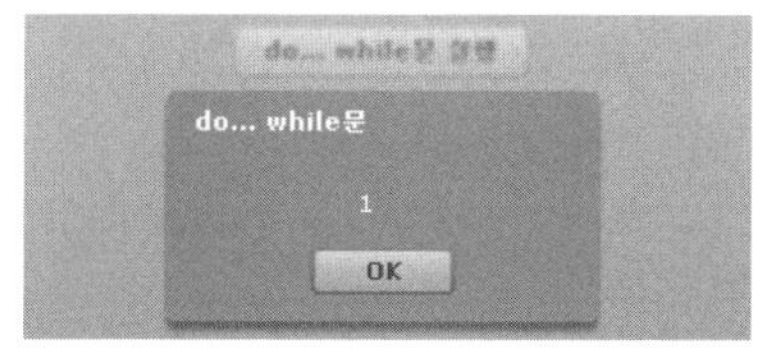

[그림 6-7] Example06_17.mxml의 실행결과

5. 액션스크립트 클래스

클래스(Class)란 어떠한 종류의 대상을 표현하는 것으로 어떠한 대상의 정보와 동작을 모두 포함하고 있다. 자동차를 예로 들자면 자동차는 상태 를 나타내는 크기, 속력, 색깔 등의 속성이 있고 동작을 나타내는 전진, 후 진, 정지 등이 있다. 클래스에서는 상태를 나타내는 속성을 클래스의 프로 퍼티(Property)라고 하며 동작은 클래스의 메소드(method)라고 한다. 클래스 의 프로퍼티와 메소드를 모두 통틀어 모두 클래스 맴버라고 한다.

● 패키지

패키지는 클래스가 위치할 디렉터리를 지정해 주는 것으로서 파일 관리를 효율적으로 할 수 있다. 패키지 선언은 다음과 같다.

```
package 패키지구조{ // 클래스 정의 }
```

패키지는 디렉터리 구조로 사용되기 때문에 하위 디렉터리를 지정할 때
는 닷(.)을 사용한다.

```
package MainPackage.SubPackage{ // 클래스 정의 }
```

● 클래스 정의

클래스는 [표 6-25]와 같이 정의한다.

[표 6-25] 클래스 정의

```
1. package 패키지 구조{
2.      // 클래스 정의에서 사용할 다른 클래스의 패키지 경로를 명시
3.      import 문;
4.      // 접근지정자 + 클래스 속성 + class + 클래스명 (extends 확장할 클래스 명)
5.      public dynamic class MyClass {
6.          // 프로퍼티 정의
7.          public var str:String = "Class Definition";
8.          // 생성자정의
9.          public function MyClass():void{
10.             str = "Class Construction";
11.         }
12.         // 메소드 정의
13.         public function ClassMethod():void {
14.             str = "Class Method";
15.         }
16.     }
17. }
```

● 상속

상속한다는 의미는 부모 클래스로부터 모든 프로퍼티와 메소드를 물려받아 부모 클래스에 있는 클래스 맴버를 이용할 수 있다는 것을 의미한다. 이것은 처음부터 소스를 코딩하지 않고 기존의 클래스를 확장함으로써 코드를 재이용한다는 장점이 있다. 클레스를 상속하는 경우에는 extends 키워드를 사용하고 상속한 메소드를 변경하고자 한다면 오버라이드나 오버로드를 통해서 메소드의 기능을 변경함으로써 기존의 클래스를 확장할 수 있다. Button 클래스를 상속받은 MyButton 클래스를 생성할 때는 다음과 같이 선언한다.

```
public class MyButton extends Button{…}
```

● 인터페이스

상속이 단 하나의 클래스만을 상속하는데 반하여 인터페이스는 여러 클래스의 인터페이스를 상속할 수 있다. 전혀 관련되지 않는 여러 클래스 간에 공유할 필요가 있는 경우 클래스 간의 어떠한 약속을 통한 인터페이스를 작성하여서 이 인터페이스를 통하여 연결할 수 있다.

● 함수

함수란 어떠한 기능을 수행하는 작업을 구조화 시켜놓은 것이다. 예를 들어 어떤 프로그램에 동일한 작업을 계속적으로 사용하는 부분이 있다고 하면 동일한 작업들을 구조화시켜서 사용할 때마다 코드를 추가할 필요 없이 구조화된 작업을 호출하는 것이 효율적일 것이다. 전형적으로 함수는

인자 값을 받아서 그 인자 값을 이용해 어떠한 처리를 한 후 결과를 리턴해
주는 것이다. 그러나 필요에 따라서 인자 값이 존재하지 않는 경우도 있고
리턴 값이 존재하지 않는 경우도 있다.

[표 6-26] 함수 기본 형식

```
1. 접근지정자 function 함수이름(인자 값) : 리턴형 {
2.        실행문장;
3.        ……
4.        return 리턴값;
5. }
```

그럼 Example018_04.mxml 문서를 생성하여 액션스크립트 클래스를
사용하는 예를 구현하자.

[그림 6-8]과 같이 Flex Navigator 뷰의 FlexProject에서 마우스 오른
쪽 버튼을 클릭하여 [New] → [ActionScript Class]를 선택하거나 메뉴의
[파일] → [New] → [ActionScript Class]를 선택한다.

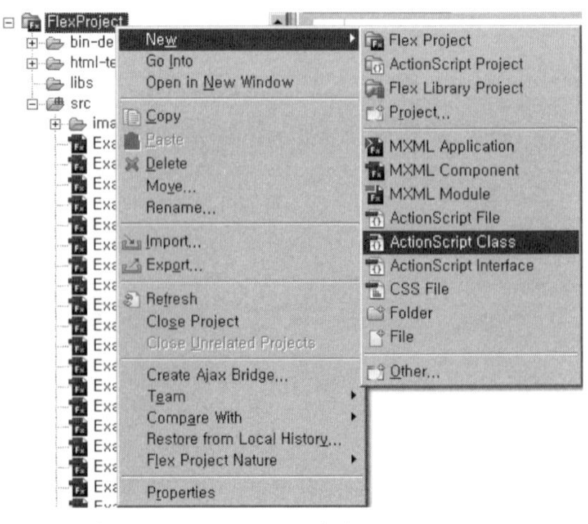

[그림 6-8] ActionScript Class 선택

액션스크립트 클래스 생성 대화상자가 출력되면 [그림 6-9]와 같이 입력한다. Package에는 패키지명, Name에는 클래스명을 Superclass에는 상속할 클래스를 입력한다.

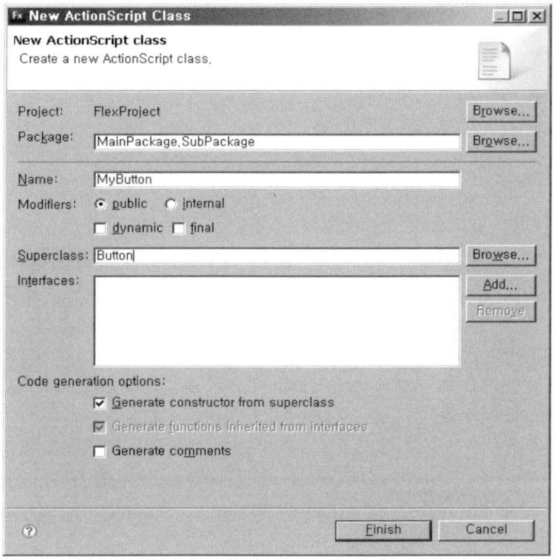

[그림 9-4] 액션스크립트 클래스 생성 대화상자

액션스크립트 클래스 생성이 완료되면 [그림 6-10]과 같이 Flex Navigator 뷰에 MainPackage 디렉터리가 생성되고, SubPackage 디렉터리가 MainPackage 디렉터리 하부디렉터리가 생성된다. 그리고 SubPackage 디렉터리 내에 MyButton.as 파일이 생성된다.

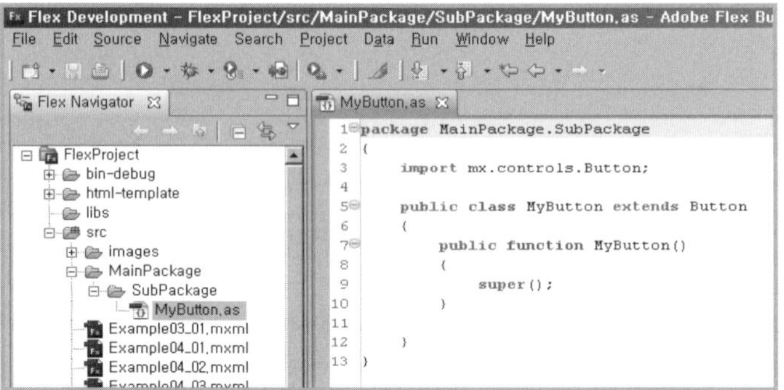

[그림 6-5] MyButton.as 생성완료 시 Flex Builder 화면

MyButton.as 파일을 다음과 같이 수정하자. MyButton 클래스는 Button 객체를 상속받아 Button의 가로 크기는 300픽셀, 세로 크기는 100 픽셀로 하고 Button의 기본 label 속성 값을 'MyButton 클래스에 의해 생성된 Button'으로 하였다.

MainPackage/SubPackage/MyButton.as

```
1.  package MainPackage.SubPackage
2.  {
3.      import mx.controls.Button;
4.      public class MyButton extends Button   {
5.          public function MyButton()                  {
6.              super();
7.              ButtonProcess();
8.          }
9.          public function ButtonProcess():void        {
10.             this.width=300;
11.             this.height=100;
12.             this.label="MyButton클래스에 의해 생성된 Button";
13.         }
14.     }
15. }
```

변경된 MyButton 클래스를 적용할 때는 Example06_18.mxml과 같이 2 line의 xmlns를 이용하면 된다.

Example06_18.mxml

```
1. <?xml version="1.0" encoding="utf-8"?>
2. <mx:Application xmlns:mx="http://www.adobe.com/2006/mxml"
     xmlns:uns="MainPackage.SubPackage.*" layout="vertical">
3.     <uns:MyButton/>
4. </mx:Application>
```

Example06_018mxml의 3 line을 보면 uns라는 네임스페이스를 'Main Package.SubPackage.*'로 정하였는데 MainPackage.SubPackage. 다음의 *은 MainPackage.SubPackage 아래의 모든 클래스를 이용하겠다고 정의한 것이다. 그리고 4 line의 <uns:MyButton />은 지정한 uns 네임스페이스에 있는 MyButton을 호출한 것이다. Example06_18.mxml의 실행결과는 [그림 6-11]이다.

[그림 6-11] Example06_18.mxml의 실행화면

6. Flex 컴포넌트와 액션스크립트의 사용

Flex의 컴포넌트의 기본적인 속성과 이벤트 중에 가장 많이 쓰이는 것은 id, width, height, x, y, scaleX, scaleY, label, text, click과 change가 있다.

[표 6-27] Flex 컴포넌트에서 많이 사용되는 속성과 이벤트

	이　름	내　용
속성	id	Flex 애플리케이션에서 컴포넌트를 식별하는 식별자를 지정하는 속성이다. private 제한자가 붙어 있지 않은 모든 컴포넌트들의 메소드와 속성들은 id 값으로 접근할 수 있다.
	width	컴포넌트의 너비를 지정하는 속성으로 기본적으로 픽셀 단위이고 %로 입력하면 백분율 단위이다.
	height	컴포넌트의 높이를 지정하는 속성으로 기본적으로 픽셀 단위이고 %로 입력하면 백분율 단위이다.
	x	컴포넌트의 위치를 나타내는 좌표 값으로 컴포넌트를 포함하는 상위 컴포넌트의 왼쪽을 좌표 0으로 기준하여 사용된다.
	y	컴포넌트의 위치를 나타내는 좌표 값으로 컴포넌트를 포함하는 상위 컴포넌트의 위쪽을 좌표 0으로 기준하여 사용된다.
	scaleX	컴포넌트의 크기를 비율로 표현하기 위한 값으로 원래 컴포넌트의 가로크 기를 1로 하여 기준한다.
	scaleY	컴포넌트의 크기를 비율로 표현하기 위한 값으로 원래 컴포넌트의 세로 크기를 1로 하여 기준한다.
	label	컴포넌트에 붙이는 텍스트로서 Button, CheckBox, LinkButton, ProgressBar, RadioButton 등의 컴포넌트에서 사용된다.
	text	컴포넌트에서 보이는 문자열 값으로 Label, TextInput, TextArea 등의 컴포넌트에 사용된다.
	textAlign	컴포넌트에서 텍스트 정렬방법을 지정
	backgroundColor	컴포넌트의 RGB 색상을 기준으로 배경색을 지정한다.
	backgroundGradientColors	컴포넌트의 배경에 그레디언트를 지정한다.
	visible	true/false로 컴포넌트를 숨기거나 출력하는 여부를 지정한다.
이벤트	click	사용자가 컴포넌트를 클릭했을 때 실행되는 이벤트로서 Button, CheckBox, Image, LinkButton, PopUpButton, PopUp MenuButton, RadioButton 등의 컴포넌트에서 사용한다.
	change	사용자가 컴포넌트의 값을 변화시켰을 때 실행되는 이벤트로서 ColorPicker, DateField, DataChooser, VSlider, HSlider, DataGrid, RichTextEditor, NumericStepper, ComboBox, TextArea, TextInput 등의 컴포넌트에서 사용한다.

Example06_19.mxml

```
1.  <?xml version="1.0" encoding="utf-8"?>
2.  <mx:Application xmlns:mx="http://www.adobe.com/2006/mxml" layout="vertical"
    fontSize="12">
3.      <mx:Script>
4.          <![CDATA[
5.              public function BtClick():void{
6.                  Cv.scaleX = 0.5;
7.                  Cv.scaleY = 0.5;
8.                  CBt.label = TI.text;
9.                  Cv.visible = true;
10.                 CBt.visible = true;
11.             }
12.             public function CbChange():void{
13.                 CL.text = CB.selectedItem.toString();
14.                 Cv.visible = false;
15.                 CBt.visible = false;
16.             }
17.         ]]>
18.     </mx:Script>
19.     <mx:HBox id="Hb">
20.         <mx:ComboBox id="CB" rowCount="6" change="CbChange()">
21.             <mx:String>고조선</mx:String>
22.             <mx:String>고구려</mx:String>
23.             <mx:String>백   제</mx:String>
24.             <mx:String>신   라</mx:String>
25.             <mx:String>고   려</mx:String>
26.             <mx:String>조   선</mx:String>
27.         </mx:ComboBox>
28.         <mx:TextInput id="TI" width="100" height="30" textAlign="center"/>
29.         <mx:Button id="Bt" label="클릭" click="BtClick()"/>
30.     </mx:HBox>
31.     <mx:HBox id="CHb" backgroundColor="#FFFFFF" width="50%" height="50%">
```

```
32.          <mx:Canvas id="Cv" width="30" height="20" backgroundColor="#FF0000"/>
33.          <mx:Button id="CBt"/>
34.          <mx:Label id="CL"/>
35.       </mx:HBox>
36.</mx:Application>
```

Example06_19.mxml의 컴포넌트를 보면 [표 6-28]과 같다.

[표 6-28] Example06_05.mxml 실행 시의 컴포넌트 식별 값, 속성, 이벤트

컴포넌트	식별 값	속성과 이벤트
ComboBox	CB	사용자가 값을 변환하면 CbChange 메소드 실행
TextInput	TI	가로 크기 : 100픽셀, 세로 크기 : 30픽셀, 텍스트 정렬 : 가운데 정렬
Button	Bt	클릭하면 BtClick 메소드 실행
	CBt	TI TextInput 컨트롤에 입렵된 값이 CBt의 label값으로 출력
Canvas	Cv	가로 크기 : 80픽셀, 세로 크기 : 40 픽셀, 배경색 : #FF0000
Label	CL	CB ComboBox 컨트롤에서 선택된 항목 값을 출력
HBox	Hb	20~29 line 내의 ComboBox, TextInput, Button 컨트롤을 수평 정렬
	CHb	가로 크기 : 전체 화면의 50%, 세로 크기 : 전체 화면의 50%, 배경색 : #FFFFFF 32~34line 내의 Canvas, Button, Label 컨트롤을 수평정렬

Example06_19.mxml을 실행하여 사용자가 식별 값이 CB인 ComboBox의 값을 변경시키면 change 이벤트가 실행되면서 CbChange() 함수가 실행된다. CbChange() 함수는 식별 값이 CL인 Label에 변경된 ComboBox의 값을 출력하고, 식별 값이 Cv인 Canvas와 식별 값이 CBt인 Button을 숨긴다.

사용자가 식별 값이 Bt인 Button을 클릭하면 BtClick() 함수가 실행된다. 식별 값이 Cv인 Canvas의 가로 크기와 세로 크기를 현재 크기의 50%

로 변경시키고, 식별 값이 CBt인 Button의 레이블에 식별 값이 TI인 TextInput 컨트롤에 입력된 값을 출력하다. 그리고 식별 값이 Cv인 Canvas와 식별 값이 CBt인 Button을 보여준다.

Example06_19.mxml을 실행시키면 [그림 6-12]와 같이 실행된다.

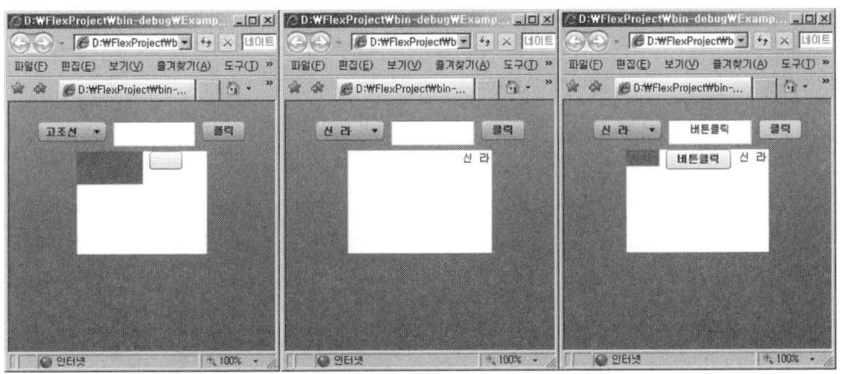

[그림 6-12] Example06_19.mxml의 실행화면

먼저 ComboBox의 값을 신라로 변경하게 되면 Canvas와 CBt인 Button을 숨기고 Label에 ComboBox에 선택된 값을 출력한다. 그리고 TextInput 컨트롤에 값을 입력하고 '클릭' Button 컨트롤을 클릭하게 되면 Canvas와 CBt인 Button을 보여주며, Canvas의 크기를 변경시키고 CBt인 Button의 레이블 값에 TextInput 컨트롤에 입력된 값을 출력한다.

1. TestProject 프로젝트에 SelectNavi.mxml을 생성하고 5장 2번을 참조하여 [그림 6-13]과 같이
   라디오 버튼을 선택하면 선택한 컨테이너로 출력되도록 구현하시오.

[그림 6-13] SelectNavi.mxml 실행결과

RadioBSelect.mxml

```
1.  <?xml version="1.0" encoding="utf-8"?>
2.  <mx:Application xmlns:mx="http://www.adobe.com/2006/mxml"
    backgroundColor="#FFFFFF" initialize="clickView()">
3.      <mx:Script>
4.          <![CDATA[
5.              public function clickView():void{
6.                  if(radioT.selected){
7.                      testT.visible = true;
```

```
8.              testA.visible = false;
9.          }
10.        else{
11.            testT.visible = false;
12.            testA.visible = true;
13.          }
14.      }
15.    ]]>
16.    </mx:Script>
17.    <mx:VBox horizontalAlign="center" width="700" height="700">
18.      <mx:HBox>
19.        <mx:RadioButton id="radioT" label="TabNavigation" selected="true" click="clickView()"/>
20.        <mx:RadioButton id="radioA" label="Accordion" click="clickView()"/>
21.      </mx:HBox>
22.      <mx:Canvas>
23.        <mx:TabNavigator id="testT" visible="true" fontWeight="bold" x="0" y="10" width="700" height="450" fontSize="13">
24.            <!-- 5장 실전 프로젝트 2번의 TabNavi,mxml의 6~27 line 추가 -->
25.        </mx:TabNavigator>
26.        <mx:Accordion id="testA" visible="true" fontWeight="bold" x="0" y="10" width="700" height="450">
27.            <!-- 5장 실전 프로젝트 2번의 TabNavi,mxml의 6~27 line 추가 -->
28.        </mx:Accordion>
29.      </mx:Canvas>
30.    </mx:VBox>
31. </mx:Application>
```

Chapter ❼ Flex에서 데이터관리는 어떻게 할까?

Flex의 ComboBox, DataGrid, AdvancedDataGrid, List, Tile, TileList, Tree 등의 컴포넌트는 모두 Array, ArrayCollection과 XML로 된 데이터를 포함하는데 컨트롤 간의 데이터 교환과 데이터 연결에 대해 살펴보자.

1. 데이터 바인딩을 사용해보자

데이터 바인딩은 오브젝트의 데이터를 다른 오브젝트와 연결하는 프로세스이다. Flex에서는 데이터 바인딩으로 애플리케이션에서 간단하게 데이터를 교환할 수 있다. 바인딩은 중괄호({})를 사용하거나 〈mx:Binding〉 태그를 이용해서 데이터를 교환하는 강력한 메커니즘이지만, 모든 상황에 적절한 것은 아니다.

209

(1) { }를 이용한 데이터 바인딩

{ }를 이용하여 데이터 바인딩을 구성하는 것은 데이터 바인딩을 하는 가장 단순한 방법이다. 이 문장구조법을 사용하는 것은 행선지 속성의 값을 이용하여 행선지와 해당속성을 '{ }'로 둘러싼다.

layout이 vertical인 Example07_01.mxml 문서를 생성하여 [그림 7-1]과 같이 구성해보자.

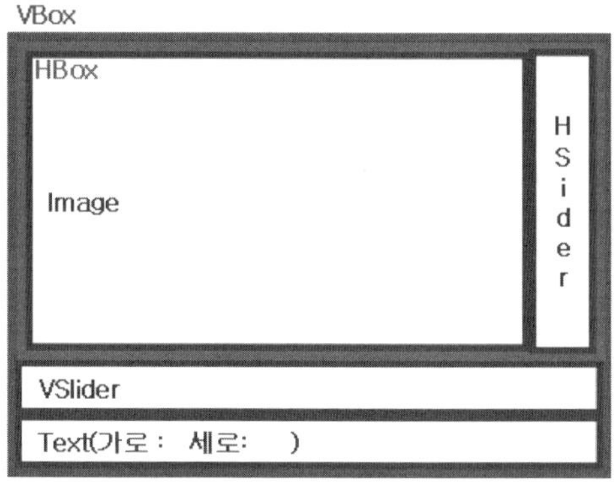

[그림 7-1] Example07_01.mxml의 구성

HSlider와 VSlider의 값의 변화에 따라 image의 크기와 가로와 세로 text 값이 변화되도록 처리하자. 또한 HSliser의 최소 값은 0, 최대 값은 300, label 출력 값은 [1, 100, 200, 300]으로 하고, VSliser의 최소 값은 0, 최대 값은 450, label 출력 값은 [1, 100, 200, 300, 400, 450]으로 한다.

Example07_01.mxml

```
1.  <?xml version="1.0" encoding="utf-8"?>
2.  <mx:Application xmlns:mx="http://www.adobe.com/2006/mxml" layout="vertical"
    backgroundGradientColors="[#FFFFFF,#B2B2B2]">
3.      <mx:HBox>
4.          <mx:VBox width="{wit.width}">
5.              <mx:VBox height="{hei.height}" horizontalAlign="center"
                verticalAlign="middle">
6.                  <mx:Image id="square" width="{wit.value}" height="{hei.value}"
                    source="images/scenery.jpg"/>
7.              </mx:VBox>
8.              <mx:HSlider width="450" id="wit" snapInterval="1" tickInterval="10"
                maximum="450" labels="[0,100,200,300, 400, 450]"/>
9.          </mx:VBox>
10.     <mx:VSlider height="300" id="hei" snapInterval="1" tickInterval="10" maximum="300"
        labels="[0,100,200,300]"/>
11.     </mx:HBox>
12.     <mx:Text text="{'가로 '+wit.value+'pixel, 세로 '+hei.value+'pixel'}"/>
13. </mx:Application>
```

3 line의 backgroundGradientColors="[#FFFFFF,#B2B2B2]"는 mxml 문서의 배경색을 #FFFFFF와 #B2B2B2의 그레디언트로 설정한 것이며, 4 line의 width="{wit.width}"는 HSlider의 가로 크기를 바인딩한 것으로서 8line의 Hslider의 가로 크기를 Vbox의 가로 크기로 하였기 때문에 4 line VBox의 가로 크기와 HSlider의 가로 크기는 일치한다. 5 line VBox의 세로 크기는 VSlider의 가로 크기와 일치하도록 바인딩하였다. 또한 6 line 의 Image 컨트롤의 가로 크기는 HSlider의 현재 값으로 바인딩되고 세로 크기는 VSlider의 현재값으로 바인딩되어 이미지의 크기가 사용자가 선택 한 Slider 값에 의해 변화되며, 12 line의 Text 컨트롤에는 text 속성 값에 컨트롤의 값과 문자열을 동시에 바인딩되어 [그림 7-2]와 같이 출력된다.

"{`가로` + wid.value + `pixel, 세로 ` + hei.value + `pixel`}"

문자열   8 line의 HSlider 값   문자열   10 line의 VSlider 값   문자열

'+' 연산자는 사칙연산의 덧셈연산뿐만 아니라 문자열을 연결하는 연산자로도 사용된다. 또한 바인딩 내에 문자열을 연결할 때에는 작은 따옴표를 사용한다.

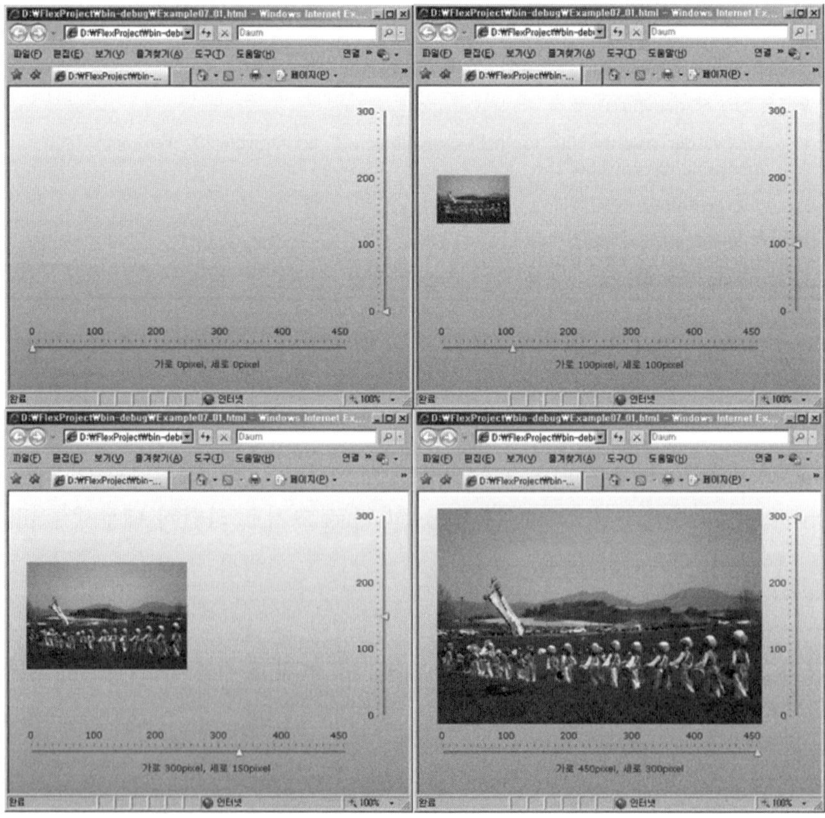

[그림 7-2] Example07_01.mxml의 실행결과

(2) 〈mx:Binding〉 태그를 사용한 데이터 바인딩

〈mx:Binding〉태그를 사용하는 경우, 〈mx:Binding〉태그의 소스 속성에 바인딩한 데이터를 지정하고 destination 속성에 행선지 속성을 지정한다. 사용하는 방법은 { }를 사용하는 경우와 동일하다. 〈mx:Binding〉태그에서는 사용자 인터페이스를 모델로부터 완전하게 분리할 수가 있으며, 몇 개의 다른 소스 속성을 같은 행선지 속성에 바인드할 수도 있다. Example07_02.mxml은 〈mx:Binding〉태그를 사용해서 사용자 인터페이스를 통해 사용자가 입력한 값을 3~5line의 〈mx:Binding〉태그를 이용하여 바인딩한다.

Example07_02.mxml

```
1.  <?xml version="1.0" encoding="utf-8"?>
2.  <mx:Application xmlns:mx="http://www.adobe.com/2006/mxml" layout="vertical"
    backgroundColor="#FFFFFF">
3.      <mx:Binding source="nameN.text" destination="nameL.text" />
4.      <mx:Binding source="age.text" destination="ageL.text" />
5.      <mx:Binding source="sex.selectedValue.toString()" destination="sexL.text" />
6.      <mx:Form>
7.          <mx:FormHeading label="mx:Binding 태그를 사용한 데이터 바인딩"/>
8.          <mx:FormItem label="이름" required="true">
9.              <mx:TextInput id="nameN" width="200"/>
10.         </mx:FormItem>
11.         <mx:FormItem label="나이" required="true">
12.             <mx:TextInput id="age" width="200"/>
13.         </mx:FormItem>
14.         <mx:FormItem label="성별" required="true">
15.         <mx:RadioButtonGroup id="sex"/>
16.             <mx:RadioButton label="남" groupName="sex" value="남"/>
17.             <mx:RadioButton label="여" groupName="sex" value="여"/>
18.         </mx:FormItem>
```

```
19.    </mx:Form>
20.    <mx:HBox>
21.     <mx:Label id="nameL"/>
22.     <mx:Label id="ageL"/>
23.     <mx:Label id="sexL"/>
24.    </mx:HBox>
25.</mx:Application>
```

3 line의 Binding에서는 9 line의 TextInput 컨트롤 nameN에 입력된 값을 21 line의 Label 컨트롤 nameL의 텍스트에 보낸다. 4 line의 Binding 역시 12 line의 TextInput 컨트롤 age에 입력된 값을 22 line의 Label 컨트롤 ageL의 텍스트에 보낸다. 그리고 5 line의 Binding에서는 15 line의 RadioButtonGroup 컨트롤인 sex에서 선택된 값을 23 line의 Label 컨트롤 sexL 텍스트에 보낸다. Example07_02.mxml을 실행시키면 [그림 7-3]과 같다.

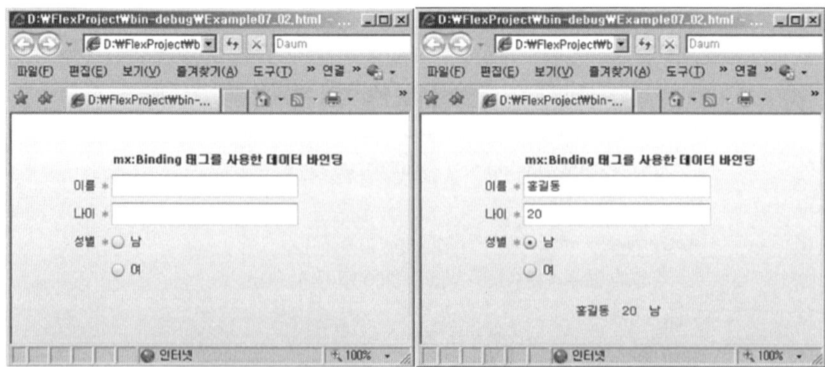

[그림 7-3] Example07_02.mxml의 실행결과

(3) dataProvider에 의한 데이터 바인딩

데이터 바인딩은 데이터를 가져와 컴포넌트에 연결하여 사용한다. Combo Box, DataGrid, List 등의 많은 컴포넌트데이터 바인딩을 통해 사용할 데이터 연결하는 속성으로 dataProvider를 사용하며 dataProvider 속성 값으로 배열이나 XML 데이터를 지정하여 데이터를 출력한다.

● dataProvider와 Array

Flex는 dataProvider 속성을 이용하여 배열이나 배열형식의 컬렉션 (collection)으로 데이터를 바인드할 수 있다. 예를 들어, 반복하는 데이터가 Array에 포함되어 있고, 이 배열 값을 컴포넌트에 출력하기 위해 배열을 바인딩할 수 있다. Example07_03.mxml은 배열에 있는 데이터를 ComboBox와 List 컨트롤에 바인딩하여 출력하는 예이다.

Example07_03.mxml

```
1.  <?xml version="1.0" encoding="utf-8"?>
2.  <mx:Application xmlns:mx="http://www.adobe.com/2006/mxml" layout="vertical"
    backgroundColor="#FFFFFF">
3.      <mx:Array id="Aojb">
4.          <mx:Object label="창덕궁"/>
5.          <mx:Object label="수원화성"/>
6.          <mx:Object label="석굴암 ·불국사"/>
7.          <mx:Object label="해인사장경판전"/>
8.          <mx:Object label="종묘"/>
9.          <mx:Object label="경주역사유적지구"/>
10.         <mx:Object label="고창 · 화순 ·강화 고인돌유적"/>
11.         <mx:Object label="제주 화산섬과 용암동굴"/>
12.     </mx:Array>
```

```
13.      <mx:HBox>
14.          <mx:ComboBox dataProvider="{Aojb}" />
15.          <mx:List dataProvider="{Aojb}" rowCount="6"/>
16.      </mx:HBox>
17. </mx:Application>
```

Example07_03.mxml의 3~12 line의 배열 Aojb를 14 line ComboBox 컨트롤과 15 line List 컨트롤의 dataProvider 속성 값에 Aojb를 바인딩하였으며, 실행결과는 [그림 7-4]와 같다.

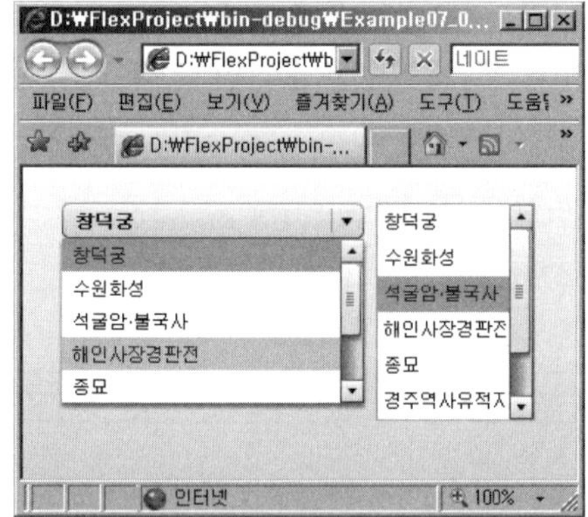

[그림 7-4] Example07_03.mxml 실행결과

● dataProvider와 ArrayCollection

ArrayCollection은 내부 데이터가 변경될 때마다 dataProvider에 변경된 것을 알려주는 클래스로서 Array 클래스가 제공하지 않는 배열 원소의 추가, 삭제, 수정, 정렬 등 여러 속성과 메소드를 제공한다. Example07_04.mxml은 ArrayCollection에 있는 데이터를 ComboBox와 List 컨트롤에 바인딩하여 출력하는 예이다. 실행결과는 Example07_03. mxml과 같다.

Example07_04.mxml

```
1.  <?xml version="1.0" encoding="utf-8"?>
2.  <mx:Application xmlns:mx="http://www.adobe.com/2006/mxml" layout="vertical"
    backgroundColor="#FFFFFF">
3.      <mx:ArrayCollection id="Aojb">
4.          <mx:Object label="창덕궁"/>
5.          <mx:Object label="수원화성"/>
6.          <mx:Object label="석굴암ㆍ불국사"/>
7.          <mx:Object label="해인사장경판전"/>
8.          <mx:Object label="종묘"/>
9.          <mx:Object label="경주역사유적지구"/>
10.         <mx:Object label="고창ㆍ화순ㆍ강화 고인돌유적"/>
11.         <mx:Object label="제주 화산섬과 용암동굴"/>
12.     </mx:ArrayCollection>
13.     <mx:HBox>
14.         <mx:ComboBox dataProvider="{Aojb}" />
15.         <mx:List dataProvider="{Aojb}" rowCount="6"/>
16.     </mx:HBox>
17. </mx:Application>
```

● dataProvider와 DataGrid

DataGrid는 Flex에서 데이터를 표현하는 데 가장 많이 사용하는 컨트롤이다. 테이블 형태로 데이터를 보여주는 DataGrid 컨트롤은 dataProvider 속성으로 데이터를 연결하여 사용한다.

Example07_05.mxml

```
1.  <?xml version="1.0" encoding="utf-8"?>
2.  <mx:Application xmlns:mx="http://www.adobe.com/2006/mxml" layout="vertical"
    backgroundColor="#FFFFFF">
3.      <mx:ArrayCollection id="Aojb">
4.          <mx:Object label="창덕궁" address="서울시 종로구"/>
```

```
5.        <mx:Object label="수원화성" address="수원시 팔달구 "/>
6.        <mx:Object label="석굴암 · 불국사" address="경상북도 경주시 "/>
7.        <mx:Object label="해인사장경판전" address="경상남도 합천군 "/>
8.        <mx:Object label="종묘" address="서울시 종로구 "/>
9.        <mx:Object label="경주역사유적지구" address="경상북도 경주시 "/>
10.    <mx:Object label="고창 · 화순 · 강화 고인돌유적" address="고창 · 화순 · 강화"/>
11.        <mx:Object label="제주 화산섬과 용암동굴" address="제주도 "/>
12.  </mx:ArrayCollection>
13.  <mx:HBox>
14.    <mx:ComboBox id="CB" dataProvider="{Aojb}" change="DG.selectedIndex =
       CB.selectedIndex"/>
15.    <mx:DataGrid id="DG" dataProvider="{Aojb}" rowCount="9"
       change="CB.selectedIndex = DG.selectedIndex">
16.      <mx:columns>
17.      <mx:DataGridColumn dataField="label" width="200"
         headerText="세계문화유산이름"/>
18.      <mx:DataGridColumn dataField="address" width="150"
         headerText="세계문화유산위치"/>
19.      </mx:columns>
20.    </mx:DataGrid>
21.  </mx:HBox>
22.</mx:Application>
```

14 line의 change 이벤트는 ComboBox 컨트롤에서 선택한 인덱스 값을 DataGrid 컨트롤에 연결하여 선택되도록 한다. 15 line 역시 DataGrid에서 선택한 인덱스값을 ComboBox에 같이 선택되도록 한다. 또한 17~18 line에서는 DataGridColumn의 dataField 속성을 이용하여 바인딩된 ArrayCollection의 출력할 속성을 선택한다. Example07_05.mxml의 실행결과는 [그림 7-5]와 같다.

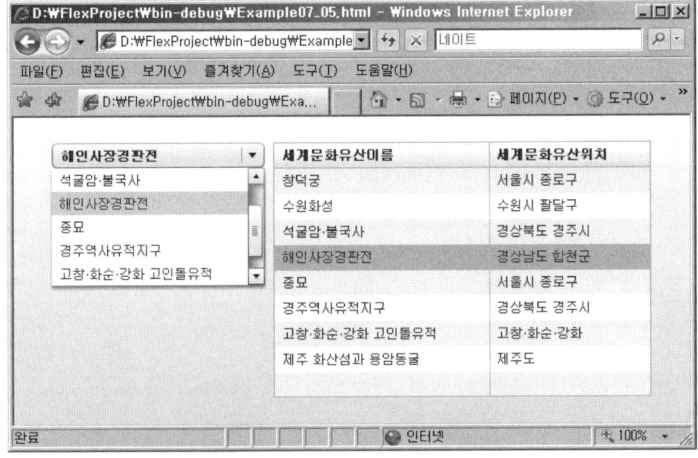

[그림 7-5] Example07_05.mxml 실행결과

2. 데이터! Model로 다 모여!

Flex 데이터 모델은 애플리케이션 고유의 데이터를 저장하기 위한 속성을 포함한 액션스크립트 오브젝트이다. 데이터 모델은 데이터 검증에 사용할 수 있고 데이터 모델에 클라이언트 사이드의 비즈니스 논리를 포함할 수가 있다. 데이터 모델은 MXML 또는 액션스크립트로 정의하는데 MVC의 디자인 패턴에서 데이터 모델은 모델 층을 나타내게 된다.

애플리케이션의 계획을 세울 때에 애플리케이션으로 저장할 필요가 있는 데이터의 종류나 데이터의 조작 방법을 결정하는데, 이를 통해서 필요한 데이터 모델의 종류가 정해진다. 예를 들어, 종업원의 데이터를 저장하는 애플리케이션을 작성할 때, 종업원 데이터 모델에서 이름, 부서, 전자메일 주소 등의 속성이 포함된다.

219

Flex의 데이터모델링은 MVC(Model-View-Controller) 디자인 패턴을 기반으로 하는데 MVC란 일반적으로 사용자 인터페이스를 효과적으로 데이터 모형에 관련시키기 위한 설계 방식 중 하나로서 계층 또는 기능으로 Model, View, Controller로 분리한 것이다. web 2.0 구현을 위한 기술인 MVC 모델은 [그림 7-6]과 같이 크게 세 가지 요소로 표현할 수 있다.

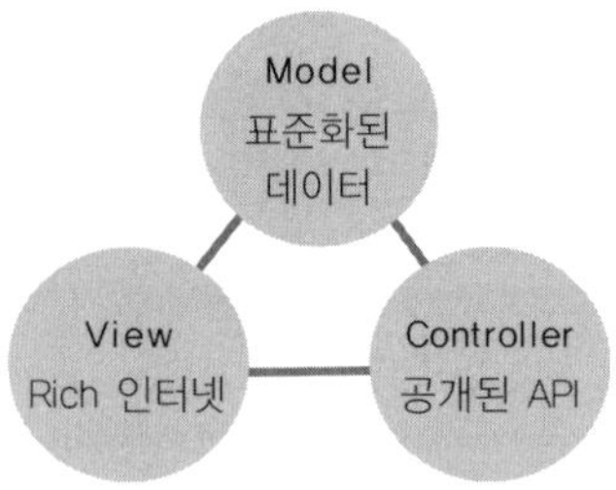

[그림 7-6] MVC 세 가지 요소

● Model(표준화된 데이터)

데이터 및 비즈니스 로직의 저장소라고 말할 수 있는데 Model 요소는 데이터를 읽어들이거나 데이터를 유지하는 것으로 표준화된 데이터는 공개 API를 이용하여 추출한 데이터를 변환하지 않더라도 이용할 수 있는 포맷이어야 하기 때문에 데이터 포맷은 표준화된 XML 형식으로 제공된다. 이렇게 표준화된 데이터의 예로 블로그의 최신 글 목록인 RSS가 대표적이다.

● View(Rich 인터넷)

사용자에게 데이터를 보여주는 역할을 한다. 화면의 구성에 그래픽과 텍스트를 결합하여 사용자에게 제공하여야 하며 데이터를 가져와서 보여주는 방식이 사용자에게 직관적이고 편리해야 한다. 이를 위해서 리치 인터넷 인터페이스를 사용한다. 이를 이용해 사용자는 원하는 데이터를 보기 위해서 이 페이지 저 페이지를 클릭할 필요가 없이 손쉽게 볼 수가 있다.

● Controller(공개된 API)

사용자 인터페이스에서 일어난 이벤트를 관리하고 컨트롤러를 연결시켜주는 역할을 하며 이벤트가 발생하였을 때 이벤트에 해당하는 일을 수행하도록 한다. 그리고 해당 사이트의 서비스를 다른 사이트에서도 사용할 수 있도록 인터페이스 함수를 제공한다. 이를 통해서 검색이나 지도 보여주기 등 특정 사이트에서만 제공된 기능들을 자기 사이트에서도 구현할 수가 있게 되며, 이밖에도 기술 전파, 개발자 유대, 사이트 품질 향상 등이 용이해진다.

(1) 데이터 모델

데이터 모델은 MXML 태그, 액션스크립트 함수 또는 액션스크립트 클래스에서 정의할 수 있다. 일반적으로 간단한 데이터 구조에는 MXML 베이스의 모델을 사용하고 복잡한 데이터 구조나 클라이언트 사이드의 비즈니스 논리에는 액션스크립트를 사용한다.

〈mx:Model〉 태그 또는 〈mx:XML〉 태그는 Flex 애플리케이션의 파일 또는 MXML 컴퍼넌트의 파일에 배치할 수가 있다. 이 태그에는 id의 값을 설정해야하며 MXML 컴퍼넌트의 루트 태그로 할 수 없다. 일반적인 MXML 베이스 모델 타입은 〈mx:Model〉 태그로써, 액션스크립트 오브젝트의 트리를 포함한 오브젝트에 컴파일된다. Example07_06.mxml은

Model의 데이터를 DataGrid에 바인딩하여 출력하는 예를 보여준다.

Example07_06.mxml

```
1.  <?xml version="1.0" encoding="utf-8"?>
2.  <mx:Application xmlns:mx="http://www.adobe.com/2006/mxml" layout="vertical">
3.      <mx:Model id="member">
4.          <root>
5.              <student>
6.                  <name>홍길순</name>
7.                  <address>전북 전주시 완산구 효자2동 138번지</address>
8.                  <tel>063-220-5896</tel>
9.                  <email>hongs@jj.ac.kr</email>
10.             </student>
11.             <student>
12.                 <name>김송은</name>
13.                 <address>전북 전주시 덕진구 팔복동 36번지</address>
14.                 <tel>063-224-8596</tel>
15.                 <email>sekim@jj.ac.kr</email>
16.             </student>
17.         </root>
18.     </mx:Model>
19.     <mx:DataGrid dataProvider="{member.student}">
20.         <mx:columns>
21.             <mx:DataGridColumn dataField="name" headerText="이름" width="80"
                    textAlign="center"/>
22.             <mx:DataGridColumn dataField="email" headerText="이메일"
                    width="120"/>
23.             <mx:DataGridColumn dataField="address" headerText="주소"
                    width="250"/>
24.             <mx:DataGridColumn dataField="tel" headerText="전화번호" width="100"/>
25.         </mx:columns>
26.     </mx:DataGrid>
27.</mx:Application>
```

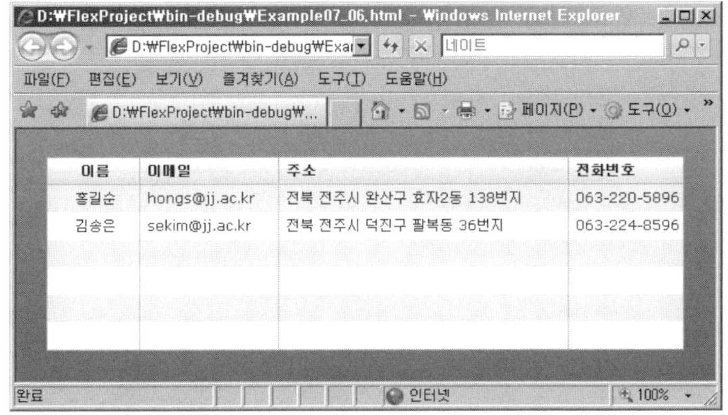

[그림 7-7] Example07_06.mxml 실행결과

또한 Example07_07.mxml은 양방향 바인딩을 사용하는 예이다.

Example07_07.mxml

```
1.  <?xml version="1.0" encoding="utf-8"?>
2.  <mx:Application xmlns:mx="http://www.adobe.com/2006/mxml" layout="vertical">
3.     <mx:Model id="shape">
4.        <root>
5.           <first>태극문양</first>
6.           <second>용문양</second>
7.           <third>창살문양</third>
8.           <third>구름문양</third>
9.           <third>{inputShape.text}</third>
10.       </root>
11.    </mx:Model>
12.    <mx:Model id="shapeA">
13.       <root>
14.          <array>{list3.dataProvider}</array>
15.       </root>
16.    </mx:Model>
17.    <mx:TextInput id="inputShape" text="꽃문양"/>
18.    <mx:HBox>
```

```
19.                    <mx:List id="list1" height="100">
20.                        <mx:dataProvider>{shape.first}</mx:dataProvider>
21.                    </mx:List>
22.                    <mx:List id="list2" height="100">
23.                        <mx:dataProvider>{shape.second}</mx:dataProvider>
24.                    </mx:List>
25.                    <mx:List id="list3" height="100">
26.                        <mx:dataProvider>{shape.third}</mx:dataProvider>
27.                    </mx:List>
28.                    <mx:List id="list4" height="100">
29.                        <mx:dataProvider>{shapeA.array}</mx:dataProvider>
30.            </mx:List>
31.        </mx:HBox>
32.</mx:Application>
```

26 line에서 list3 List 컨트롤이 shape 모델의 데이터를 바인딩하고, 14 line에서는 〈array〉 값으로 26 line에서 바인딩한 데이터를 다시 바인딩하여 28 line의 List 컨트롤에서 shapeA를 바인딩하여 출력한다. 또한, 모델의 모든 데이터를 바인딩하는 것이 아니라 dataProvider에서 지정한 요소만 바인딩한다. Example07_07.mxml을 실행한 결과는 [그림 7-8]과 같다.

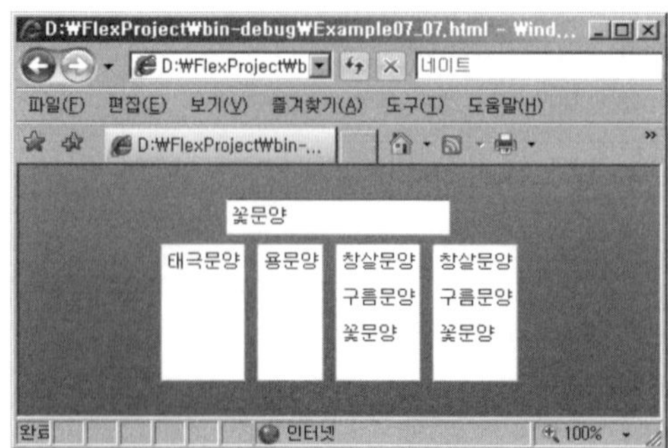

[그림 7-8] Example07_07.mxml 실행결과

(2) 외부 데이터 지정

외부데이터는 〈mx:Model〉태그의 source 속성으로 바인딩하며, 정적 데
이터 및 데이터 바인딩식을 포함할 수 있다. source 속성으로 참조되는 파
일은 클라이언트 컴퓨터가 아닌 웹 서비스가 가능한 웹 서버에 있어야 하
며, 웹서버의 컴파일러는 해당 파일의 컴파일 결과를 Flex 애플리케이션에
컴파일한다.

데이터 모델의 source 속성에는 웹 애플리케이션 디렉터리에 관련된 파
일명 및 접두사로서 http://나 file://를 포함한 URL를 지정할 수 있다.
Flex 애플리케이션을 개발하고 있는 FlexProject 내의 national.xml을 바
인딩하거나, HTTP 서비스를 통해 URL로 제공되는 national.xml을 바인
딩하는 경우에는 다음과 같이 Model 태그를 사용한다.

```
<mx:Model source="national.xml" id="national1"/>
<mx:Model source="http://is.jj.ac.kr/national.xml" id="national2"/>
```

Example07_08.mxml은 현재 개발하고 있는 FlexProject의 import
Components/national.xml을 DataGrid 컨트롤에 바인딩하여 출력하며,
Flex는 최상위 노드 내의 데이터를 모두 렌더링하기 때문에 최상위 노드의
자식노드에 중점을 둔다.

---

importComponents/national.xml

```xml
<?xml version="1.0" encoding="utf-8"?>
<nationals>
  <national>
    <name>대한민국</name>
```

```
        <language>한글</language>
        <capital>서울</capital>
        <locate>아시아대륙 동쪽 끝</locate>
        <area>9만 9538㎢</area>
        <flag>korea.gif</flag>
</national>
<national>
        <name>중국</name>
        <language>중국어</language>
        <capital>베이징</capital>
        <locate>아시아 동부</locate>
        <area>957만 2900㎢</area>
        <flag>china.gif</flag>
</national>
<national>
        <name>일본</name>
        <language>일본어</language>
        <capital>도쿄</capital><locate>동북아시아</locate>
        <area>37만 7873㎢</area>
        <flag>japan.jpg</flag>
</national>
<national>
        <name>미국</name>
        <language>영어</language>
        <capital>워싱턴</capital>
        <locate>북아메리카 대륙</locate>
        <area>951만 8323㎢</area>
        <flag>america.gif</flag>
</national>
<national>
        <name>캐나다</name>
        <language>프랑스어, 영어</language>
        <capital>오타와</capital>
```

```
        <locate>북아메리카 대륙 북부</locate>
        <area>998만 4670㎢</area>
        <flag>canada.gif</flag>
    </national>
    <national>
        <name>영국</name>
        <language>영어</language>
        <capital>런던</capital>
        <locate>유럽 대륙 서쪽 북대서양</locate>
        <area>24만 4101㎢</area>
        <flag>englasd.gif</flag>
    </national>
</nationals>
```

Example07_08.mxml

```
1.  <?xml version="1.0" encoding="utf-8"?>
2.  <mx:Application xmlns:mx="http://www.adobe.com/2006/mxml" fontSize="13">
3.      <mx:Model source="importComponents/national.xml" id="national1"/>
4.      <mx:DataGrid dataProvider="{national1.national}"/>
5.  </mx:Application>
```

area	capital	flag	language	locate	name
9만 9538㎢	서울	korea.gif	한글	아시아대륙 동쪽	대한민국
957만 2900㎢	베이징	china.gif	중국어	아시아 동부	중국
37만 7873㎢	도쿄	japan.jpg	일본어	동북아시아	일본
951만 8323㎢	워싱턴	america.gif	영어	북아메리카 대륙	미국
998만 4670㎢	오타와	canada.gif	프랑스어, 영어	북아메리카 대륙	캐나다
24만 4101㎢	런던	englasd.gif	영어	유럽 대륙 서쪽	영국

[그림 7-9] Example07_08.mxml 실행결과

(3) 데이터 모델에서 Validator의 사용

사용자가 사용자 인터페이스에 입력한 데이터가 데이터를 처리하는 부분에 있어서 잘못된 데이터가 입력되었을 때 오류를 발생시킬 수 있고 예상하지 못했던 결과가 나올 수 있기 때문에 다음의 데이터 유효성 검사를 통해서 데이터를 필터링할 수 있다.

Flex는 데이터의 입력이 올바르게 되었는지 체크할 수 있는 Validator 클래스가 포함되어 있다. 예를 들어, 날짜를 입력하는 부분에 있어서 월에 해당하는 범위는 1~12의 수가 입력되어야 하지만 사용자가 13이라는 수를 입력했을 때에는 오류가 발생할 것이다. 이러한 문제점들을 줄이기 위해서 데이터 유효성 검사해야 한다. 데이터 유효성을 검사하는 방법은 아래의 유효성 검사에 해당하는 Validator를 이용하여 필드를 지정하여 사용하면 된다. 이때 데이터 검증이 이루어지는 시기는 데이터 바인딩이 실행되었을 때이다.

● NumberValidator

NumberValidator 클래스는 데이터가 최소 값과 최대 값을 지정하여 해당하는 범위에 포함되는지에 대해서 검사하게 되고 데이터의 정수, 실수 등의 형태에 대해서도 검사를 수행하게 된다. [표 7-1]은 NumberValidator 클래스의 속성의 정보이다.

[표 7-1] NumberValidator

속 성	설 명
source	검증 대상이 되는 컴포넌트
minValue	최소 값 설정
maxValue	최대 값 설정
domain	숫자의 형태를 지정(real/int)
required	데이터가 필수인지 설정(true/false)
listener	데이터 입력의 대상이 되는 컴포넌트

● CurrencyValidator

CurrencyValidator 클래스는 입력된 데이터가 통화의 표기로서 유효한 지에 대한 검사를 한다.

[표 7-2] CurrencyValidator

속 성	설 명
source	검증 대상이 되는 컴포넌트
allowNegative	음수의 허용 여부(true/false)
alignSymbol	통화기호의 표기 위치(left/right/any)
precision	소수의 자리수 설정
required	데이터가 필수인지 설정(true/false)
listener	데이터 입력의 대상이 되는 컴포넌트
currencySymbol	통화기호 설정
decimalSeparator	소수점을 표시하는 기호 설정
thousandsSeparator	정수 부분을 세 자리로 나누는 기호 설정

● StringValidator

StringValidator클래스는 문자열의 유효성을 검사한다.

[표 7-3] StringValidator

속 성	설 명
source	검증 대상이 되는 컴포넌트
minLength	문자열의 최소 길이
maxLength	문자열의 최대 길이
required	데이터가 필수인지 설정(true/false)
property	입력되는 데이터 속성
listener	데이터 입력의 대상이 되는 컴포넌트

● DateValidator

DateValidator 클래스는 입력한 데이터가 존재하고 있는 날짜인지 검사
한다. 이때 달, 일에 대해서 자리수를 체크할 수 있다.

[표 7-4] DateValidator

속 성	설 명
source	검증 대상이 되는 컴포넌트
allowedFormatChars	월, 일, 년을 구분하기 위해 허용하는 기호("/ · - .")
inputFormat	검증할 날짜 형식("mm/dd/yyyy)
required	데이터가 필수인지 설정(true/false)
listener	데이터 입력의 대상이 되는 컴포넌트
validateAsString	문자 형식으로 검사할지 설정(true/false)

● PhoneNumberValidator

PhoneNumberValidator 클래스는 올바른 전화번호인지 검사한다.

[표 7-5] PhoneNumberValidator

속 성	설 명
source	검증 대상이 되는 컴포넌트
required	데이터가 필수인지 설정(true/false)
listener	데이터 입력의 대상이 되는 컴포넌트
allowFormatChars	전화번호를 구분하기 위해 허용하는 기호("( ) - ")

● EmailValidator

EmailValidator 클래스는 이메일에 포함되는 기호(@, .), 도메인 등을
검사한다. 이때 도메인 대신에 IP를 사용한다면 IP를 대괄호([ ])로 묶어
주어야 한다.

[표 7-6] 이메일 Validator

속 성	설 명
source	검증 대상이 되는 컴포넌트
required	데이터가 필수인지 설정(true/false)
listener	데이터 입력의 대상이 되는 컴포넌트

● ZipCodeValidator

ZipCodeValidator 클래스는 우편번호의 유효성을 검사한다. 입력된 데이터의 첫 번째 자리수가 5이고 두 번째 자리수가 4자리인 우편번호를 검사하게 되는데 한국의 우편번호는 지원하지 않고 미국과 캐나다 우편번호만 지원한다.

[표 7-7] ZipCodeValidator

속 성	설 명
source	검증 대상이 되는 컴포넌트
domain	우편번호 설정(US Only, US or Canada)
allowedFormatChars	데이터를 구분하는 기호 ("-")
required	데이터가 필수인지 설정(true/false)
listener	데이터 입력의 대상이 되는 컴포넌트

● CreditCardValidator

CreditCardValidator 클래스는 지정된 카드의 종류에 따라 번호의 길이가 적절한지 검사한다.

- Visa : 13자리수 또는 16자리수
- MasterCard, Discover : 16자리수
- American Express : 15자리수
- DinersClub : 14자리수

[표 7-8] CreditCardValidator

속 성	설 명
source	검증 대상이 되는 컴포넌트
allowedFormatChars	데이터를 구분하는 기호("-")
required	데이터가 필수인지 설정(true/false)
listener	데이터 입력의 대상이 되는 컴포넌트

● SocialSecurityValidator

SocialSecurityValidator 클래스는 미국의 사회보장번호가 유효한지 검사한다.

[표 7-9] SocialSecurityValidator

속 성	설 명
source	검증 대상이 되는 컴포넌트
allowedFormatChars	데이터를 구분하는 기호("-")
required	데이터가 필수인지 설정(true/false)
listener	데이터 입력의 대상이 되는 컴포넌트

FlexProject에 Example07_09.mxml을 생성하여 유효성검사컨트롤을 이용하여 보자.

Example07_09.mxml

```
1. <?xml version="1.0" encoding="utf-8"?>
2. <mx:Application xmlns:mx="http://www.adobe.com/2006/mxml" layout="vertical">
3.     <mx:Script>
4.         <![CDATA[
5.             import mx.controls.Alert;
6.             public function myButtonClick():void{
7.                 if(pw1.text != pw2.text)
8.                     mx.controls.Alert.show("서로다른 패스워드가 입력되었습니다.
```

```
                        \n 다시입력하세요.","PASSWORD ERROR!");
9.                  }
10.                 public function imageButtonClick():void{
11.                     mx.controls.Alert.show(addr1.text+addr2.text,"전체주소");
12.                 }
13.         ]]>
14.     </mx:Script>
15.     <mx:ArrayCollection id="zipL">
16.         <mx:source>
17.             <mx:String>560-759</mx:String>
18.             <mx:String>550-180</mx:String>
19.         </mx:source>
20.     </mx:ArrayCollection>
21.     <mx:StringValidator source="{idT}" property="text" minLength="6"
trigger="{myButton}" triggerEvent="click"   maxLength="12"/>
22.     <mx:StringValidator source="{nameT}" property="text"/>
23.     <mx:NumberValidator source="{ageT}" minValue="20" maxValue="150" reguired=
"true" reguiredFieldError="나이를 입력 하세요"
property="text" domain="int"/>
24.     <mx:PhoneNumberValidator source="{hpT}" property="text"/>
25.     <mx:DateValidator source="{birthT}" property="text" inputFormat="yyyy-mm-dd"/>
26.     <mx:Form backgroundColor="white">
27.         <mx:HBox>
28.             <mx:Label text="아이디" width="70"/>
29.             <mx:TextInput id="idT" width="150"/>
30.         </mx:HBox>
31.         <mx:HBox>
32.             <mx:Label text="이름" width="70"/>
33.             <mx:TextInput id="nameT" width="150"/>
34.         </mx:HBox>
35.         <mx:HBox>
36.             <mx:Label text="비밀번호" width="70"/>
37.             <mx:TextInput width="75" id="pw1" displayAsPassword="true"/>
38.             <mx:Label text="다시확인" width="60"/>
```

```
39.              <mx:TextInput width="75" id="pw2" displayAsPassword="true"/>
40.          </mx:HBox>
41.          <mx:HBox>
42.              <mx:Label text="생년월일" width="70"/>
43.              <mx:TextInput id="birthT" width="150"/>
44.          </mx:HBox>
45.          <mx:HBox>
46.              <mx:Label text="나이" width="70"/>
47.              <mx:TextInput id="ageT" width="150"/>
48.          </mx:HBox>
49.          <mx:HBox>
50.              <mx:Label text="전화번호" width="70"/>
51.              <mx:TextInput id="hpT" width="150"/>
52.          </mx:HBox>
53.          <mx:HBox>
54.              <mx:Label text="우편번호" width="70"/>
55.              <mx:ComboBox width="100" id="zip" dataProvider="{zipL}"/>
56.          </mx:HBox>
57.          <mx:HBox>
58.              <mx:Label text="주소" width="70"/>
59.              <mx:TextInput width="150" id="addr1"/>
60.          </mx:HBox>
61.          <mx:HBox>
62.              <mx:Label width="70"/>
63.              <mx:TextInput width="150" id="addr2"/>
64.          </mx:HBox>
65.          <mx:HBox>
66.              <mx:Button id="myButton" label="Click" click="myButtonClick()"/>
67.              <mx:Button label="주소는 " icon="@Embed('images/Garden.jpg')"
                  click="imageButtonClick()"/>
68.          </mx:HBox>
69.      </mx:Form>
70.</mx:Application>
```

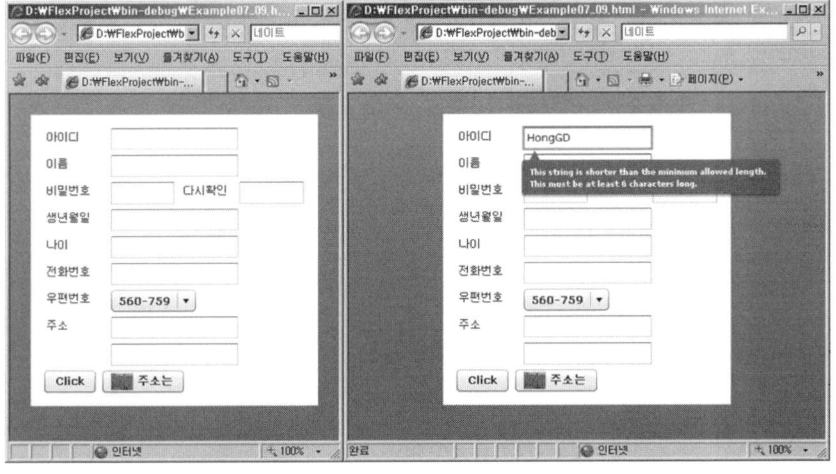

[그림 7-10] 유효성검사 체크화면

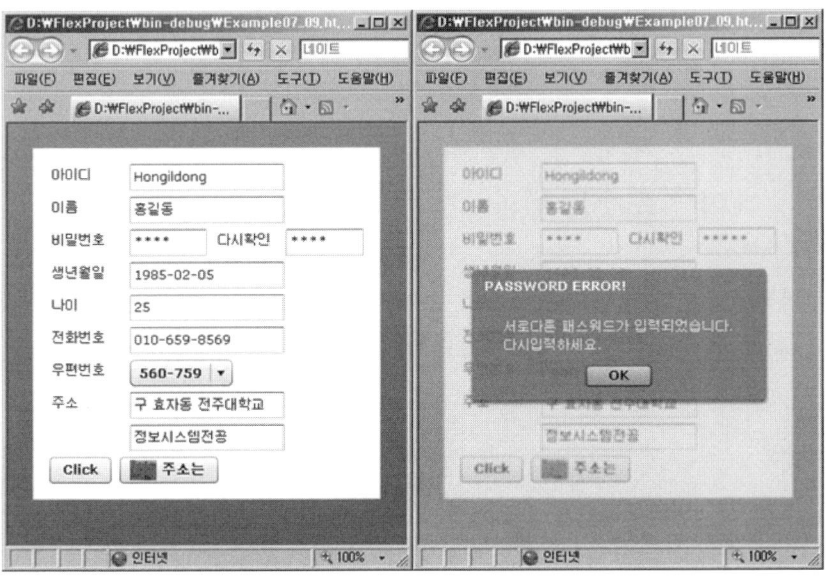

[그림 7-11] 서로 다른 패스워드가 입력되었을 때 Click 버튼을 클릭한 화면

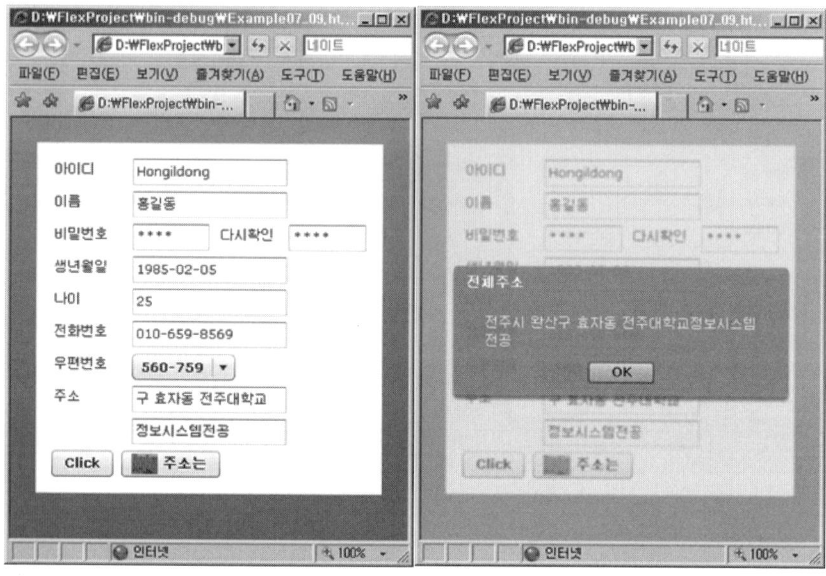

[그림 7-12] '주소는' 버튼을 클릭한 화면

3. 데이터 포맷을 변환하자

데이터 포맷은 선택된 데이터의 형식을 바꿔주는 것이다. Flex formatter 는 액션스크립트컴포넌트로 원본 데이터로부터 불러온 데이터를 특정한 형식의 데이터로 변환한다. 예를 들어 '2006/06/03'과 같은 형식의 날짜를 저장하고 있는 데이터가 있다고 가정하면 데이터 포맷을 통해서 '2006년 6월 3일'과 같은 형식으로 변환해 줄 수 있다. 이때 formatter가 실행이 되는 시기는 원본 데이터로부터 컨트롤러가 값을 호출할 때이다.

● NumberFormatter

NumberFormatter 클래스는 부호, 자리수 구분기호, 소수점 기호 등의 형식을 지정할 수 있다. NumberFormatter를 사용할 때 만약 rounding과 precision 속성을 같이 사용했을 경우에는 rounding 속성이 먼저 적용되며, rounding 속성을 적용한 다음에 precision 값으로 지정된 값을 사용해 소수점 이하의 자리수가 설정된다.

[표 7-10] NumberFormatter

속 성	데이터 형	설 명
precision	Number	소수의 자리수
useNegativeSign	Boolean	음수의 표시 형식을 지정(true/false). true일 경우 부호를 사용하고 false인 경우 "()" 숫자를 둘러싸게 된다.
rouding	String	반올림, 올림, 내림을 지정(none, up, down, nearest)
decimalSeparatorFrom	String	원본 데이터의 소수점 기호
decimalSeparatorTo	String	변환할 소수점 기호 변환
useThousandsSeparator	Boolean	정수 부분을 세 자리로 나누는 기호를 사용할지 여부를 결정(true/false)
thousandsSeparatorFrom	String	원본 데이터의 정수 부분을 세 자리로 나누는 기호 설정
thousandsSeparatorTo	String	정수 부분을 세 자리로 나누는 기호 변환

● CurrencyFormatter

CurrencyFormatter 클래스는 수치를 통화형으로 변환할 수 있으며, NumberFormatter와 같은 기능을 가지고 있다. 또한 alignSymbol 속성을 사용하여 통화 기호를 수치의 좌우 어느 쪽으로 두는지를 지정할 수 있다.

[표 7-11] CurrencyFormatter

속 성	데이터 형	설 명
alignSymbol	String	통화기호의 위치를 설정(left, right)
currencySymbol	String	통화기호를 설정

● DateFormatter

DateFormatter 클래스는 날짜와 시간의 형식을 변환해 준다. Date Formatter는 formatString 속성으로 문자열 패턴을 지정하여 형식을 변환한다.

[표 7-12] DateFormatter

문자	설 명	사 용
Y	년	2006년 => YY=06, YYY=2006, YYYY=02006
M	월	6월 => M=6, MM=06, MMM=Jun, MMMM=June
D	일	3일 => D=3, DD=03
E	요일	금요일 => E=5, EE=05, EEE=Fri, EEEE=Friday
A	오전/오후	
J	시간(0~23)	
H	시간(1~24)	
K	A가 설정되면 시간(0~11)	
L	A가 설정되면 시간(1~12)	
N	분	1분 => N=1, NN=01
S	초	5초 => S=5, SS=05

● PhoneFormatter

PhoneFormatter는 지역번호와 사용자 번호의 형식을 변환할 수 있다.

[표 7-13] PhoneFormatter

속 성	데이터 형	설 명
areaCode	Number	지역번호를 추가
areaCodeFormat	String	지역번호 형식 설정("###",)
formatString	String	전화번호 형식 설정("(###) ###-####",)

● ZipCodeFormatter

ZipCodeFormatter 클래스는 미국과 캐나다의 우편번호의 형식을 변환할 수 있다. 형식을 변환할 때에는 formatString에 지정을 하면 되는데 마스크문자(#)와 연결문자(-)로 표현한다. 예를 들면 123456의 데이터값을 포맷형식 '##-####'로 설정했을 경우 12-3456으로 출력 된다.

[표 7-14] ZipCodeFormatter

속 성	데이터 형	설 명
formatString	String	우편번호 형식 설정("###-###")

FlexProject에 Example07_10.mxml을 생성하여 데이터 Validator와 Formatter를 이용하여 보자.

Example07_10.mxml

```
1. <?xml version="1.0" encoding="utf-8"?>
2. <!-- Simple example to demonstrate StringValidator. -->
3. <mx:Application xmlns:mx="http://www.adobe.com/2006/mxml" fontSize="12">
4.     <mx:Script>
5.         public function CalculatorF():void{
6.         var tot:int = parseInt(DG.selectedItem.data.toString()) * parseInt(inputT.text);
7.         precisionT.text = CF.format(tot);
8.         }
9.         public function DividedF():void{
```

```
10.        var tot:Number = (parseInt(DG.selectedItem.data.toString()) *
           parseInt(inputT.text))/ parseInt(miT.text);

11.        monthT.text = NF.format(tot);

12.        }

13.    </mx:Script>

14.    <mx:ArrayCollection id="AC">

15.        <mx:Object label="사과" data="800"/>

16.        <mx:Object label="배" data="1000"/>

17.        <mx:Object label="포도" data="1250"/>

18.        <mx:Object label="수박" data="333"/>

19.        <mx:Object label="오렌지" data="890"/>

20.    </mx:ArrayCollection>

21.        <mx:NumberFormatter id="NF" precision="4" useThousandsSeparator="true"
           useNegativeSign="true"/>

22.        <mx:CurrencyFormatter id="CF" currencySymbol="₩" alignSymbol="left"/>

23.        <mx:NumberValidator id="NV1" source="{inputT}" property="text"
           allowNegative="true" domain="int"/>

24.        <mx:NumberValidator id="NV2" source="{miT}" property="text"
           allowNegative="true" domain="int"/>

25.        <mx:Panel title="데이터 포맷을 변환하자" paddingTop="10" paddingLeft="10"
           paddingRight="10" paddingBottom="10">

26.            <mx:Form>

27.                <mx:FormItem label="과일을 선택하세요.">

28.                    <mx:DataGrid dataProvider="{AC}" id="DG" height="50">

29.                        <mx:columns>

30.                            <mx:DataGridColumn dataField="label" headerText="과일"
                               textAlign="center"/>

31.                            <mx:DataGridColumn dataField="data" headerText="금액"
                               textAlign="center"/>

32.                        </mx:columns>

33.                    </mx:DataGrid>

34.                </mx:FormItem>

35.                <mx:FormItem label="구매량 :">

36.                    <mx:TextInput id="inputT" width="50%" keyUp="CalculatorF();"/>

37.                </mx:FormItem>
```

```
38.            <mx:FormItem label="결제액 : ">
39.                <mx:Label id="precisionT" width="50%"/>
40.            </mx:FormItem>
41.            <mx:FormItem label="할부개월 수 입력 : ">
42.                <mx:TextInput id="miT" width="50%" keyUp="DividedF();"/>
43.            </mx:FormItem>
44.            <mx:FormItem label="매월 결제액 : ">
45.                <mx:Label id="monthT" width="50%"/>
46.            </mx:FormItem>
47.        </mx:Form>
48.    </mx:Panel>
49.</mx:Application>
```

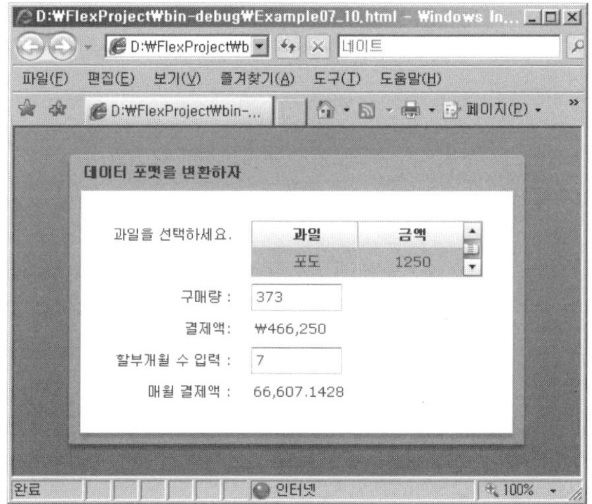

[그림 7-13] Example07_10.mxml 실행결과

1. 윤동주 님의 〈별 헤는 밤〉을 Panel과 Label, Text를 이용하여 아래 그림과 같이 구현해 보자. 주의할 것은 시 구절에 포함되어 있는 따옴표를 어떻게 출력하는지 알아야 한다.

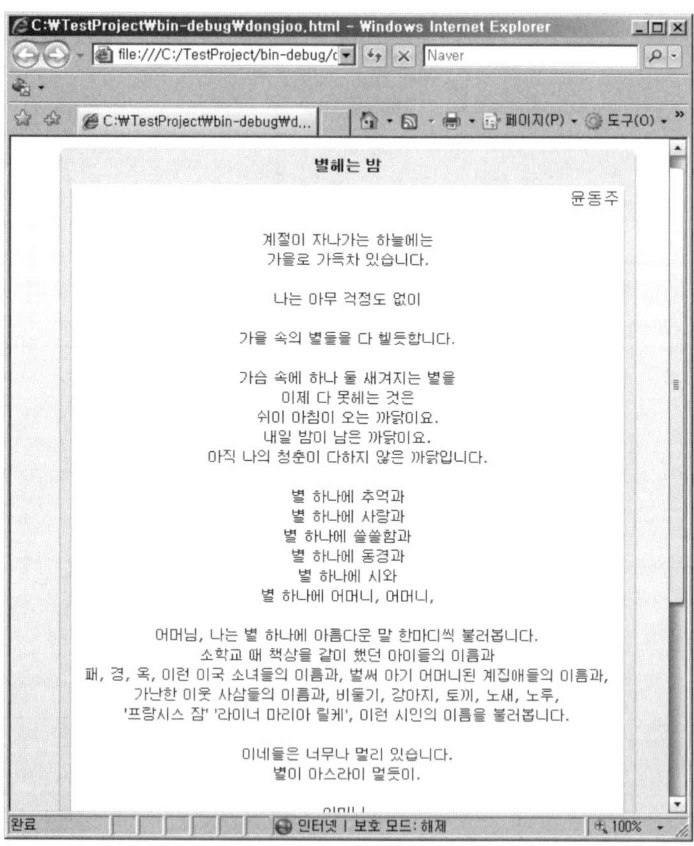

[그림 7-14] dongjoo.mxml 실행결과

dongjoo.mxml

```
1. <?xml version="1.0" encoding="utf-8"?>
2. <mx:Application xmlns:mx="http://www.adobe.com/2006/mxml" fontSize="13"
   backgroundColor="white">
3. <mx:Panel title="별헤는 밤" textAlign="center">
4.     <mx:Label width="{starT.width}" textAlign="right" text="윤동주" fontSize="15"/>
5.     <mx:Text id="starT" paddingLeft="10" paddingRight="10" paddingBottom="10"
   paddingTop="10" textAlign="center" text="{'계절이 자나가는 하늘에는\n가을로
   가득차 있습니다.\n\n나는 아무 걱정도 없이\n\n가을 속의 별들을 다
   헬듯합니다.\n\n가슴 속에 하나 둘 새겨지는 별을\n이제 다 못헤는 것은\n쉬이
   아침이 오는 까닭이요.\n내일 밤이 남은 까닭이요.\n아직 나의 청춘이 다하지
   않은 까닭입니다.\n\n별 하나에 추억과\n별 하나에 사랑과\n별 하나에
   쓸쓸함과\n별 하나에 동경과\n별 하나에 시와\n별 하나에 어머니,
   어머니,\n\n어머님, 나는 별 하나에 아름다운 말 한마디씩 불러봅니다.\n소학교
   때 책상을 같이 했던 아이들의 이름과 \n패, 경, 옥, 이런 이국 소녀들의
   이름과, 벌써 아기 어머니된 계집애들의 이름과,\n가난한 이웃 사삼들의
   이름과, 비둘기, 강아지, 토끼, 노새, 노루, \n'프랑시스 잠' '라이너 마리아
   릴케', 이런 시인의 이름을 불러봅니다.\n\n이네들은 너무나 멀리
   있습니다.\n별이 아스라이 멀듯이.\n\n어머님,\n그리고, 당신은 멀리 북간도에
   계십니다.\n\n나는 무엇인지 그리워\n이 많은 별빛이 내린 언덕 위에\n내
   이름자를 써 보고,\n흙으로 덮어 버리었습니다.\n딴은 밤을 새워 우는
   벌레는\n부끄러운 이름을 슬퍼하는 까닭입니다.\n그러나, 겨울이 지나고 나의
   별에도 봄이 오면,\n무덤 위에 파란 잔디가 피어나듯이\n내 이름자 묻힌 언덕
   위에도\n자랑처럼 풀이 무성할 거외다.'}"/>
6.     </mx:Panel>
7. </mx:Application>
```

2. TestProject프로젝트에 Panel과 Form, FormItem, Button control을 이용하여 [그림 7-15]와 같이 Score.mxml을 구성하자. 그리고 TextInput control에 입력된 값이 0~100 사이의 숫자가 아닌 경우와 이름에 문자가 아닌 것이 입력될 때는 Validator를 이용하여 다시 입력할 수 있도록 에러메시지를 출력하며 아래 그림과 같이 점수가 입력될 때마다 점수에 대한 학점이 출력되도록 한다.

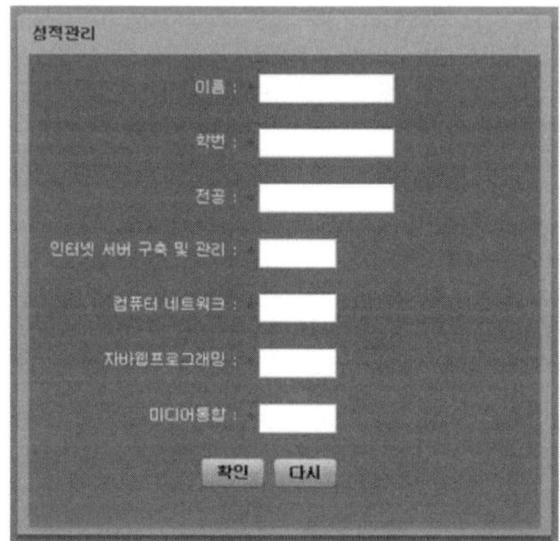

[그림 7-15] Score.mxml 레이아웃

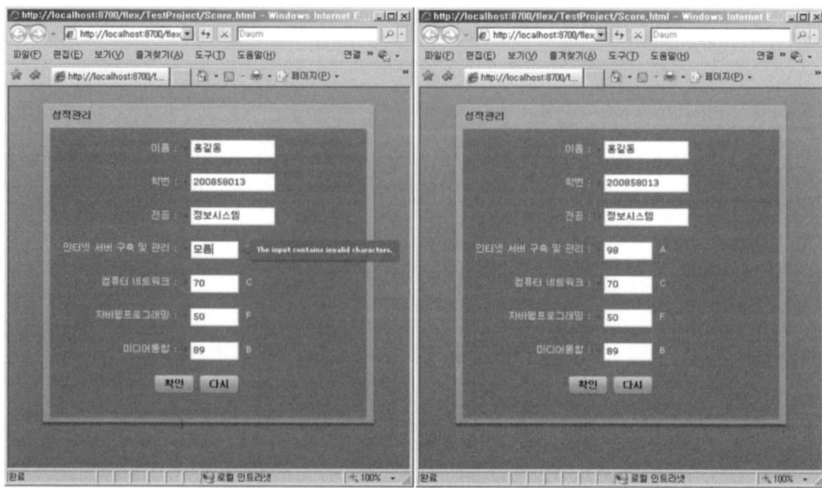

[그림 7-16] Score.mxml 실행화면

```
1.  <?xml version="1.0" encoding="utf-8"?>
2.  <mx:Application xmlns:mx="http://www.adobe.com/2006/mxml" layout="vertical"
    fontSize="13">
3.      <mx:Script>
4.          <![CDATA[
5.              import mx.controls.Alert;
6.              public function check():void{
7.  if(fname.text=="" || fnum.text=="" || fmajor.text=="" || fserver.text=="" ||
    fnet.text=="" || fjava.text=="" || fmedia.text=="")
    mx.controls.Alert.show("입력값을 다시 확인하시기 바랍니다.");
8.              }
9.              public function check2():void{
10.                 fname.text="";
11.                 fnum.text="";
12.                 fmajor.text="";
13.                 fserver.text="";
14.                 fnet.text="";
15.                 fjava.text="";
16.                 fmedia.text="";
17.             }
18.             public function hakChecks():void{
19.                 lserver.text = hakCac(parseInt(fserver.text));              }
20.             public function hakCheckn():void{
21.                 lnet.text = hakCac(parseInt(fnet.text));                    }
22.             public function hakCheckj():void{
23.                 ljava.text = hakCac(parseInt(fjava.text));                  }
24.             public function hakCheckm():void{
25.                 lmedia.text = hakCac(parseInt(fmedia.text));                }
26.             public function hakCac(jum : int):String{
27.                 if(jum >= 90) return "A";
28.                 else if(jum >= 80) return "B";
29.                 else if(jum >= 70) return "C";
30.                 else if(jum >= 60) return "D";
```

```
31.                    else return "F";
32.                }
33.            ]]>
34.     </mx:Script>
35.     <mx:Model id="CheckModel">
36.         <root>
37.         <FirstName>{fname.text}</FirstName>
38.         <Fnumber>{fnum.text}</Fnumber>
39.         <Fmajor>{fmajor.text}</Fmajor>
40.         <Fservert>{fserver.text}</Fservert>
41.         <Fnetwork>{fnet.text}</Fnetwork>
42.         <Fjavaweb>{fjava.text}</Fjavaweb>
43.         <Fmediat>{fmedia.text}</Fmediat>
44.         <Tip>{int(CheckModel.Fservert) + int(CheckModel.Fnetwork)+
               int(CheckModel.Fjavaweb) + int(CheckModel.Fmediat)}</Tip>
45.         </root>
46.     </mx:Model>
47.
48.     <mx:NumberFormatter id="lee"/>
49.  <mx:NumberValidator source="{fserver}" minValue="0" maxValue="100" domain="int"
       property="text"/>
50.  <mx:NumberValidator source="{fnet}" minValue="0" maxValue="100" domain="int"
       property="text"/>
51.  <mx:NumberValidator source="{fjava}" minValue="0" maxValue="100" domain="int"
       property="text"/>
52.  <mx:NumberValidator source="{fmedia}" minValue="0" maxValue="100" domain="int"
       property="text"/>
53.  <mx:StringValidator source="{fname}" minLength="2" maxLength="10" property="text"/>
54.
55.  <mx:Panel title="성적관리" backgroundColor="#0C8BF3" width="458" height="453"
       id="jumPanel">
56.         <mx:Form color="#FFFFFF" height="408" width="433">
57.             <mx:FormItem label="이름 : " required="true" height="42"
                   width="353">
```

```
58.                 <mx:TextInput id="fname" width="117" color="#000000"
                    maxChars="10"/>
59.             </mx:FormItem>
60.             <mx:FormItem label="학번 : " required="true" height="42"
                width="353" >
61.                 <mx:TextInput id="fnum" width="117" color="#000000"
                    restrict="0-9"/>
62.             </mx:FormItem>
63.             <mx:FormItem label="전공 : " required="true" width="353" height="42">
64.                 <mx:TextInput id="fmajor" width="117" color="#000000"/>
65.             </mx:FormItem>
66.     <mx:FormItem label="인터넷 서버 구축 및 관리 : " required="true"
        height="42" width="352">
67.         <mx:TextInput id="fserver" width="67" color="#000000"
            change="hakChecks();"/>
68.                 <mx:Label id="lserver"/>
69.             </mx:HBox>
70.             </mx:FormItem>
71.             <mx:FormItem label="컴퓨터 네트워크 :" required="true"
                height="42">
72.                 <mx:HBox>·
73.         <mx:TextInput id="fnet" width="67" color="#000000"
            change="hakCheckn();"/>
74.                 <mx:Label id="lnet"/>
75.                 </mx:HBox>
76.             </mx:FormItem>
77.             <mx:FormItem label="자바웹프로그래밍 :" required="true"
                height="42">
78.                 <mx:HBox>
79.         <mx:TextInput id="fjava" width="67" color="#000000"
            change="hakCheckj();"/>
80.                 <mx:Label id="ljava"/>
81.             </mx:HBox>
82.             </mx:FormItem>
83.             <mx:FormItem label="미디어통합 :" required="true" height="42">
84.                 <mx:HBox>
```

85.   <mx:TextInput id="fmedia" width="67" color="#000000"
                                 change="hakCheckm();"/>
86.   <mx:Label id="lmedia"/>
87.   </mx:HBox>
88.   </mx:FormItem>
89.   <mx:HBox horizontalAlign="center" width="{jumPanel.width-80}">
90.   <mx:Button label="확인" click="check()" color="#000000"/>
91.   <mx:Button label="다시" click="check2()" color="#000000"/>
92.   </mx:HBox>
93.   </mx:Form>
94.   </mx:Panel>
95.   <mx:HBox width="154" height="30">
96.   <mx:Label id="totText" width="134" fontWeight="bold" />
97.   </mx:HBox>
98.</mx:Application>

---

3. 실전 프로젝트에서 실습한 FinalTest Project의 Cultural.mxml을 수정하고 datamodels 폴더 내
   에 아래의 assets.xml 파일을 이용하여 [그림 7-17]과 같은 레이아웃을 구성하고 [그림 7-18]과
   같이 출력되도록 Flex 애플리케이션을 구축하자.

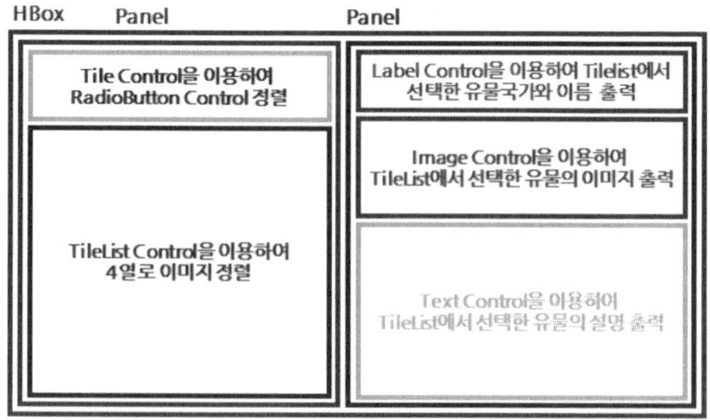

[그림 7-17] Cultural.mxml 애플리케이션의 레이아웃 구성

[그림 7-18] Cultural.mxml을 실행했을 때 처음화면

[그림 7-19] 라디오 버튼 '고려'를 선택했을 때 고려에 관한 유물만 출력

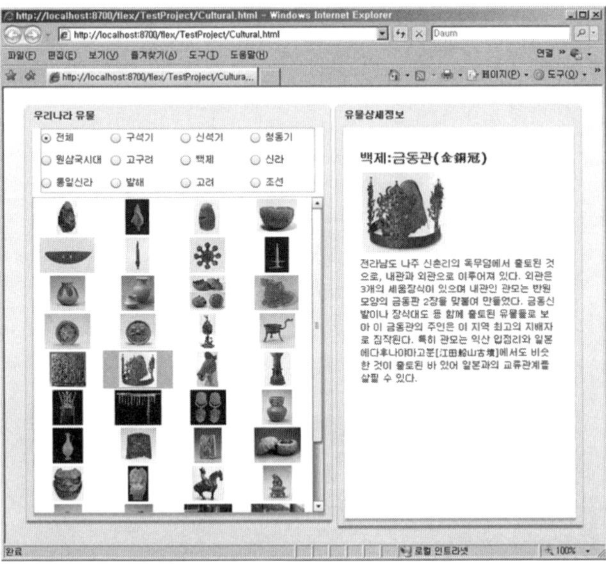

[그림 7-20] 라디오 버튼 '전체'를 선택했을 때 모든 유물을 출력

Cultural.mxml

```
1.  <?xml version="1.0" encoding="utf-8"?>
2.  <mx:Application xmlns:mx="http://www.adobe.com/2006/mxml" creationComplete="initApp()">
3.      <mx:Script>
4.          <![CDATA[
5.              import mx.events.*;
6.              import mx.controls.Alert;
7.              var tileData:Array = new Array();
8.              function initApp() {
9.                  tileData = assetsM.Asset;
10.             }
11.
12.             function viewImage(event:Event) {
13.                 var strKey = event.target.label;
14.                 var searchResult:Array = new Array();
```

```
15.             var cnt = 0;
16.             var obj;
17.             if(strKey =="전체") strKey="";
18.             for(var i=0; i<tileData.length; i++) {
19.                 obj = tileData[i];
20.                 if (strKey == obj.year.substr(0, strKey.length)) {
21.                     searchResult[cnt] = obj;
22.                     cnt++;
23.                 }
24.                 tileL.dataProvider = searchResult;
25.             }
26.         }
27.
28.     ]]>
29. </mx:Script>
30. <mx:Model id="assetsM" source="../datamodels/assets.xml"/>
31. <mx:HBox width="100%" height="598" horizontalAlign="center">
32.     <mx:Panel width="430" height="590" title="우리나라 유물"
        horizontalAlign="center">
33.         <mx:RadioButtonGroup id="rbG"/>
34.         <mx:Tile direction="horizontal" borderStyle="solid">
35.             <mx:RadioButton id="all" label="전체" click="viewImage(event)"/>
36.             <mx:RadioButton id="gu" label="구석기" click="viewImage(event)"/>
37.             <mx:RadioButton id="shin" label="신석기" click="viewImage(event)"/>
38.             <mx:RadioButton id="chong" label="청동기"
                click="viewImage(event)"/>
39.             <mx:RadioButton id="won" label="원삼국시대"
                click="viewImage(event)"/>
40.             <mx:RadioButton id="gogu" label="고구려"
                click="viewImage(event)"/>
41.             <mx:RadioButton id="paek" label="백제" click="viewImage(event)"/>
42.             <mx:RadioButton id="shil" label="신라" click="viewImage(event)"/>
43.             <mx:RadioButton id="tong" label="통일신라"
                click="viewImage(event)"/>
```

```
44.                <mx:RadioButton id="bal" label="발해" click="viewImage(event)"/>
45.                <mx:RadioButton id="go" label="고려" click="viewImage(event)"/>
46.                <mx:RadioButton id="jo" label="조선" click="viewImage(event)"/>
47.            </mx:Tile>
48.        <mx:TileList width="100%" height="100%" id="tileL" columnCount="4"
           dataProvider="{assetsM.Asset}">
49.            <mx:itemRenderer>
50.                <mx:Component>
51.                    <mx:Image horizontalAlign="center"
                           source="images/{data.images}"/>
52.                </mx:Component>
53.            </mx:itemRenderer>
54.        </mx:TileList>
55.    </mx:Panel>
56.    <mx:Panel width="342" height="598" title="유물상세정보"
           horizontalAlign="center">
57.        <mx:Text width="280"
           text="{tileL.selectedItem.year}:{tileL.selectedItem.name}" fontSize="18"
           fontWeight="bold" paddingTop="30"/>
58.        <mx:Image width="270" source="./images/{tileL.selectedItem.images}"/>
59.        <mx:Text width="280" text="{tileL.selectedItem.conts}"/>
60.    </mx:Panel>
61.    </mx:HBox>
62.</mx:Application>
```

Chapter ❽ Flex 애플리케이션을 구현해보자

이번 장에서는 1장부터 7장까지의 내용을 기반으로 간단한 Flex 애플리케이션을 구현해보자.

FlexProject에 Example08_01.mxml을 생성하고, Panel, Label, Text, DateChooser 등의 컴포넌트를 이용하여 [그림 8-1]과 같은 Flex 애플리케이션을 구현해보자. 단, ↔, ↕의 간격은 30픽셀로 설정한다.

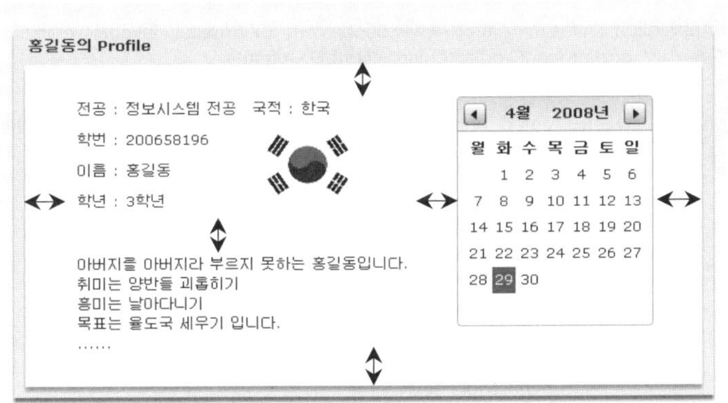

[그림 8-1] Example08_01.mxml 실행화면

Example08_01.mxml의 전체 컴포넌트의 구성을 보면 [그림 8-2]와 같다. 주의할 것은 Panel 내의 컴포넌트인 VBox와 DateChooser가 수평으로 정렬되어 있기 때문에 Panel의 layout 속성을 horizontal로 해야 한다.

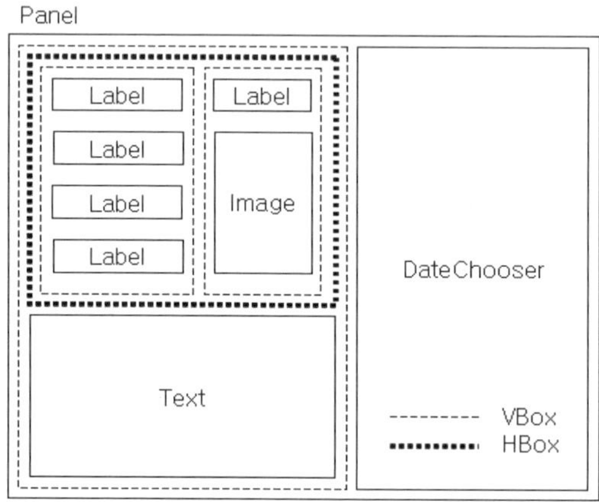

[그림 8-2] Example08_01.mxml의 컴포넌트 구성

Example08_01.mxml

```
1.  <?xml version="1.0" encoding="utf-8"?>
2.  <mx:Application xmlns:mx="http://www.adobe.com/2006/mxml" layout="vertical"
        fontSize="13" backgroundGradientColors="[#ffff80, #ffffff]">
3.      <mx:Panel title="홍길동의 Profile" width="600" layout="horizontal"
            horizontalAlign="center" paddingBottom="30" paddingLeft="30" paddingRight="30"
            paddingTop="30">
4.          <mx:VBox>
5.              <mx:HBox width="300" paddingRight="30" paddingBottom="30">
6.                  <mx:VBox>
7.                      <mx:Label text="전공 : 정보시스템 전공"/>
8.                      <mx:Label text="학번 : 200658196"/>
9.                      <mx:Label text="이름 : 홍길동"/>
10.                     <mx:Label text="학년 : 3학년"/>
```

11.   </mx:VBox>

12.   <mx:VBox>

13.   <mx:Label text="국적 : 한국"/>

14.   <mx:Image source="./images/korea.gif" width="100" />

15.   </mx:VBox>

16.   </mx:HBox>

17.   <mx:Text paddingRight="30" text="{'아버지를 아버지라 부르지 못하는 홍길동입니다.\n취미는 양반들 괴롭히기\n흥미는 날아다니기\n목표는 율도국 세우기 입니다.\n......'}"/>

18.   </mx:VBox>

19.   <mx:DateChooser dayNames="[일,월,화,수,목,금,토]" firstDayOfWeek="1" monthSymbol="월" monthNames="[1,2,3,4,5,6,7,8,9,10,11,12]" yearSymbol="년" showToday="true"/>

20.   </mx:Panel>

21. </mx:Application>

FlexProject에 Example08_02.mxml을 생성하고, [그림 8-3]과 같이 Panel 컴포넌트 상단에 Label 컨트롤을 이용하여 '배경색 바꾸기' 텍스트를 생성하고, Label 컨트롤을 클릭하면 [그림 8-4]와 같이 배경색을 선택하는 라디오 버튼이 출력되어 출력된 라디오 버튼을 선택하면 선택한 색으로 배경화면이 변하는 Flex 애플리케이션을 구현해보자.

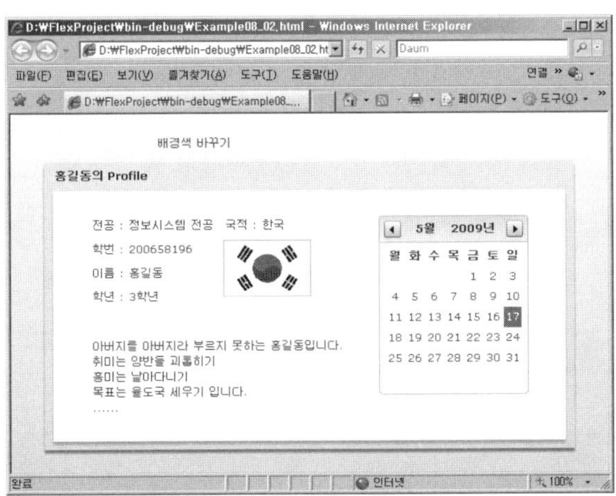

[그림 8-3] Example08_02.mxml 실행화면

255

[그림 8-4] 배경색 바꾸기를 클릭한 화면

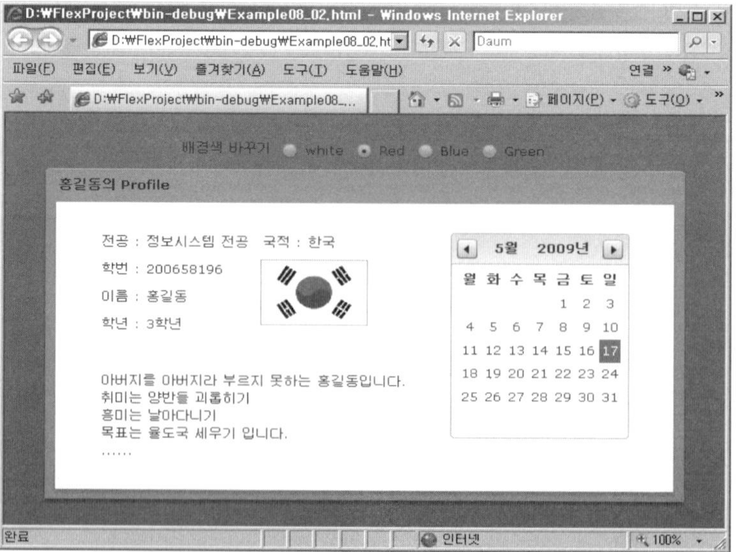

[그림 8-5] 배경색을 선택하여 애플리케이션의 배경색이 바뀐 화면

Example08_02.mxml

```
1.  <?xml version="1.0" encoding="utf-8"?>
2.  <mx:Application xmlns:mx="http://www.adobe.com/2006/mxml" layout="vertical"
    fontSize="13" backgroundColor="#FFFFFF">
3.      <mx:Script>
4.          <![CDATA[
5.              public function RFunction():void{
6.                  RH.visible=true;
7.              }
8.              public function ClickFunction():void{
9.                  var color:String;
10.             if(R1.selected==true) color='white';
11.                 else if(R2.selected == true) color='red';
12.                 else if(R3.selected == true) color='blue';
13.                 else if(R4.selected == true) color='green';
14.                 this.setStyle('backgroundColor',color);
15.             }
16.         ]]>
17.     </mx:Script>
18.     <mx:HBox>
19.         <mx:Label text="배경색 바꾸기" id="HL" click="RFunction();"/>
20.         <mx:HBox id="RH" visible="false">
21.             <mx:RadioButton id="R1" label="white" click="ClickFunction()"/>
22.             <mx:RadioButton id="R2" label="Red" click="ClickFunction()"/>
23.             <mx:RadioButton id="R3" label="Blue" click="ClickFunction()"/>
24.             <mx:RadioButton id="R4" label="Green" click="ClickFunction()"/>
25.         </mx:HBox>
26.     </mx:HBox>
27.     <mx:Panel title="홍길동의 Profile" width="600" horizontalAlign="center">
28.     <mx:HBox paddingBottom="30" paddingLeft="30" paddingRight="30"
        paddingTop="30">
29.         <mx:VBox>
30.             <mx:HBox width="300" paddingRight="30" paddingBottom="30">
```

```
31.              <mx:VBox>
32.                  <mx:Label text="전공 : 정보시스템 전공"/>
33.                  <mx:Label text="학번 : 200658196"/>
34.                  <mx:Label text="이름 : 홍길동"/>
35.                  <mx:Label text="학년 : 3학년"/>
36.              </mx:VBox>
37.              <mx:VBox>
38.                  <mx:Label text="국적 : 한국"/>
39.                  <mx:Image source="./images/korea.gif" width="100" />
40.              </mx:VBox>
41.          </mx:HBox>
42.          <mx:Text paddingRight="30" text="{'아버지를 아버지라 부르지 못하는
             홍길동입니다.\n취미는 양반들 괴롭히기\n흥미는 날아다니기\n목표는
             율도국 세우기 입니다.\n......'}"/>
43.          </mx:VBox>
44.          <mx:DateChooser dayNames="[일,월,화,수,목,금,토]" firstDayOfWeek="1"
             monthSymbol="월" monthNames="[1,2,3,4,5,6,7,8,9,10,11,12]"
             yearSymbol="년" showToday="true"/>
45.      </mx:HBox>
46.  </mx:Panel>
47.</mx:Application>
```

FlexProject에 Example08_03.mxml을 생성하여 importComponents라는 폴더 내에 아래의 relicContents.xml 파일을 모델로 하는 DataGrid 컨트롤을 이용하여 [그림 8-6]과 같은 Flex 애플리케이션을 구현하시오.

DataGrid의 Numbers, Names, Dynasty 속성을 출력하되 열의 타이틀을 Numbers 속성은 번호, Names 속성은 유물이름, Dynasty는 시대로 변환하여 출력하고, DataGrid의 각 행을 선택하면 해당 유물에 대한 정보가 [그림 8-7]과 같이 출력되도록 작성하시오. 단 DataGrid의 행을 선택하지 않았다면 정보에 대한 설명과 Box가 나타나지 않아야 한다.

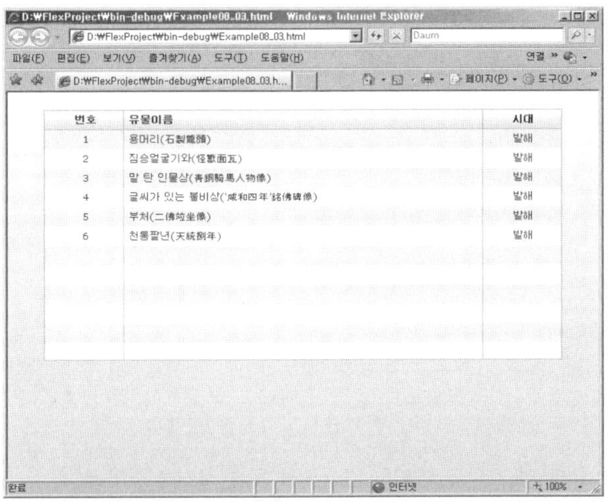

[그림 8-6] Example08_03.mxml의 처음 실행화면

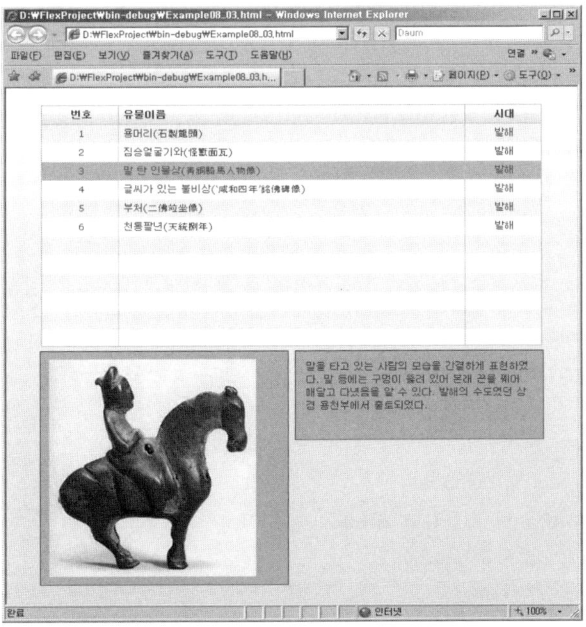

[그림 8-7] DataGrid 컨트롤의 말 탄 인물상을 선택했을 때의 화면

```
importComponents/relicContents.xml
<?xml version="1.0" encoding="UTF-8"?>
<PalHae>
    <relic>
        <Numbers>1</Numbers>
        <Names>용 머리(石製龍頭)</Names>
        <Dynasty>발해</Dynasty>
        <Years>???</Years>
        <Producers>미상</Producers>
        <Contents>건물 기단에 끼워 넣어 장식하였던 것으로, 벽면에 튼튼하게 끼워질
수 있도록 뒷부분을 쐐기 모양으로 길게 깎아내고 고정하기 위한 홈을 팠다. 상경성을
비롯한 발해의 도성(都城)에서 몇 개가 출토되었지만 형태와 조각 기법은 모두 같다.
귀밑까지 찢어진 입, 날카로운 이빨, 툭 튀어나온 두 눈, 머리에서 귀 뒷부분까지
이어진 갈퀴 등이 어떤 악귀(惡鬼)도 얼씬하지 못할 상서로운 용의
모습이다.</Contents>
        <Images>dydajfl.jpg</Images>
    </relic>
<relic>
        <Numbers>2</Numbers>
        <Names>짐승 얼굴 기와(怪獸面瓦)</Names>
        <Dynasty>발해</Dynasty>
        <Years>???</Years>
        <Producers>미상</Producers>
        <Contents>금방이라도 튀어나올 듯 부리부리한 눈, 크게 벌린 입에 날카롭게
튀어나온 송곳니와 길게 내민 혀, 벌름거리는 코 등 사납고 험상궂은 짐승 얼굴을
형상화하였다. 여기에 짙푸른 녹색 유약까지 입혀져 더욱 기괴한 인상을 주고
있다.</Contents>
        <Images>rlatmddjfrnf.jpg</Images>
    </relic>
<relic>
        <Numbers>3</Numbers>
        <Names>말 탄 인물상(靑銅騎馬人物像)</Names>
        <Dynasty>발해</Dynasty>
        <Years>???</Years>
        <Producers>미상</Producers>
```

<Contents>말을 타고 있는 사람의 모습을 간결하게 표현하였다. 말 등에는 구멍이 뚫려 있어 본래 끈을 꿰어 매달고 다녔음을 알 수 있다. 발해의 수도였던 상경 용천부에서 출토되었다.</Contents>   <Images>akf.jpg</Images>

</relic>

<relic>

<Numbers>4</Numbers>

<Names>글씨가 있는 불비상('咸和四年' 銘佛碑像)</Names>

<Dynasty>발해</Dynasty>

<Years>834년</Years>

<Producers>조문휴(趙文休)의 어머니</Producers>

<Contents>아미타불을 중심으로 가르침을 듣는 승려와 보살(관음보살과 대세지보살)이 새겨져 있다. 위에는 용으로 보이는 동물 2마리가, 아래에는 글씨[銘文]와 인왕상이 각각 새겨져 있다. 글씨는 함화 4년(834) 발해 허왕부(許王府)의 관리였던 조문휴(趙文休)의 어머니가 모든 불제자들을 위해 만들었다는 내용이다. 이를 통해 발해에서 '함화(咸和)'라는 독자적인 연호를 사용하였으며, 허왕(許王)이 관할하던 관청이 있었고, 그 허황 위에 발해 황제가 있었음을 알 수 있다.</Contents>

<Images>qnfql.jpg</Images>

</relic>

<relic>

<Numbers>5</Numbers>

<Names>부처(二佛竝坐像)</Names>

<Dynasty>발해</Dynasty>

<Years>???</Years>

<Producers>미상</Producers>

<Contents>석가와 다보 두 여래상이 나란히 앉은 모습을 표현한 이불병좌상(二佛竝坐像)이다. 광배에는 연꽃을 통하여 다시 태어나는 동자상(童子像) 5구를 돋을새김 하였다. 이 연화화생상은 이 세상에서 좋은 일을 하면 극락간다는 아미타신앙이 반영된 것이다. 발해 팔련성(八連城) 제2사지에서 출토되었다.</Contents>

<Images>qncj.jpg</Images>

</relic>

<relic>

<Numbers>6</Numbers>

<Names>천통팔년(天統捌年)</Names>

<Dynasty>발해</Dynasty>

<Years>700년대</Years>

<Producers>화폐발행청</Producers>

<Contents>발해 수도였던 상경성(중국 흑룡강성 영안시 발해진)에서 1930년대 출토된 것으로 추정되는 금속화폐에는 '발해통보(渤海通寶)' 와 '천통팔년(天統捌年)' 이라는 명문이 선명하게 새겨져 있다. 팔(八)자와 뜻과 음이 같은 팔(捌)자는 중국의 강희자전에 따르면 국가문서나 증서에만 쓰이는 글자로, '천통팔년' 은 제작 시기가 대조영 즉위 8년(705)이란 뜻으로 풀이된다.</Contents>

<Images>cjsxhd.jpg</Images>

</relic>

</PalHae>

Example08_03.mxml

```
1. <?xml version="1.0" encoding="utf-8"?>
2. <mx:Application xmlns:mx="http://www.adobe.com/2006/mxml" layout="vertical"
      fontSize="13" backgroundColor="#FFFFFF">
3. <mx:Script>
4. <![CDATA[
5.      function clickC():void{
6.          imageV.visible=true;
7.          textV.visible=true;
8.      }
9. ]]>
10. </mx:Script>
11. <mx:Model id="PalhaeDG" source="importComponents/relicContents.xml"/>
12.   <mx:DataGrid id="relicD" dataProvider="{PalhaeDG.relic}" rowCount="12"
        textAlign="center" click="clickC()">
13.     <mx:columns >
14.         <mx:DataGridColumn dataField="Numbers" headerText="번호" width="100"/>
15.         <mx:DataGridColumn dataField="Names" headerText="유물이름" width="450"
            textAlign="left"/>
16.         <mx:DataGridColumn dataField="Dynasty" headerText="시대" width="100"/>
17.     </mx:columns>
18. </mx:DataGrid>
19. <mx:HBox>
20.     <mx:VBox horizontalAlign="center" id="imageV" visible="false"
          borderColor="#000000" borderStyle="inset" paddingBottom="10" paddingLeft="10"
```

```
        paddingRight="10" paddingTop="10" backgroundColor="#BCBCBC">
21.     <mx:Image source="{'images/'+relicD.selectedItem.Images}" width="300" />
22.     </mx:VBox>
23.     <mx:VBox id="textV" visible="false" borderColor="#000000" borderStyle="inset"
            paddingBottom="10" paddingLeft="10" paddingRight="10" paddingTop="10"
            backgroundColor="#BCBCBC">
24.         <mx:Text text="{relicD.selectedItem.Contents}" width="300" height="100"/>
25.     </mx:VBox>
26.</mx:HBox>
27.</mx:Application>
```

FlexProject에 Example08_04.mxml를 생성하여 [그림 8-8]과 같은 Flex 애플리케이션을
구현하시오.

개인정보입력 뷰에 위의 값을 입력 후 확인 버튼을 클릭하면 개인정보확인 뷰에 아래와
같이 출력되게 하고, 취소 버튼을 클릭하면 입력박스가 초기화되게 한다. 또한 maxChars
속성을 이용하여 주민번호 입력박스의 앞자리는 최대 6자리가 입력되게 하고 뒷자리는
최대 7자리가 입력되게 한 후, 주민번호 뒷자리에 입력된 값의 첫 번째 자리가 1 또는 3이
면 성별에 남을 출력하고 2 또는 4이면 성별에 여를 출력하여야 한다.

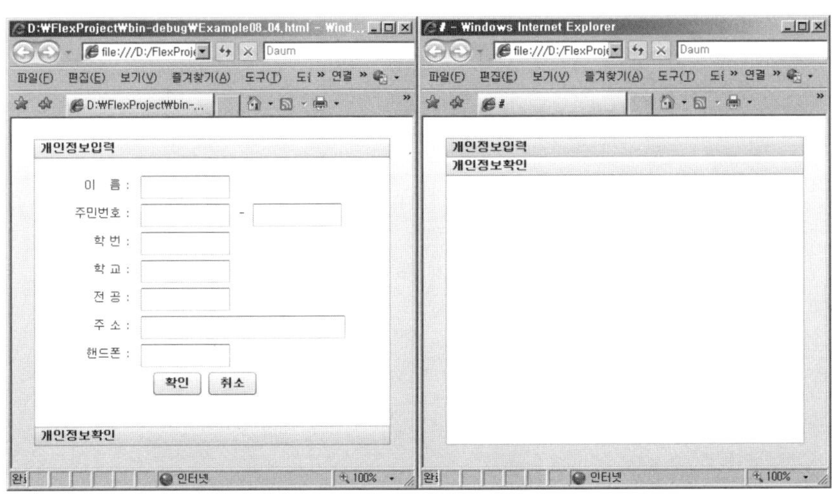

[그림 8-8] Example08_04.mxml 실행화면

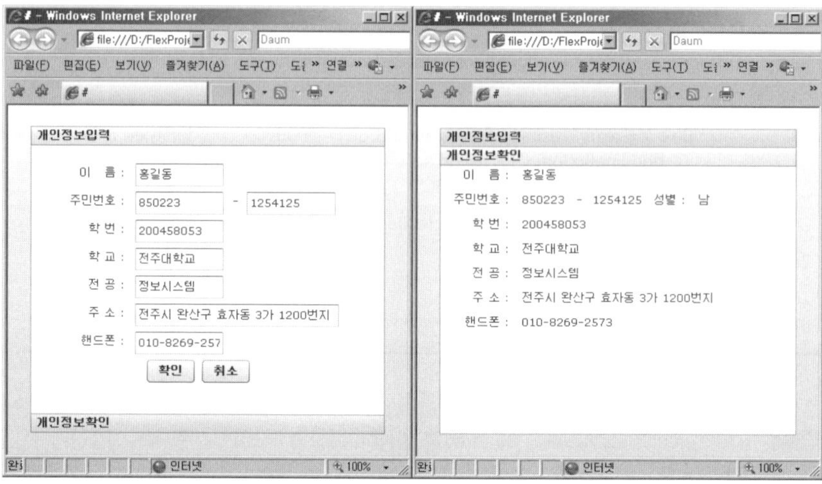

[그림 8-9] 개인정보를 입력한 후 Example08_04.mxml 실행화면

Example08_04.mxml

```
1. <?xml version="1.0" encoding="utf-8"?>
2. <mx:Application xmlns:mx="http://www.adobe.com/2006/mxml" layout="vertical"
   backgroundColor="#FFFFFF" fontSize="10">
3. <mx:Script>
4.     <![CDATA[
5.         public function resultCheck():void{
6.             var sex:int;
7.         if(jumin2.text.substr(0,1) == "1" || jumin2.text.substr(0,1) == "3")
8.             sexR.text="남";
9.             else if(jumin2.text.substr(0,1) == "2" || jumin2.text.substr(0,1) == "4")
10.            sexR.text = "여";
11.            resultV.visible=true;
12.        }
13.    ]]>
14. </mx:Script>
15.     <mx:Accordion id="acc" width="400" height="350" fontSize="13">
```

```
16.          <mx:VBox label="개인정보입력" width="400">
17.              <mx:Form paddingTop="20">
18.                  <mx:FormItem>
19.                      <mx:HBox>
20.                          <mx:Label text="이     름 :" width="80" textAlign="right"/>
21.                          <mx:TextInput id="nameT" width="100"/>
22.                      </mx:HBox>
23.                  </mx:FormItem>
24.                  <mx:FormItem>
25.                      <mx:HBox>
26.                          <mx:Label text="주민번호 :" width="80" textAlign="right"/>
27.                          <mx:TextInput id="jumin1" width="100" maxChars="6"/>
28.                          <mx:Label text="-" width="10"/>
29.                          <mx:TextInput id="jumin2" width="100" maxChars="7"/>
30.                      </mx:HBox>
31.                  </mx:FormItem>
32.                  <mx:FormItem>
33.                      <mx:HBox>
34.                          <mx:Label text="학 번 :" width="80" textAlign="right"/>
35.                          <mx:TextInput id="hakbunT" width="100"/>
36.                      </mx:HBox>
37.                  </mx:FormItem>
38.                  <mx:FormItem>
39.                      <mx:HBox>
40.                          <mx:Label text="학 교 :" width="80" textAlign="right"/>
41.                          <mx:TextInput id="schoolT" width="100"/>
42.                      </mx:HBox>
43.                  </mx:FormItem>
44.                  <mx:FormItem>
45.                      <mx:HBox>
46.                          <mx:Label text="전 공 :" width="80" textAlign="right"/>
47.                          <mx:TextInput id="majorT" width="100"/>
48.                      </mx:HBox>
```

```
49.              </mx:FormItem>
50.              <mx:FormItem>
51.                  <mx:HBox>
52.                      <mx:Label text="주 소 :" width="80" textAlign="right"/>
53.                      <mx:TextInput id="addrT" width="230"/>
54.                  </mx:HBox>
55.              </mx:FormItem>
56.              <mx:FormItem>
57.                  <mx:HBox>
58.                      <mx:Label text="핸드폰 :"  width="80" textAlign="right"/>
59.                      <mx:TextInput id="hpT" width="100"/>
60.                  </mx:HBox>
61.              </mx:FormItem>
62.              <mx:FormItem>
63.                  <mx:HBox horizontalAlign="center" width="320">
64.                      <mx:Button id="submitB" label="확인" click="resultCheck()"/>
65.                      <mx:Button id="cancelB" label="취소"/>
66.                  </mx:HBox>
67.              </mx:FormItem>
68.          </mx:Form>
69.      </mx:VBox>
70.      <mx:VBox label="개인정보확인" fontSize="15">
71.          <mx:VBox visible="false" id="resultV">
72.              <mx:HBox>
73.                  <mx:Label text="이    름 :" width="80" textAlign="right"/>
74.                  <mx:Label  text="{nameT.text}"/>
75.              </mx:HBox>
76.              <mx:HBox>
77.                  <mx:Label text="주민번호 :" width="80" textAlign="right"/>
78.                  <mx:Label text="{jumin1.text}"/>
79.                  <mx:Label text="-" width="10"/>
80.                  <mx:Label text="{jumin2.text}"/>
81.                  <mx:Label text="성별 :"/>
```

```
82.                    <mx:Label id="sexR"/>
83.                </mx:HBox>
84.                <mx:HBox>
85.                    <mx:Label text="학 번 :" width="80" textAlign="right"/>
86.                    <mx:Label text="{hakbunT.text}"/>
87.                </mx:HBox>
88.                <mx:HBox>
89.                    <mx:Label text="학 교 :" width="80" textAlign="right"/>
90.                    <mx:Label text="{schoolT.text}"/>
91.                </mx:HBox>
92.                <mx:HBox>
93.                    <mx:Label text="전 공 :" width="80" textAlign="right"/>
94.                    <mx:Label text="{majorT.text}"/>
95.                </mx:HBox>
96.                <mx:HBox>
97.                    <mx:Label text="주 소 :" width="80" textAlign="right"/>
98.                    <mx:Label text="{addrT.text}"/>
99.                </mx:HBox>
100.                <mx:HBox>
101.                    <mx:Label text="핸 드 폰 :"  width="80" textAlign="right"/>
102.                    <mx:Label text="{hpT.text}"/>
103.                </mx:HBox>
104.            </mx:VBox>
105.        </mx:VBox>
106.    </mx:Accordion>
107. </mx:Application>
```

FlexProject에 Example08_05.mxml을 생성하여, HorizontalList와 TileList를 사용해 [그림8-10]과 같이 구성해보자.

Exmple08_05.mxml의 HorizontalList와 TileList 컨트롤의 가로 크기는 동일하게 구성하고 [그림 8-11]과 같이 HorizontalList를 선택하면 TileList 컨트롤의 해당 국기가 선택되고 TileList 컨트롤 아래 Label 컨트롤을 이용하여 선택된 국가의 정보가 출력되는 Flex 애플리케이션을 구현하자.

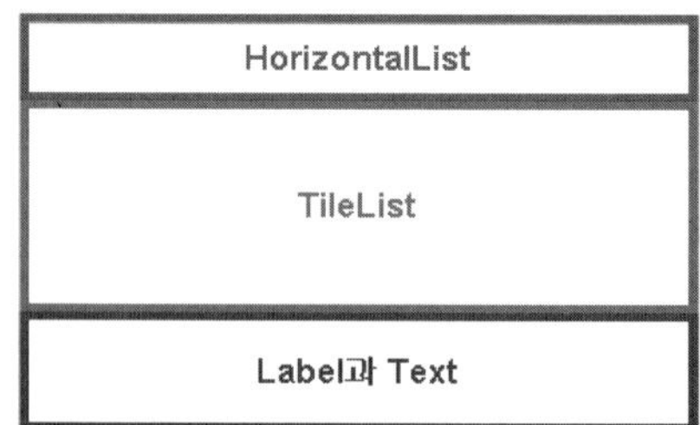

[그림 8-10] Example08_05.mxml 구성

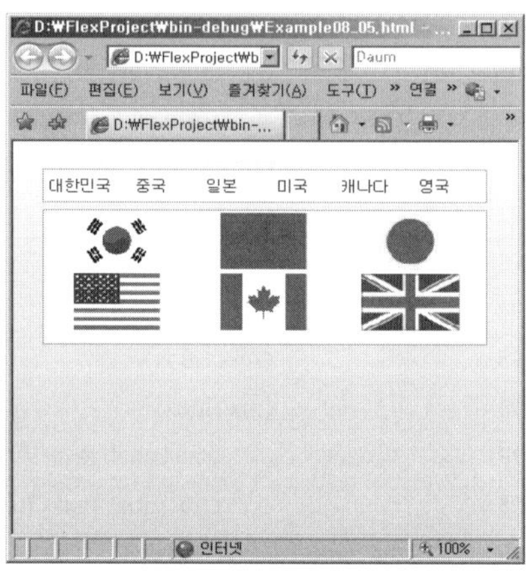

[그림 8-11] Example08_05.mxml 실행화면

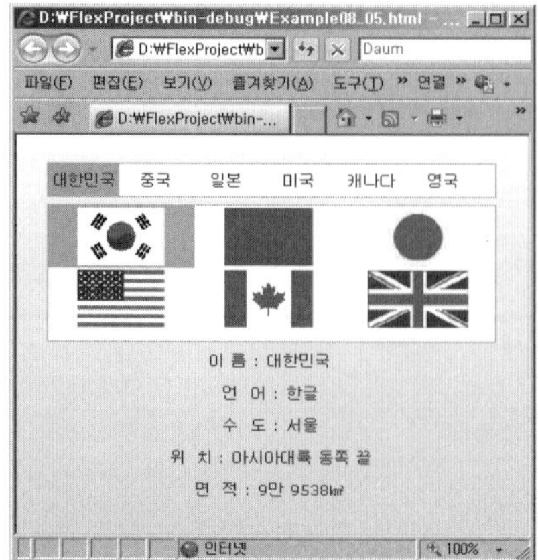

[그림 8-12] HorizontalList에서 대한민국을 선택했을 때 실행화면

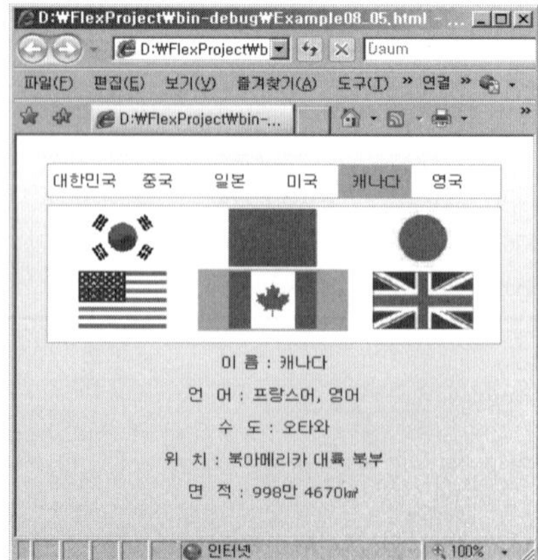

[그림 8-13] HorizontalList에서 캐나다를 선택했을 때 실행화면

Example08_05.mxml

```
1.  <?xml version="1.0" encoding="utf-8"?>
2.  <mx:Application xmlns:mx="http://www.adobe.com/2006/mxml" layout="vertical"
    fontSize="13" backgroundColor="white">
3.      <mx:Model id="nationalModel" source="importComponents/national.xml"/>
4.  <mx:HorizontalList id="horL" dataProvider="{nationalModel.national}" width="370"
    height="30" click="tiL.selectedIndex = horL.selectedIndex">
5.          <mx:itemRenderer>
6.              <mx:Component>
7.                  <mx:Label text="{data.name}"/>
8.              </mx:Component>
9.          </mx:itemRenderer>
10.     </mx:HorizontalList>
11.  <mx:TileList id="tiL" columnCount="3" height="120"
    dataProvider="{nationalModel.national}" width="{horL.width}">
12.          <mx:itemRenderer>
13.              <mx:Component>
14.                  <mx:Image horizontalAlign="center" source="images/{data.flag}"/>
15.              </mx:Component>
16.          </mx:itemRenderer>
17.      </mx:TileList>
18.      <mx:Label text="{'이 름 : ' + horL.selectedItem.name}"/>
19.      <mx:Label text="{'언    어 : ' + horL.selectedItem.language}"/>
20.      <mx:Label text="{'수    도 : ' + horL.selectedItem.capital}"/>
21.      <mx:Label text="{'위    치 : ' + horL.selectedItem.locate}"/>
22.      <mx:Label text="{'면    적 : ' + horL.selectedItem.area}"/>
23. </mx:Application>
```

 Tree 컨트롤과 아래의 fool.xml을 이용하여 [그림 8-14]와 같은 레이아웃을 갖는 Example08_06.mxml을 생성하여, Tree 컨트롤의 pfolder를 선택하면 선택한 음식에 대한 정보가 [그림 8-15]와 같이 VBox에 출력되는 Flex 애플리케이션을 구현하자.

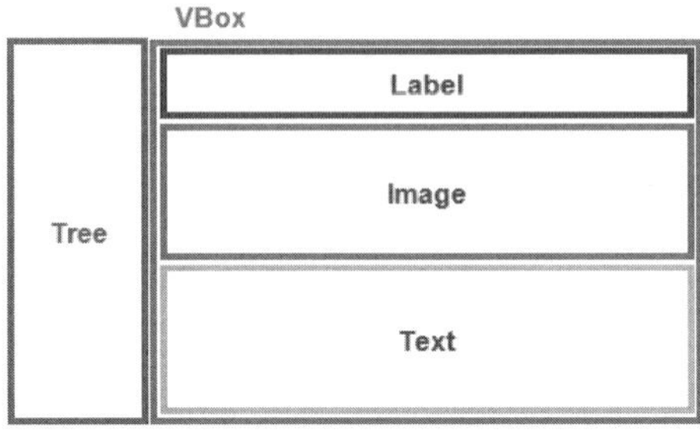

[그림 8-14] Example08_06.mxml 구성

---

importComponents/food.xml

```xml
<?xml version="1.0" encoding="utf-8"?>
<food>
    <Food>
        <name>김치</name>
        <cont>오늘날의 김치 모양은 1600년대 고추가 상용화되기 시작하면서
나타났지만 4계절이 뚜렷한 기후 특징으로 한겨울에 채소를 먹을 수 없게되자
삼국시대에 염장에서 생산되는 소금으로 배추를 절이게 되었고 이것이 점차 발전하여
오늘날의 김치가 된 것이다.</cont>
        <images>images/rlacl.jpg</images>
    </Food>
    <Food>
        <name>떡국</name>
        <cont>떡국은 병탕이라 한다. 어린아이에게 몇 살이냐고 물을 때 떡국 몇 그릇
먹었니? 라고 묻는다. 이것은 우리나라 사람이면 누구를 막론하고 정초에는 꼭 떡국을
먹는다는 얘기다. 근래에는 만두를 푸짐하게 빚어 함께 끓이는 떡 만두국이 유행이다.
떡국을 맛있게 끓이려면 양지머리로 맑은 국물을 내고, 어슷 썰은 떡을 씻어 건져
퍼지지 않도록 끓인다. 이때 꼭 청장으로 간을 맞추어야 제맛이 난다. 충청도
지방에선 쌀가루를 반죽하여 가래떡처럼 길게 늘여서 어슷 썰어 떡국과 같은
방법으로 끓이는 생떡국이 있고,개성 지방은 가래떡을 가늘게 비벼 늘여서 나무칼로
누에고치 모양으로 잘라 끓이는 조랭이 떡국이 유명하다. 북쪽 지방은 만두국을
끓이거나 삶아서 초장에 찍어 먹는데 크기는 매우 크게 숟가락 모양의 병시 만두로
```

빚으머 개성에서는 모자 모양으로노 빚는다. "만두는 속을 먹자는 만두요, 송편은
껍질을 먹자는 송편"이라는 말이 있듯 만두는 껍질을 얇게 해야 맛있다. 예전엔
꿩고기로 국물도 하고 다져서 생치 만두도 하였으나, 요즈음은 꿩 대신 쇠고기로 많이
한다.</cont>

  <images>images/Ejrrnr.pg</images>

</Food>

<Food>

  <name>잡채</name>

  <cont>여러 가지 채소 볶은 것과 당면을 합하여 참기름으로 고소하게 무친
음식이다. 우리나라 사람은 물론이고 외국인에게 선 보여서 맛구경을 시킬 만한
자랑스런 음식이다. 당면은 미지근한 물에 불렸다가 끓는 물에 재빨리 삶아 내어
참기름, 깨소금, 소금으로 맛을 준다. 채소는 양파, 당근, 오이 또는 버섯류 등을 납작
채로 절어 소금으로 간하여 각각 볶아 낸다. 고기도 채 썰어 갖은 양념하여 볶는다.
준비된 고기, 채소, 당면을 합하여 간장, 참기름, 설탕 약간, 깨 소금으로 맛나게
무쳐서 그릇에 담고 위에 달걀 황백 지단채를 얹는다. 특별히 많이 넣은 재료에 따라
도라지 잡채, 부추 잡채, 고추 잡채, 버섯 잡채 등으로 부른다. 당면이 빨리 붇고 쉬
쉴까 걱정일 때는 기름에 한번 볶아 식혀서 무친다. </cont>

  <images>images/wkqco.jpg</images>

</Food>

<Food>

  <name>신선로</name>

  <cont>신선로(神仙爐)는 화통이 가운데 있어 그 속에 숯불을 넣고, 그릇
가장자리에 채소, 고기 등 많은 재료를 돌려 화려하게 담아 호도, 잣, 은행으로 고명을
얹어 장국을 부어서 끓여 먹는 탕(湯)의 일종이다. 갖은 재료와 정성을 다해 만든 귀한
음식이니 열구자탕(悅口子湯)이라고도 한다. 곧 입을 즐겁게 해주는 탕이라는 것이니
그 맛을 짐작할 만하다. 만드는 법은 곰탕거리의 고기를 푹 삶는데 그때 무, 당근도
설컹하게 삶아 내고, 국물은 깨끗이 밭쳐서 간을 맞추어 둔다. 고기는 자잘하게 썰어
양념하여 신선로 제일 밑에 깔고 날고기를 조금 썰어 양념하여 위에 고루 얹는다.
생선전, 천엽전, 미나리전(미나리초대), 달걀 황백 지단과 달걀의 흰자에 석이버섯을
곱게 다져 넣고 부쳐서 검정색 지단을 만들어 신선로 크기에 맞추어 골패쪽 모양으로
썬다. 표고버섯, 무, 당근도 같은 크기로 썬다. 준비된 재료를 색 맞추어 부채꼴
모양으로 고기 위에 돌려 담는다. 그 위에 고기 완자, 호도, 잣, 은행으로 고명을 얹고
장국을 부어 뚜껑을 덮어 숯불로써 끓이면서 먹는다 예전에는 신선로 그릇이 곱돌
또는 유기로 되어 있었고, 꼭 참숯을 지펴서 끓였다. </cont>

  <images>images/tlstjsfh.jpg</images>

</Food>

<Food>

  <name>약과</name>

  <cont>밀가루에 참기름을 넣고 손으로 비벼 섞어서 체에 친 다음 꿀, 청주,
생강즙을 넣고 뭉쳐서 약과판에 박는다. 온도가 낮은 기름에서 높은 기름으로 천천히

튀긴다. 약과를 맛있게 하는 비결은 너무 치대면 딱딱하니 가볍게 반죽해야 연하고, 천천히 튀겨야 약간씩 부풀면서 속까지 튀겨진다. 뜨거울 때 집청꿀에 담그면 꿀물이 들어 가는 소리가 나야 맛있다. 약과는 우리 나라 과자 가운데 유밀과(油蜜菓)의 대표이다. 개성의 약과는 큼직하게 하여 폐백 때 쓰는 것으로 유명하고, 서울의 것은 동글 납작하면서 작게 만든다. </cont>

<images>images/dirrhk.jpg</images>

</Food>

<Food>

<name>다식</name>

<cont>집안의 경사 때, 명절, 제사, 차례상에 올라가는 전통 과자이며, 녹차와 잘 어울린다. 다식판은 나무에 둥근 홈을 파고 그 밑판에 글씨, 꽃무늬, 기하학적인 무늬 등을 새겼다. 다식 반죽을 하여 꼭꼭 눌러 찍어 내어 색색으로 돌려 담으면 화려하고 여러 가지 재료로 다양하게 각각의 맛을 낸다. </cont>

<images>images/ektlr.jpg</images>

</Food>

<Food>

<name>탕평채</name>

<cont>봄이 오는 소식이 들리면 아지랑이가 아른거리고 노곤함이 밀려 온다. 하는데 새콤달콤한 음식을 먹으면 훨씬 상쾌 해진다. 탕평채는 이백여 년 전 조선의 영조(英祖) 대왕이 당파 싸움을 없애기 위하여 노론, 소론을 폐지하자는 탕평책을 논하였던 날 처음 선을 보여서 얻어질 이름이라고 옛 기록에 적혀 있다. 탕평채는 녹두묵을 젓가락 굵기로 썰어서 참기름, 소금으로 가볍게 버무려 담고 숙주, 짧게 자른 미나리, 물쑥 등은 데치고 다진 고기는 볶고, 김 부순 것, 달걀 황백 지단은 채 썰어 옆옆이 담아, 달고 새콤한 초장을 뿌려서 먹는다. 묵무침은 봄에는 녹두묵, 가을에는 도토리묵, 겨울에는 메밀묵이 제격이다 </cont>

<images>images/xkdvudco.jpg</images>

</Food>

<Food>

<name>두견화전</name>

<cont>전통적으로 만드는 법은 찹쌀가루에 꽃을 섞어 넣고, 소금물로 익반죽하여 색을 곱게 하여 둥글게 부친다. 궁에서는 비원의 옥류천에 나가 궁녀들이 그 자리에서 꽃을 따서 꽃떡을 지졌다 한다. 일반적으로 화전은 찹쌀가루를 익반죽하여 밤톨만큼 떼어 둥글 납작하게 만들어 술을 뗀 꽃을 올려 조그마하게 지져 낸다.   통영에서는 '참꽃 지짐이'라 하여 찹쌀 반죽을 크게 둥글 넓적하게 하여 꽃을 넉넉히 얹어 소담하게 부쳐 낸다. 들과 산에 아름답게 핀 꽃을 식탁에 올려 놓는다는 것은 우리 조상들의 멋스러움과 여유에서 오는 너그러운 생활의 일면을 볼 수 있다. 여름에는 노란 장미, 가을에는 국화, 봄에는 가장 맛이 감미로운 진달래꽃으로 전을 만든다. 진천에선 아들을 낳게 해달라고 기도하러 가서 제상에 꽃전을 올렸다는 기록도 있다. </cont>

<images>images/ghkwjs.jpg</images>

</Food>

<Food>

<name>

<cont>구절판은 아홉 칸으로 나누어진 그릇 이름인데, 그대로 음식 이름이 된 것이다. 예부터 밀전병, 칼국수, 수제비, 상화병 등 밀가루 음식은 햇밀이 나오는 초여름에 많이 해서 먹는 시절식 인데, 구절판도 밀쌈의 일종이다. 구절판은 그릇이 목기로 되어 있는 것이 보통인데 겉면에는 자개를 박아 그릇 자체가 호화롭고, 속에 드는 음식 재료는 가지가지 동식물성이 함께 옆옆이 담아진다. 밥상 차림보다는 주안상에 잘 어울린다. 우리나라의 주부는 식품을 가늘게 채 써는 기술이 매우 좋아서 우리나라 사람만이 잘 할 수 있는 특별 음식이다. 구절판 바깥쪽 여덟 칸에는 곱게 채 절어 그대로 또는 볶아서 식힌 쇠고기, 표고버섯, 오이(호박), 당근, 숙주(죽순), 석이버섯, 달걀 흰자, 달걀 노른자, 달걀 검은자(흰자에 석이버섯 섞은 것)를 색 맞추어 돌려 담는다. 가운데 칸에는 매우 얇게 부쳐 낸 구절판</name>전병을 담는다. 이것은 밀가루 반죽에 소금간만 하여 재주껏 둥글게 부쳐 내야만 한다. 먹을 때는 접시에 밀전병 한 장을 놓고 갖은 음식을 조금씩 담고서 위에 겨자장이나 초장을 넣어 싸서 먹는다. </cont>

<images>images/rnwjfvks.jpg</images>

</Food>

<Food>

<name>골동반(비빔밥)</name>

<cont>비빔밥이 처음으로 언급된 문헌은 1800년대 말엽의 시의전서로서 이 문헌에는 비빔밥을 부븸밥으로 표기하고 있는데여 한편으로 비빔밥을 골동반으로 부르기도 하는데 여기서 골동반의 汨 은 어지러울 골 자이며, 董 은 비빔밥 동 자인데 汨董 이란 여러 가지 물건을 한데 섞는 것을 말한다고 합니다. </cont>

<images>images/qlqlaqkq.jpg</images>

</Food>

<Food>

<name>불고기</name>

<cont>불고기의 유래에 대해선 여러 다른 기록들이 있지만, 일반적으로 고구려 시대의 고기구이인 맥적(貊炙)에서 그 유래를 찾아볼 수 있다. 기록에 의하면 중국의 진(晋)나라에서도 맥적 을 즐겼다고 하는데, 여기서 맥(貊)이란 고구려를 지칭하는 말로 맥적은 미리 조미해둔 고 기를 꼬챙이에 끼워 숯불에 구워 먹는 것을 의미하였다고 한다. 고려시대에 이르러선 불교의 영향으로 고기를 많이 즐기지 않았으나 몽고를 지배를 받은 이 후인 고려말에는 '설야먹'이라 하여 불고기와 갈비구이가 요리의 한 형태로 정착되었다. 이 는 조선시대에 이르러 궁중음식인 너비아니로 발전되었는데, 너비아니는 고기를 넓적하게 저민 후 잔칼질을 많이 하여 육질을 부드럽게 하여 굽는 것으로 고기를 얇게 썰어 굽는 불고기와는 다소 차이가 있었다. 특히 1600년대에 쓰여진 요리책인 '음식디미방'에는 '설야먹(불고기)'을 가지처럼 먹는다'란 말이 나오는 것으로 보아 꽤 보편화된 음식임을 알 수 있다. </cont>

<images>images/qnfrhrl.jpg</images>

</Food>

</food>

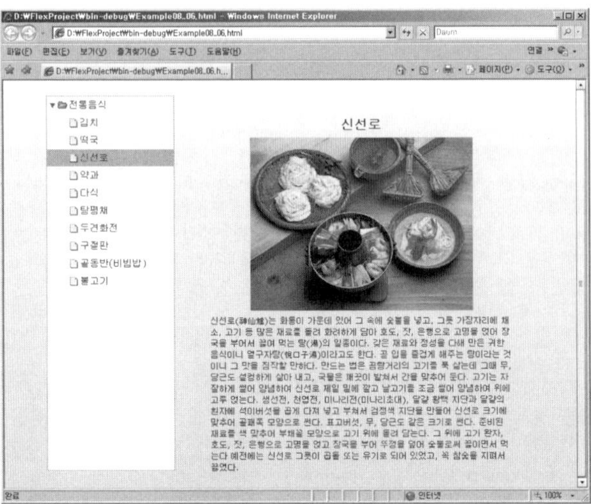

[그림 8-15] Example08_06.mxml 실행화면

Example08_06.mxml

```
1.  <?xml version="1.0" encoding="utf-8"?>
2.  <mx:Application xmlns:mx="http://www.adobe.com/2006/mxml" layout="vertical"
    backgroundColor="#FFFFFF"   creationComplete="initApp()">
3.      <mx:Script>
4.          <![CDATA[
5.              public var cashData:Array = new Array();
6.              public function initApp():void {
7.                  cashData = CulturalFood.Food;
8.              }
9.              public function searchData(foodname:String):void {
10.                 var strKey:String = foodname;
11.                 var searchResult:Array = new Array();
12.                 var cnt:int = 0;
13.                 var obj:Object;
14.                 for(var i:int=0; i<cashData.length; i++) {
15.                     obj = cashData[i];
16.                         if ( strKey == obj.name.substr(0, strKey.length)) {
```

```
17.                           title.text = obj.name;
18.                           images.source = obj.images;
19.                           textLine.text = obj.cont;
20.                       }
21.                   }
22.               }
23.          ]]>
24.      </mx:Script>
25.      <mx:Model id="CulturalFood" source="importComponents/food.xml"/>
26.      <mx:HBox>
27.      <mx:Tree id="culture_food" labelField="@label" width="200" height="598"
         fontSize="15" click="searchData(culture_food.selectedItem.@label)">
28.              <mx:XMLList id="Culture">
29.                  <folder label="전통음식">
30.                      <Pfolder label="김치" data="rlacl"/>
31.                      <Pfolder label="떡국" data="Ejrrnr"/>
32.                      <Pfolder label="신선로" data="tlstjsfh"/>
33.                      <Pfolder label="약과" data="dirrhk"/>
34.                      <Pfolder label="다식" data="ektlr"/>
35.                      <Pfolder label="탕평채" data="xkdvudco"/>
36.                      <Pfolder label="두견화전" data="enrusghkwjs"/>
37.                      <Pfolder label="구절판" data="rnwjfvks"/>
38.                      <Pfolder label="골동반(비빔밥)" data="qlqlaqkq"/>
39.                      <Pfolder label="불고기" data="qnfrhfl"/>
40.                  </folder>
41.              </mx:XMLList>
42.      </mx:Tree>
43.          <mx:VBox width="570" horizontalAlign="center">
44.              <mx:Label id="title" fontSize="20" fontWeight="bold" paddingTop="30"/>
45.              <mx:Image id="images" width="350"/>
46.              <mx:Text id="textLine" width="480" fontSize="13"/>
47.          </mx:VBox>
48.      </mx:HBox>
49.</mx:Application>
```

for문과 if문을 사용하여 [그림 8-16]과 같이 1부터 사용자가 입력한 숫자까지의 홀수가 출력되는 Example08_07.mxml 문서를 구성해보자. 주의할 것은 TextInput control의 데이터 형은 String이기 때문에 숫자로 변환시켜 비교해 주어야 하므로 문자열을 숫자로 형 변환하는 Number()메소드를 이용하여 구현한다.

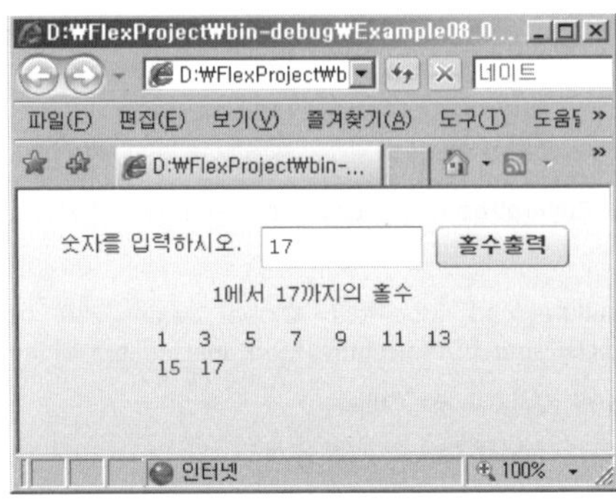

[그림 8-16] Example08_07.mxml 실행화면

Example08_07.mxml

```
1. <?xml version="1.0" encoding="utf-8"?>
2. <mx:Application xmlns:mx="http://www.adobe.com/2006/mxml">
3.     <mx:Script>
4.         <![CDATA[
5.             public function oddNumber():void{
6.                 var num:Number = Number(txtIn.text);
7.                 var i:int;
8.                 var str:String;
9.                 txtT.text="1에서 "+ txtIn.text +"까지의 홀수";
10.                for(i=1; i<=num; i++)
11.                    if((i%2) == 1){
12.                        if(str == null) str = i.toString();
13.                        else str += "\t"+ i;
14.                    }
15.                oddNum.text = str;
```

```
16.            }
17.        ]]>
18.    </mx:Script>
19.    <mx:HBox>
20.        <mx:Label text="숫자를 입력하시오."/>
21.        <mx:TextInput id="txtIn" width="100"/>
22.        <mx:Button id="butt" label="홀수출력" click="oddNumber()"/>
23.    </mx:HBox>
24.    <mx:Text id="txtT"/>
25.    <mx:Text id="oddNum" width="200"/>
26.</mx:Application>
```

ViewStack 컨테이너와 ApplicationControlBar를 이용하여 [그림 8-17]과 같은 레이아웃을 갖는 Example08_08.mxml을 생성하자. [그림 8-18]과 같이 ApplicationControlBar의 LinkButton으로 전통문화, 전통문화의 종류, 대를 잇는 사람들, X-edu사업단 입력하고 각 LinkButton을 선택하면 ViewStack에 포함되어 있는 Canvas 중 메뉴에 해당하는 Canvas가 출력되는 Flex 애플리케이션을 구축하시오. 단, X-edu사업단 LinkButton을 클릭하면 웹 브라우저 새 창에http://xedu.jj.ac.kr를 출력하도록 한다.

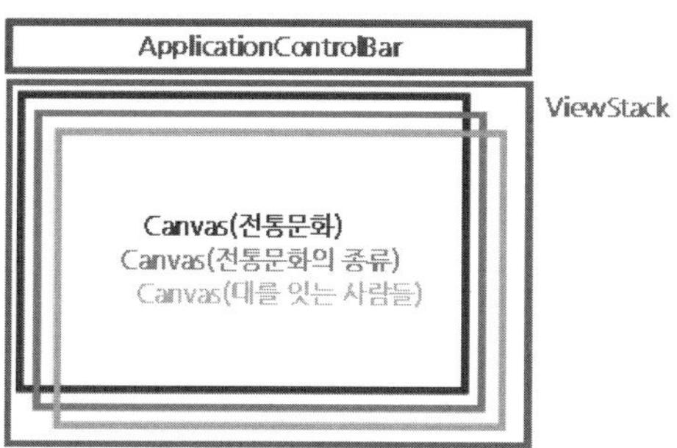

[그림 8-17] Example08_08.mxml의 레이아웃

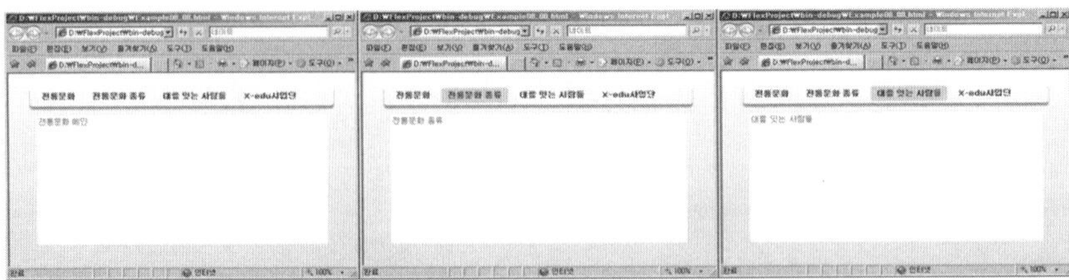

[그림 8-18] Example08_08.mxml 실행화면

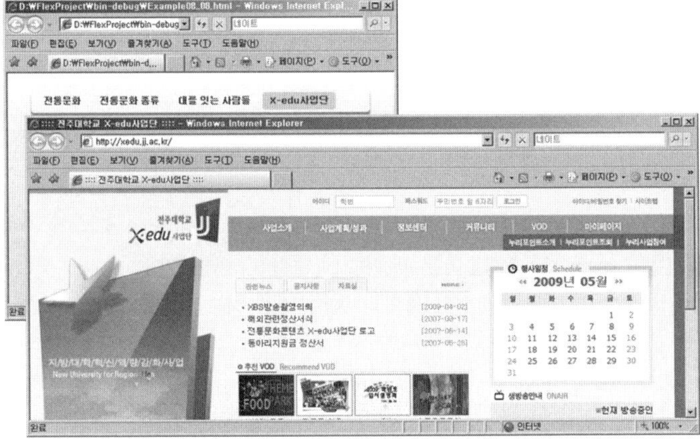

[그림 8-19] X-edu사업단 LinkButton을 클릭한 화면

Example08_08.mxml

```
1. <?xml version="1.0" encoding="utf-8"?>
2. <mx:Application xmlns:mx="http://www.adobe.com/2006/mxml" fontSize="13"
   backgroundColor="#FFFFFF">
3.     <mx:ApplicationControlBar width="500" height="35">
4.         <mx:LinkButton label="전통문화" click="vStack.selectedChild=culture;"/>
5.         <mx:LinkButton label="전통문화 종류" click="vStack.selectedChild=culture1;"/>
6.     <mx:LinkButton label="대를 잇는 사람들" click="vStack.selectedChild=culture2;"/>
7.     <mx:LinkButton label="X-edu사업단" click="navigateToURL(new
   URLRequest('http://xedu.jj.ac.kr'), 'quote')"/>
8.     </mx:ApplicationControlBar>
```

278

```
9.     <mx:ViewStack id="vStack" width="500" height="250">
10.      <mx:Canvas id="culture" width="100%" height="250" showEffect="WipeRight"
         hideEffect="WipeUp">
11.        <mx:TextArea width="480" height="230" borderColor="#ffffff" wordWrap="true"
           editable="false" enabled="true" fontSize="13" color="#666666" cornerRadius="5"
           x="10" y="10">
12.            <mx:text>전통문화 메인</mx:text>
13.          </mx:TextArea>
14.        </mx:Canvas>
15.      <mx:Canvas id="culture1" width="100%" height="250" showEffect="WipeUp"
         hideEffect="WipeDown">
16.        <mx:TextArea width="480" height="230" borderColor="#ffffff" wordWrap="true"
           editable="false" enabled="true" fontSize="13" color="#666666" cornerRadius="5"
           x="10" y="10">
17.            <mx:text>전통문화 종류</mx:text>
18.          </mx:TextArea>
19.        </mx:Canvas>
20.      <mx:Canvas id="culture2" width="100%" height="250" showEffect="WipeDown"
         hideEffect="WipeRight">
21.        <mx:TextArea width="480" height="230" borderColor="#ffffff" wordWrap="true"
           editable="false" enabled="true" fontSize="13" color="#666666" cornerRadius="5"
           x="10" y="10">
22.            <mx:text>대를 잇는 사람들</mx:text>
23.          </mx:TextArea>
24.        </mx:Canvas>
25.      </mx:ViewStack>
26.</mx:Application>
```

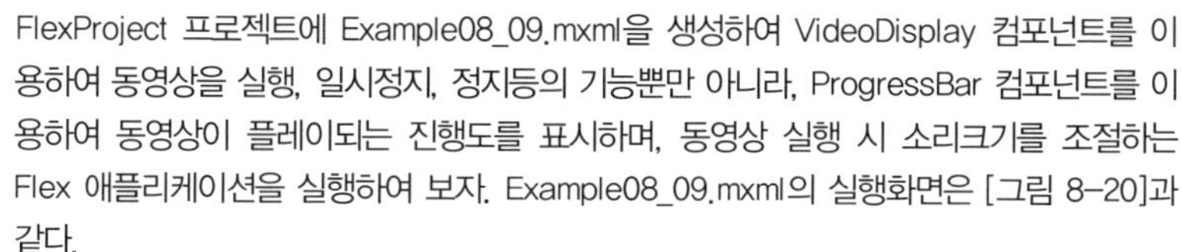

FlexProject 프로젝트에 Example08_09.mxml을 생성하여 VideoDisplay 컴포넌트를 이용하여 동영상을 실행, 일시정지, 정지등의 기능뿐만 아니라, ProgressBar 컴포넌트를 이용하여 동영상이 플레이되는 진행도를 표시하며, 동영상 실행 시 소리크기를 조절하는 Flex 애플리케이션을 실행하여 보자. Example08_09.mxml의 실행화면은 [그림 8-20]과 같다.

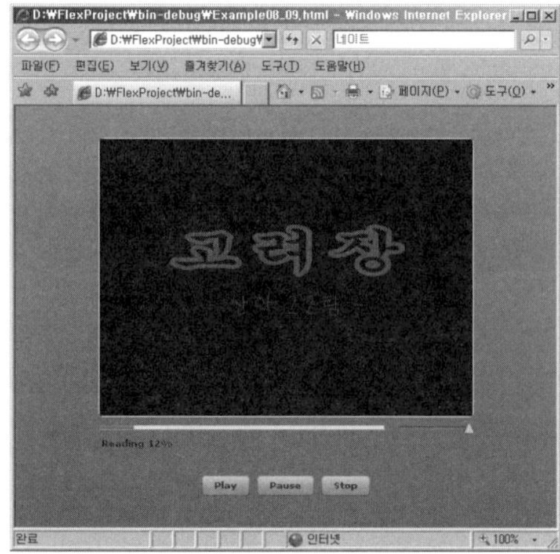

[그림 8-20] Example08_09.mxml 실행화면

Example08_09.mxml

```
1.  <?xml version="1.0" encoding="utf-8"?>
2.  <mx:Application xmlns:mx="http://www.adobe.com/2006/mxml" layout="absolute">
3.      <mx:Script>
4.          <![CDATA[
5.              private function showDataTip(iPer:Number):String              {
6.                  iPer = Number(iPer.toPrecision(1));
7.                  return "[볼륨 :" + String(iPer*100)+"%]";
8.              }
9.          ]]>
10.     </mx:Script>
11.     <!-- VideoDisplay의 id를 video으로 설정하고 자동실행을 하지 않기 위해 autoPlay
        속성 값을 false로 설정 -->
12.     <!-- Progress값을 지정하는 함수인 setProgress함수를 사용하여 ProgressBar
        컨트롤에 동영상의 진행률을 나타냄.-->
13.     <!-- setProgress함수 : 인자값으로 현재 진행시간과 전체 진행시간 입력   -->
14.     <mx:VideoDisplay id="video" y="34" width="400" height="300"
        source="images/GoRyeoJang.flv" autoPlay="false" cornerRadius="5" borderStyle="solid"
        borderColor="#ffffff" themeColor="#ffffff" alpha="1.0" backgroundColor="#000000"
```

```
      playheadUpdate="prog.setProgress(event.target.playheadTime, event.target.totalTime)"
      horizontalCenter="0" />
```

15.　　<!-- Button을 클릭하면 video에서 지정한 동영상을 실행 -->

16.　　<mx:Button click="video.play()" y="397" label="Play" horizontalCenter="-64.5"/>

17.　　<!-- Button을 클릭하면 video에서 지정한 동영상을 일시정지 -->

18.　　<mx:Button click="video.pause()" y="397" label="Pause" horizontalCenter="-0.5"/>

19.　　<!-- Button을 클릭하면 video에서 지정한 동영상을 정지 -->

20.　　<mx:Button click="video.stop()" y="397" label="Stop" horizontalCenter="64"/>

21.　<!-- 볼륨 조절을 위해 HSlider의 설정 값을 VideoDisplay컴포넌트의 볼륨으로 설정 -->

22.　<mx:HSlider y="334" width="87" dataTipFormatFunction="showDataTip" value="1"
      change="video.volume=event.target.value" minimum="0" maximum="1"
      snapInterval="0.1" horizontalCenter="157"/>

23.　<!-- 사용자 임의로 제어하기 위해서 mode="manual"로 지정하고 동영상 진행률을
      퍼센트로 표시하기 위해서 label 속성 값을 "Reading %3%"로 지정함.
      여기서 "%3" 은 표시할 자릿수를 의미하고 마지막 "%" 는 문자 그대로 "%" 임. -->

24.　<mx:ProgressBar id="prog" mode="manual" minimum="0" y="342" width="305"
      label="Reading %3%" horizontalCenter="-47"/>

25.</mx:Application>

　　　　PopUpButton컨트롤과 Menu, Object를 이용하여 [그림 8-21]과 같은 Example08_10.
mxml을 실행하여 보자.

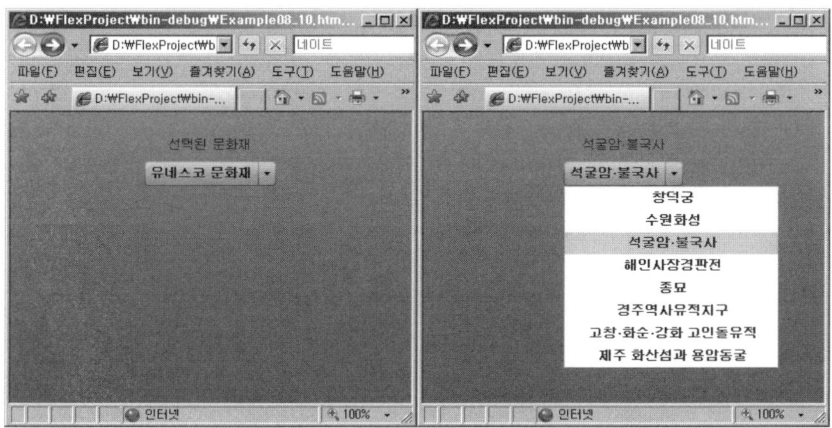

[그림 8-21] Example08_10.mxml 실행화면

Example08_10.mxml

```
1. <?xml version="1.0" encoding="utf-8"?>
2. <mx:Application xmlns:mx="http://www.adobe.com/2006/mxml" layout="vertical"
   fontSize="13">
3.     <mx:Script>
4.     <![CDATA[
5.         import mx.controls.*;
6.         import mx.events.*;
7.         // Menu컴포넌트를 생성하고 저장할 변수 선언
8.         private var unescoMenu:Menu;
9.         private function createPopup():void
10.        {
11.            // 8 line에서 정의한 Menu클래스형을 갖는 unescoMenu변수에
               Menu클래스를 생성
12.            unescoMenu = new Menu;
13.            // PopUpButton 컴포넌트에 추가할 데이터를 배열로 정의하여
               Object변수인 "unescoProvider"에 생성
14.            var unescoProvider:Object = [{label:"창덕궁"},{label:"수원화성"},
               {label:"석굴암·불국사"}, {label:"해인사장경판전"}, {label:"종묘"},
               {label:"경주역사유적지구"}, {label:"고창·화순·강화 고인돌유적"},
               {label:"제주 화산섬과 용암동굴"}];
15.            // unescoMenu의 데이터를 unescoProvider로 지정
16.            unescoMenu.dataProvider = unescoProvider;
17.            // unescoMenu의 아이템을 클릭하였을 때 selectPopup함수를 호출하겠다고
               정의
18.            unescoMenu.addEventListener("itemClick", selectPopup);
19.            // Menu클래스인 unescoMenu를 PopUpButton컴포넌트의 popUp 속성으로
               지정
20.            popUnesco.popUp = unescoMenu;
21.        }
22.        // PopUpButton의 아이템을 클릭하였을 때 발생하는 이벤트
23.        private function selectPopup(event:MenuEvent):void
24.        {
25.            // popUnesco 컨트롤의 label을 사용자가 선택한 아이템의 label로
               변경
```

```
26.              popUnesco.label = event.item.label;
27.              // 열려진 popUnesco를 닫음
28.              popUnesco.close();
29.              // unescoMenu의 인덱스를 사용자가 선택한 인덱스로 변경
30.              unescoMenu.selectedIndex = event.index;
31.              // txtUnesco Label 컨트롤의 text 속성 값을 사용자가 선택한 아이템의
                 label로 변경
32.              txtUnesco.text = event.item.label;
33.          }
34.     ]]>
35.     </mx:Script>
36.     <mx:Label id="txtUnesco" text="선택된 문화재"/>
37.     <mx:PopUpButton id="popUnesco" label="유네스코 문화재"
        creationComplete="createPopup();"/>
38. </mx:Application>
```

AdvanceDataGrid와 Panel, Image, Text 컴포넌트를 이용하여 [그림 8-22]와 같은 레이아웃을 갖는 Example08_11.mxml을 생성하자. 그리고 앞에서 작성한 importComponents/asset.xml을 AdvanceDataGrid의 데이터 소스로 지정하고 [그림 8-23]과 같이 시대별로 Grouping하여 시대와 유물이름이 출력되게 하시오. 또한 AdvanceDataGrid의 행을 클릭하면 [그림 8-24]와 같이 패널에 유물정보가 출력되도록 구현하시오.

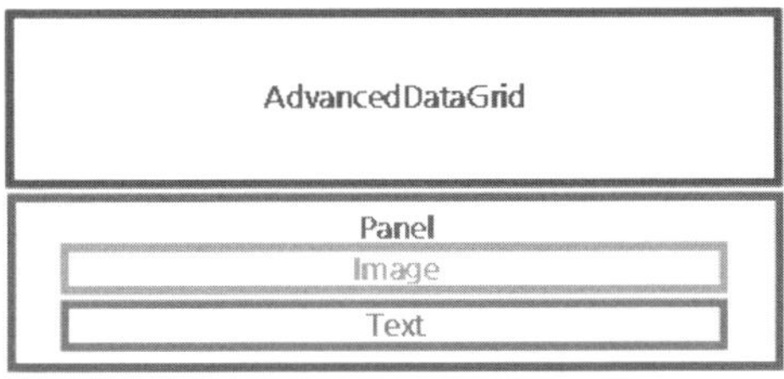

[그림 8-22] Example08_11.mxml 레이아웃

283

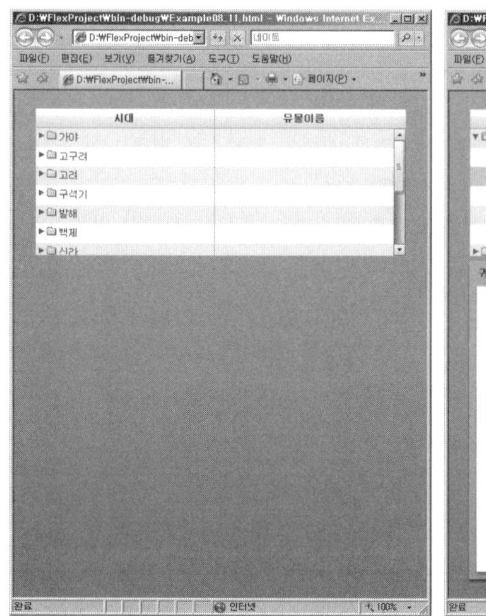

[그림 8-23] Example08_11.mxml 실행화면

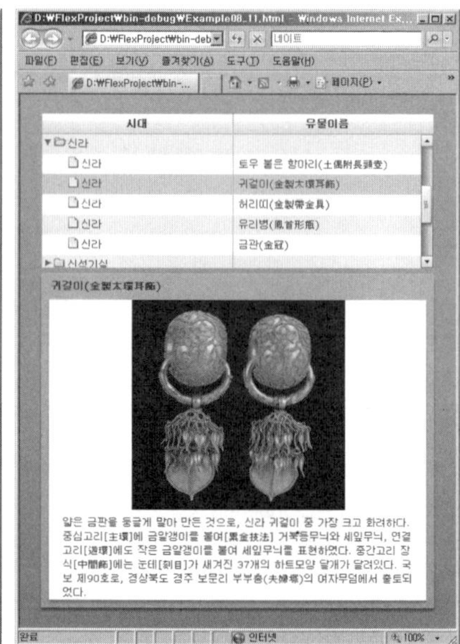

[그림 8-24] AdvancedDataGrid의 행을 선택하였을 때 실행화면

Example08_11.mxml

```
1.  <?xml version="1.0" encoding="utf-8"?>
2.  <mx:Application xmlns:mx="http://www.adobe.com/2006/mxml" layout="vertical"
    backgroundColor="#FF9933" fontSize="13">
3.      <mx:Model id="AssetData" source="importComponents/asset.xml"/>
4.      <mx:AdvancedDataGrid width="500" height="200" id="adg" sortExpertMode="true"
    initialize="gc.refresh()" click="pn.visible=true;">
5.          <mx:dataProvider>
6.              <mx:GroupingCollection id="gc" source="{AssetData.Asset}">
7.                  <mx:Grouping>
8.                      <mx:GroupingField name="year"/>
9.                  </mx:Grouping>
10.             </mx:GroupingCollection>
11.         </mx:dataProvider>
12.         <mx:columns>
13.             <mx:AdvancedDataGridColumn dataField="year" headerText="시대"/>
14.             <mx:AdvancedDataGridColumn dataField="name" headerText="유물이름"/>
15.         </mx:columns>
16.     </mx:AdvancedDataGrid>
17.     <mx:Panel horizontalAlign="center" id="pn" width="{adg.width}"
    title="{adg.selectedItem.name}" visible="false">
18.         <mx:Image source="{'images/'+adg.selectedItem.images}"/>
19.         <mx:Text text="{adg.selectedItem.conts}" width="{pn.width-50}"/>
20.     </mx:Panel>
21. </mx:Application>
```

1. 앞서 작성한 TestProject 프로젝트의 FinalTest.mxml 파일은 TestProject 프로젝트의 기본 레이아웃 문서로 메뉴를 클릭할 때마다 전체 문서를 호출하는 것이 아니라 ViewStack 컨트롤을 이용하여 [그림 8-25]와 같이 메뉴를 클릭했을 때 메뉴 아래의 콘텐츠 부분에 해당하는 문서를 출력하도록 구현하자.

❶ TestProject 프로젝트에 components란 폴더를 생성하고 components 폴더 내에 앞의 실전 프로젝트에서 작성한 Cultural.mxml과 Example08_06.mxml 파일을 복사하자.

❷ Example08_06.mxml에서 연결하여 사용한 importComponents 내의 food.xml 파일을 복사하여 TestProject 프로젝트의 importComponents에 복사한다.

❸ 복사한 Cultural.mxml과 Example08_06.mxml 파일의 ⟨mx:Application⟩ 태그를 ⟨mx:VBox⟩, ⟨/mx:Application⟩은 ⟨/mx:VBox⟩로 수정하는데 MXML Application 문서는 MXML Application 문서를 호출할 수 없기 때문에 Cultural.mxml과 Food.mxml 문서를 MXML Component 문서로 변경하는 것이다.

❹ components 폴더 내에 VBox를 기반으로 하는 MXML Component 문서 Home.mxml, Profile.mxml, BoardList.mxml, Epilogue.mxml 문서를 생성한다.

❺ TestProject.mxml의 ⟨mx:Application⟩ 속성에 comp라는 XML NameSpace를 지정하는데, XML NameSpace 경로는 components 폴더로 한다.

[그림 8-25] TestProject.mxml 실행화면

TestProject.mxml

```
1.  <?xml version="1.0" encoding="utf-8"?>
2.  <mx:Application xmlns:mx="http://www.adobe.com/2006/mxml"
    xmlns:comp="components.*" layout="vertical" initialize="System.useCodePage=true"
    fontSize="12" backgroundColor="#FFFFFF">
3.      <mx:ToggleButtonBar id="tbB" dataProvider="{vStack}" width="800" height="30"/>
4.      <mx:ViewStack id="vStack" borderStyle="solid" width="800" height="600">
5.          <mx:Canvas id="HOME" label="HOME">
6.              <comp:Home/>
7.          </mx:Canvas>
8.          <mx:Canvas id="PROFILE" label="PROFILE">
9.              <comp:Profile/>
10.         </mx:Canvas>
11.         <mx:Canvas id="FOOD" label="FOOD">
12.             <comp:Food/>
13.         </mx:Canvas>
14.         <mx:Canvas id="CULTURALASSETS" label="CULTURAL ASSETS">
15.             <comp:Cultural/>
16.         </mx:Canvas>
17.         <mx:Canvas id="BOARD" label="BOARD">
18.             <comp:BoardList/>
19.         </mx:Canvas>
20.         <mx:Canvas id="EPILOGUE" label="EPILOGUE">
21.             <comp:Epilogue/>
22.         </mx:Canvas>
23.     </mx:ViewStack>
24. </mx:Application>
```

Home.mxml

```
1.  <?xml version="1.0" encoding="utf-8"?>
2.  <mx:VBox xmlns:mx="http://www.adobe.com/2006/mxml" width="100%" height="100%"
    horizontalAlign="center">
3.              <mx:Label text="Home"/>
4.  </mx:VBox>
```

Profile.mxml

```
1.  <?xml version="1.0" encoding="utf-8"?>
2.  <mx:VBox xmlns:mx="http://www.adobe.com/2006/mxml" width="100%" height="100%"
        horizontalAlign="center">
3.              <mx:Label text="Profile"/>
4.  </mx:VBox>
```

Food.mxml

```
1.  <?xml version="1.0" encoding="utf-8"?>
2.  <mx:VBox xmlns:mx="http://www.adobe.com/2006/mxml" width="100%" height="100%"
        horizontalAlign="center" creationComplete="initApp()">
3.              ····························· (중략) ·····························
4.  </mx:VBox>
```

Cultural.mxml

```
1.  <?xml version="1.0" encoding="utf-8"?>
2.  <mx:VBox xmlns:mx="http://www.adobe.com/2006/mxml" width="100%" height="100%"
        horizontalAlign="center"creationComplete="initApp()">
3.              ····························· (중략) ·····························
4.  </mx:VBox>
```

Board.mxml

```
1.  <?xml version="1.0" encoding="utf-8"?>
2.  <mx:VBox xmlns:mx="http://www.adobe.com/2006/mxml" width="100%" height="100%"
        horizontalAlign="center">
3.              <mx:Label text="Board"/>
4.  </mx:VBox>
```

Epilogue.mxml

```
1.  <?xml version="1.0" encoding="utf-8"?>
2.  <mx:VBox xmlns:mx="http://www.adobe.com/2006/mxml" width="100%" height="100%"
        horizontalAlign="center">
3.              <mx:Label text="Epilogue"/>
4.  </mx:VBox>
```

Chapter ❾ Flex에 날개를 달자

Adobe Flex는 서비스 지향 아키텍처를 기본으로 하고 있으며, 데이터 서비스를 사용해 서버 사이드의 데이터 소스와 데이터를 교환한다. Java오브젝트, SOAP(Simple Object Access Protocol)의 표준 WebService, HTTP (Hypertext Transfer Protocol)의 GET, POST 메소드를 사용해 데이터 소스에 접근하여 조작할 수가 있다. 일반적인 Flex 애플리케이션에서는 클라이언트 사이드의 데이터 서비스 오브젝트로부터 외부 데이터 서비스에 요구를 송신해 결과의 데이터가 클라이언트 사이드 오브젝트에 돌려준다.

Flex에서 제공하는 데이터연동방법은 [표 9-1]와 같이 RPC(Remote Procedure Call : 원격함수호출) 서비스 방식과 데이터 서비스 방식이 있다. RPC 서비스 방식은 단순히 다른 서버에 있는 함수를 호출하여 결과를 리턴받기만 하는데 비해 데이터 서비스는 다른 서버에 있는 함수를 호출하여 결과를 리턴받고 변경된 데이터를 클라이언트에 실시간으로 푸쉬하여 클라이언트가 요청하지 않아도 데이터를 받을 수 있다.

[표 9-1] Flex 데이터연동 방법

데이터연동 방법		데이터 형식	데이터처리 application	LiveCycle Data Service 사용	실시간 메세징
RPC Service	HTTP Service	XML	XML, ASP, JSP, PHP 등 웹프로그램	선택적	X
	Web Service	XML SOAP 메시지	웹서비스를 제공할 수 있는 시스템	선택적	X
	RemoteObject	Java 객체 (List, Map)	자바빈즈 클래스	필수	X
Data Service	Message Service	Java 객체 (List, Map)	자바빈즈 클래스	필수	O
	Data Management Service	Java 객체 (List, Map)	자바빈즈 클래스	필수	O

데이터포맷은 XML과 배열형태의 객체(List, Map)의 두 가지로 나뉜다. HTTP Service, Web Service 방식은 XML 또는 XML 기반의 메시지를 결과로 받고, RemoteObject, Data Service는 배열형태의 자바객체를 결과로 받는다.

또한 Flex에서 사용하는 통신방식은 HTTP, AMF, RTMP 세 가지가 있는데 먼저, HTTP 방식은 HTTP를 통해 웹서버에 접속하여 HTTP request 와 response를 통해 XML로 된 메시지를 송수신하는 방식으로 Flex의 mx.messaging.channels.HTTPChannel 클래스에서 지원하며 HTTPService 에서 사용하는 프로토콜이다.

AMF(Action Message Format)은 HTTP를 기반으로 메시지를 교환하지만 AMF양식으로 인코딩된 바이너리 데이터를 송수신하며 Flex의 mx. messaging. channels.AMFChannel 클래스에서 지원한다. 그리고 RTMP (Real Time Message Protocol)는 TCP/IP 기반의 소켓통신으로 데이터를 비롯하여 영상, 음향 등을 송수신하기 위한 소켓통신 방화벽이 있으면 해당 포트를 열어주어야 하며, mx.messaging.channels.RTMPChannel 클래스에 서 지원한다.

1. 날개 하나, HttpService

HTTPServices는 웹서버에서 사용하는 HTTP 프로토콜을 이용해서 Request와 Response를 주고받는다. HTT의 GET 또는 POST 메소드를 이 용하여 Request하고 Response된 데이터를 XML, Text, Array 등의 형태 로 받아 Flex 애플리케이션에서 처리한다. HTTPServices는 HTTP를 지원 하는 모든 환경에서 지원이 가능하며 ColdFusim, ASP, NET, PHP, J2EE 등을 사용하여 데이터를 교환 할 수 있다.

HTTP의 GET, POST를 사용해 지정 URL에 요구를 송신하는 것과 같이 CGI를 닮은 방법으로 데이터를 교환하는 경우 〈mx:HTTPService〉 태그를 사용할 수가 있다. HTTPService 오브젝트의 send() 메소드를 호출하면 지 정된 URL에 대해서 HTTP GET, POST 요구가 실행되어 HTTP 응답이 반 환된다. 지정하는 URL에 인수를 건네줄 수도 있다.

[표 9-2] HTTPService 속성

속 성	인 자	설 명
id	사용자 정의	서비스 id
serviceName	사용자 정의	서비스 이름
url	사용자 정의	요청할 주소
method	GET/POST	송신방법
protocol	HTTP/HTTPS	프로토콜 지정
contentType	application/x—www—form—urlencoded | application/xml	컨텐츠 타입
useProxy	true/false	Flex프록시의 사용 여부
result		결과에 대한 엑세스
resultFormat	object/text/xml/flashvars	결과 변환 방식
concurrency	single/multiple/last	동일 서비스에 대해서 처리 방법
showBusyCursor	true/false	마우스의 Busy 커서 표현 여부
xmlEncode	사용자 정의	서비스 요구를 Encode할 필요가 있는 경우 설정
xmlDecode	사용자 정의	서비스 결과를 Decode할 필요가 있을 경우 설정
fault		[이벤트] 오류발생시

(1) XML 데이터 검색

XML 데이터를 검색할 때에는 HTTPService 태그를 사용하여 요청을 하게 되는데 url과 method 속성의 지정된 정보로 서비스를 요청할 수 있다.

Example09_01.mxml를 통해서 XML데이터를 요청하는데 본 예제의 HTTPService를 이용하여보자. Example09_01.mxml을 실행하기 위해서는 LiveCycle Data Services를 실행하고 C:\lcds\jrun4\servers\default\flex\TestProject\importComponents\ 위치에 relicContents.xml을 복사하여야 한다.

Example09_01.mxml

```
1.  <?xml version="1.0" encoding="utf-8"?>
2.  <mx:Application xmlns:mx="http://www.adobe.com/2006/mxml" layout="vertical"
    fontSize="13" backgroundColor="#FFFFFF" creationComplete="relicL.send()">
3.    <mx:HTTPService id="relicL" useProxy="false"
    url="http://localhost:8700/flex/TestProject/importComponents/relicContents.xml" />
4.    <mx:Label text="발해 문화재 " fontSize="15" fontWeight="bold"/>
5.    <mx:DataGrid id="rl" dataProvider="{relicL.lastResult.PalHae.relic}">
6.      <mx:columns>
7.        <mx:DataGridColumn dataField="Names" headerText="유물이름"
          width="250"/>
8.        <mx:DataGridColumn dataField="Years" headerText="제작년도"/>
9.        <mx:DataGridColumn dataField="Contents" headerText="유물설명"
          width="400"/>
10.     </mx:columns>
11.   </mx:DataGrid>
12. </mx:Application>
```

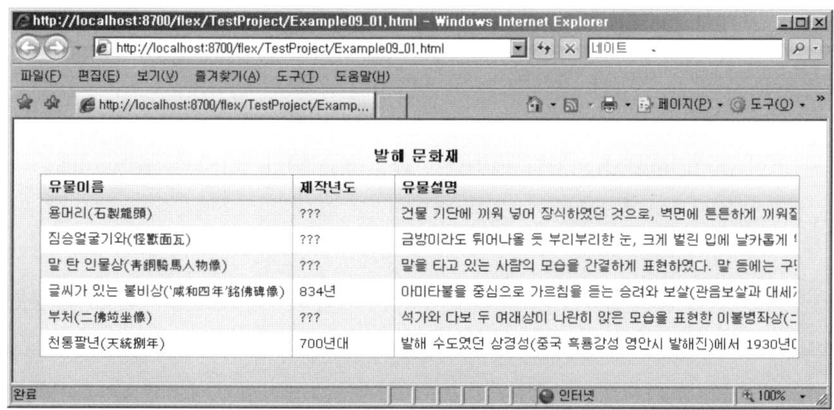

[그림 9-1] Example09_01.mxml 실행화면

(2) 데이터 읽어오기

Flex에서 HTTPService에서 요청한 데이터의 결과를 처리하는 방법은 두 가지가 있다. 데이터 바인딩을 이용한 결과처리와 이벤트 핸들러를 통한 결과처리이다.

- 데이터 바인딩 : HTTPService의 작업이 실행된 후 그 결과는 HTTPServices의 result 속성에 위치하게 되는데 서비스의 id를 통해서 접근할 수 있다. 컨트롤에서 요청한 데이터를 읽어오기 위해서는 HTTPService의 result 속성을 바인딩하면 된다. 이때 result에 반환된 데이터는 XML데이터로 파싱되어 XML 형식으로 표기가 되는데 접근 시 배열 값에 접근하는 방법과 동일한 방법으로 접근할 수 있다.
- 이벤트 핸들러 : 이벤트 핸들러를 이용한 결과 처리는 데이터 바인딩과 같이 결과를 직접적으로 읽어오지 않고 요청을 하고 결과 값이 리턴되었을 때 배열 또는 객체에 그 결과 값을 할당하게 하여 처리하는 것이다. 컨트롤에서 이 결과 값을 불러올 때에는 데이터 바인딩과 같이 결과 값을 할당한 배열 또는 객체를 바인딩 하면 된다.
- 오류 처리 : HTTPService는 요청 또는 응답 중에 오류가 발생하게 되면 fault 속성에 지정된 메소드를 수행하게 된다. 이때 fault의 이벤트를 사용하여 에러의 내용을 확인할 수 있다.

아래의 Example09_02.mxml은 HTTPService의 경로가 존재하지 않아 fault 이벤트를 호출하는데 만약 16 line의 url을 'http://localhost:8700/flex/TestProject/importComponents/relicContents.xml'으로 수정하면 result 이벤트를 호출하여 relic.xml 레코드를 DataGrid에 바인딩 시켜준다.

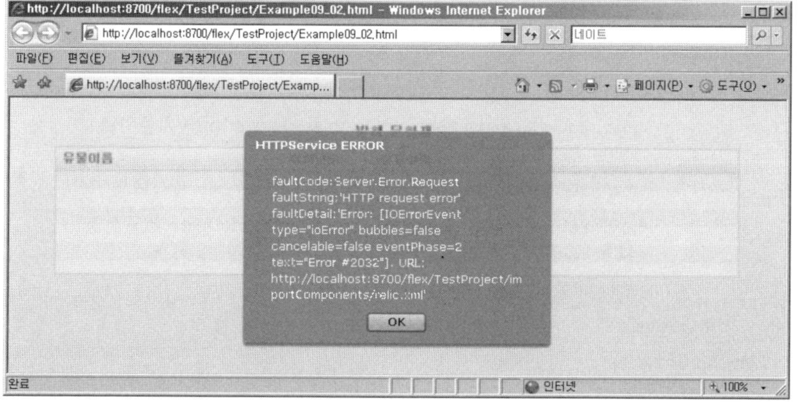

[그림 9-2] Example09_02.mxml 실행화면

Example09_02.mxml

```
1.  <?xml version="1.0" encoding="utf-8"?>

2.  <mx:Application xmlns:mx="http://www.adobe.com/2006/mxml" layout="vertical"
    fontSize="13" backgroundColor="#FFFFFF" creationComplete="relicL.send()">

3.      <mx:Script>

4.          <![CDATA[

5.              import mx.controls.Alert;

6.              import mx.rpc.events.FaultEvent;

7.              import mx.rpc.events.ResultEvent;

8.              private function resultFunc(event:ResultEvent):void{

9.                  rl.dataProvider = event.result.relicR.relic;

10.             }

11.             private function faultFunc(event:FaultEvent):void{

12.                 mx.controls.Alert.show(event.fault.message,'HTTPService ERROR');

13.             }

14.         ]]>

15.     </mx:Script>

16.     <mx:HTTPService id="relicL"
    url="http://localhost:8700/flex/FlexProject/importComponents/relic.xml" useProxy="false"
    result="resultFunc(event)" fault="faultFunc(event)"/>
```

```
17.        <mx:Label text="발해 문화재 " fontSize="15" fontWeight="bold"/>
18.        <mx:DataGrid  id="rl">
19.          <mx:columns>
20.              <mx:DataGridColumn dataField="Names" headerText="유물이름"
                    width="250"/>
21.              <mx:DataGridColumn dataField="Years" headerText="제작년도"/>
22.              <mx:DataGridColumn dataField="Contents" headerText="유물설명"
                    width="400"/>
23.          </mx:columns>
24.        </mx:DataGrid>
25.</mx:Application>
```

● HTTPService 장점 및 단점

HTTPService는 LiveCycle Data Service가 없어도 기존의 Web Application인 ASP, JSP, PHP 등에서 XML 데이터를 만들어 쉽게 Flex 애플리케이션을 구축할 수 있다. 하지만 HTTPService는 XML로 데이터를 주고받는데 XML에는 데이터를 위한 메타 태그가 포함되어 항목이 늘어나면 데이터의 양은 몇 갑절로 증가하기 때문에 고속으로 대량의 데이터를 처리하는 애플리케이션에는 부적합하다.

2. 날개 두울, WebService

WebService란 일반적으로 '처리'로 불리는 메소드를 포함한 소프트웨어 모듈이다. 웹 서비스의 인터페이스는 XML을 사용해 정의된다. WebService는 다양한 플랫폼에서 실행되는 소프트웨어 모듈이 서로 통신을 행하기 위한 규격을 따르고 있다.

Flex 애플리케이션은 URL 로서 제공되는 WSDL(Web Services Description Language) 문서로 인터페이스가 정의된 WebService와 교환할 수가 있다. WSDL는 WebService로 해석 가능한 메시지. 그 메시지에 대한 Web-Service의 응답 형식, WebService가 지원하는 프로토콜, 및 메시지의 송신지를 기술하기 위해서 사용되는 표준 형식이다.

Flex 애플리케이션은 SOAP 메시지의 형식을 가져 HTTP로 전달되는 WebService의 요구 및 결과를 지원한다. SOAP에서는 구조화 및 형태 지정이 실행된 정보를 Flex애플리케이션 등의 WebService 클라이언트와 WebService 동안에서 교환하는 경우에 사용할 수 있는 XML 베이스의 형식이 정의된다.

● **WebService 장점 및 단점**

WebService는 HTTP를 기반으로 하여 SOAP 메시지를 이용하여 결과를 리턴하기 때문에 HTTP 서비스와 유사하여 HTTPService와 마찬가지로 LiveCycle Data Service를 이용하지 않아도 Flex 애플리케이션 구축이 가능하다. 또한 자바나 닷넷으로 개발된 애플리케이션 결과를 Flex에서 가공하여 Flex 애플리케이션에 출력할 수 있다. 하지만 WebService는 XML 위에 패킷을 덧붙이 메시지를 받아야 하기 때문에 실제 데이터에 비해 메타데이터가 많아 대량의 데이터를 처리하기에는 적합하지 못하다.

3. 날개 세엣, RemoteObject

Remote Object Service는 AMF(Action Message Format) encode를 사용

해 JavaBean 등의 서버 사이드 Java Object의 메소드에 액세스할 수 있다. Object가 아직 WebService로서 정의되지 있는 않은 경우나 환경에서 WebService가 사용되지 않는 경우 또는 WebService는 아니고 Java Object를 사용하고 싶은 경우 등에 WebService 대신에 Remote Object Service를 이용할 수 있다. RemoteObject 서비스는 〈mx:RemoteObject〉 태그를 사용하여 Flex Web 애플리케이션의 클래스 패스상에 있는 로컬 Java 오브젝트에 접속할 수 있다.

HTTPService와 WebService가 XML을 기반으로 데이터를 처리하는데 비해 RemoteObject 서비스는 배열의 구조를 갖는 바이너리데이터를 처리한다. 또한 RemoteObject 서비스는 Flex Data Service를 프록시로 사용하여 데이터를 가져온다.

또한, RemoteObjecct 서비스는 Java Object를 결과 값으로 받아들여 이를 액션스크립트 object로 변환한다.

- 액션스크립트 배열형태의 데이터는 자바의 List나 Map형태의 데이터와 매핑한다.
- 액션스크립트의 데이터 형인 Boolean, Date, int, number, String, null 등은 [표 9-3]과 같이 해당하는 Java 데이터 형으로 매핑된다.

[표 9-3] Flex 액션스크립트와 Java Object 데이터 형 매핑

액션스크립트 Data Type	Java Data Type
Object	Object
XML	org.w3c.dom.Document
Array	java.util.List/java.util.Map
Boolean	java.lang.Boolean
Date	java.util.Date
int/unit	java.lang.Integer

number	java.lang.Double
String	java.lang.String
null/undefined	Null

● RemoteObject 장점 및 단점

RemoteObject는 HTTPService나 WebService에 비해 데이터 처리 속도가 빠르기 때문에 데이터가 많은 애플리케이션을 구축 하는데 유용하며, JavaBeans 객체로 가져오는 데이터의 타입이 액션스크립트 객체와 매핑되기 때문에 Flex 개발 프로젝트에서 재사용할 수 있다. 하지만 Remote-Object를 사용하기 위해서는 LiveCycle Data Service를 구매하여야 하며, JavaBeans를 사용하기 때문에 자바 개발환경에 익숙한 사람들에게 개발이 유리하다.

4. Flex 날개 달고 날아보자

LiveCycle Data Service는 데이터서비스를 이용하기 위해 [표 9-4]와 같은 설정 파일을 구성하여야 한다. 이 설정 파일들은 flex-config.xml에서 include하는데 기본적으로 C:₩fds2₩jrun4₩servers₩default₩samples₩WEB-INF₩flex에 위치한다.

[표 9-4] Flex Data Service 2의 설정 파일

설정 파일	설 명
services-config.xml	Flex Data Service의 최상위 설정 파일 • remoting-config.xml 경로 • proxy-config.xml 경로 • messaging-config.xml 경로 • data-management-config.xml 경로 • 보안 제약 사항 • 채널 정의 • 로깅 설정
remoting-config.xml	RemoteObject에서 사용할 서비스명과 자바빈즈의 이름에 대한 정의
proxy-config.xml	Proxy를 사용하는 WebService와 HTTPService의 설정 파일
messaging-config.xml	메시지 서비스에서 사용할 서비스 이름(JNDI명)과 속성들에 대한 정의
data-management-config.xml	데이터관리서비스에서 사용할 자바빈즈객체와 서비스이름에 대한 정의

● crossdomain.xml

crossdomain.xml 파일은 자기 서버에 있는 데이터와 파일들을 다른 도메인에 있는 SWF가 읽어갈 수 있도록 세팅해주는 파일이다.

● unnamed 서비스

unnamed 서비스는 RemoteObject, WebService, HTTPService에서 URL이나 Source 등의 속성을 이용하여 경로를 지정하여 정의한다.

다음은 이름이 없는 HTTP 서비스의 선언 예를 나타낸 것이다. url 속성의 값에는, 상대 URL 또는 절대 URL을 지정할 수 있으며, 상대적인 URL은 Web apprication의 root document를 기준으로 하여 @ContextRoot()를 이용하여 지정할 수 있다.

```
<mx:HTTPService id="MyService" url="@ContextRoot()
/directory/myfile.xml"/>
```

- @ContextRoot()/ 로 시작되는 URL를 지정하면 Flex 애플리케이션
  이 제공되고 있는 Web 애플리케이션의 문서 루트를 기준으로서 지
  정된다.

다음은 이름이 없는 WebService의 선언의 예를 나타낸다. 이 예에서
는 <mx:WebService> 태그로 서비스의 식별자와 WSDL 문서를 지정하
고 있다.

```
<mx:WebServiceid="MyService"wsdl="http://somewhere.com/my.w
sdl"/>
```

wsdl 속성에 상대 URL 또는 절대 URL를 지정해 이름이 없는 WebService
에 접근할 수가 있다. 상대 URL는 다음의 방법으로 지정할 수 있다.

- WSDL 파일명만을 지정하면 애플리케이션 MXML 파일이 저장된 디
  렉터리를 기준으로서 지정된다.
- WSDL 파일명의 전에 slash(/)를 붙이면 Flex 애플리케이션이 제공
  되고 있는 서버의 Web 루트를 기준으로서 지정된다.

다음은 이름이 없는 리모트 오브젝트 서비스의 선언의 예를 나타낸다.
source 속성으로 클래스 패스에 있는 Java 클래스의 완전 수식명을 지정
하고 있다.

```
<mx:RemoteObject id="MyService" source="credit.CreditCardAuth"/>
```

● named Service

named Service는 서버의 환경설정 파일에 destination라는 속성을 지정하여 사용한다.

먼저 HTTPService에 named Service를 설정하기 위해서는 services-config.xml에 HTTPChannel을 지정한다. HTTPService의 Name Service를 이용하기 위해 [표 9-5]와 같이 flexExam-http-channel을 정의한다.

[표 9-5] services-config.xml 파일 설정

```
60.··············(생략)
61.    <channel-definition id="flexExam-http-channel"
       class="mx.messaging.channels.HTTPChannel">
62.        <endpoint uri="http://localhost:8700/flex/messagebroker/http"
           class="flex.messaging.endpoints.HTTPEndpoint"/>
63..    </channel-definition>
64.
65.    <channel-definition id="my-http" class="mx.messaging.channels.HTTPChannel">
66.        <endpoint
           uri="http://{server.name}:{server.port}/{context.root}/messagebroker/http"
           class="flex.messaging.endpoints.HTTPEndpoint"/>
67.    </channel-definition>
68.··············(생략)
```

service-config.xml 파일의 편집이 끝나면 HTTPService의 url에 대한 destination을 정의하는데 http://localhost:8700/flex/TestProject/importComponents/relicContnents.xml을 'FlexExam'이라는 이름의 destination으로 정의하고 FlexExam-http-channel channel을 사용하기

위해 [표 9-6]과 같이 설정한다.

[표 9-6] proxy-config.xml 파일 설정

```
18. ·············(생략)
19.      <default-channels>
20.               <channel ref="flexExam-http-channel"/>
21.               <channel ref="my-http"/>
22.               <channel ref="my-amf"/>
23.          </default-channels>
24.
25.<destination id="flexExam">
26.              <properties>
27.<url>http://localhost:8700/flex/TestProject/importComponents/relicContnents.xml</url>
28.              </properties>
29.          </destination>
30.</service>
31. ·············(생략)
```

Jrun4에서는 20초마다 설정 파일의 변경을 확인하기 위해 리로딩하는
데, 설정한 것들이 제대로 돌아가는지 확인하기 위해서는 services-
config.xml에서 설정한 http://localhost:8700/flex/messagebroker/http
를 호출했을 때 [그림 9-3]과 같아야 설정이 끝난다. 만약 [그림 9-4]와
같이 출력되면 설정이 잘못된 것이기 때문에 service-config.xml이나
proxy-config.xml 설정을 다시 확인한다.

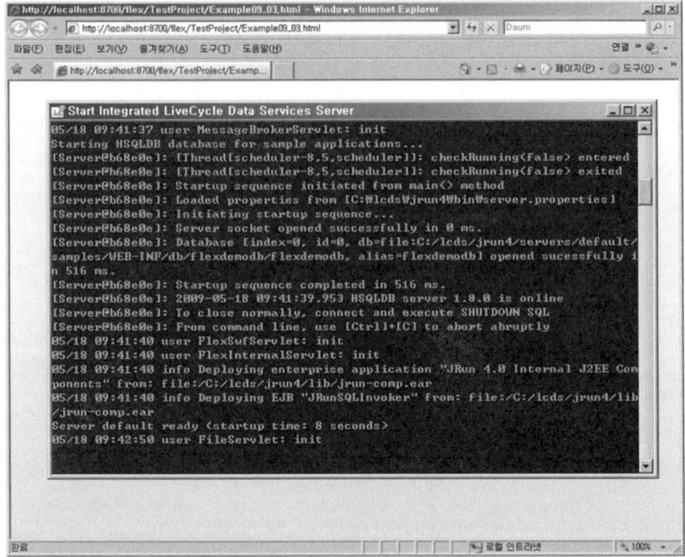

[그림 9-3] MessageBroker 호출 – 설정완료

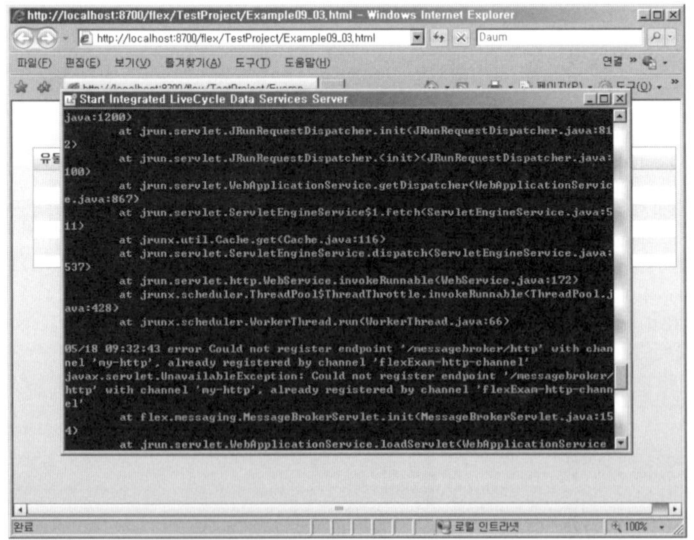

[그림 9-4] MessageBroker 호출 – 설정점검

named HTTPService 예제로 Example09_02.mxml의 16 line의 url 속
성 대신에 destination을 이용하여 Example09_03.mxml을 구현한다.

Example09_03.mxml

```
1.  <?xml version="1.0" encoding="utf-8"?>
2.  <mx:Application xmlns:mx="http://www.adobe.com/2006/mxml" layout="vertical"
    fontSize="13" backgroundColor="#FFFFFF" creationComplete="relicL.send()">
3.      <mx:Script>
4.          <![CDATA[
5.              import mx.controls.Alert;
6.              import mx.rpc.events.FaultEvent;
7.              import mx.rpc.events.ResultEvent;
8.              private function resultFunc(event:ResultEvent):void{
9.                  rl.dataProvider = relicL.lastResult.PalHae.relic;
10.             }
11.             private function faultFunc(event:FaultEvent):void{
12.                 mx.controls.Alert.show(event.fault.message,'HTTPService ERROR');
13.             }
14.         ]]>
15.     </mx:Script>
16.     <mx:HTTPService id="relicL"  destination="flexExam" useProxy="true"
    result="resultFunc(event)" fault="faultFunc(event)"/>
17.     <mx:Label text="발해 문화재 " fontSize="15" fontWeight="bold"/>
18.     <mx:DataGrid id="rl">
19.         <mx:columns>
20.             <mx:DataGridColumn dataField="Names" headerText="유물이름"
                width="250"/>
21.             <mx:DataGridColumn dataField="Years" headerText="제작년도"/>
22.             <mx:DataGridColumn dataField="Contents" headerText="유물설명"
                width="400"/>
23.         </mx:columns>
24.     </mx:DataGrid>
25.</mx:Application>
```

그럼 마지막으로 액션스크립트를 이용하여 HTTPService를 호출해보자. 먼저 HTTPService에서 객체를 생성하고 생성한 HTTPService 객체의 url 속성 값을 지정하고 addEventListener() 함수를 이용하여 result와 fault event에 대한 핸들러를 지정한다. 그리고 send() 메소드를 호출하여 HTTPS ervice의 결과 값를 받아온다.

Example09_04.mxml

```
1.  <?xml version="1.0" encoding="utf-8"?>
2.  <mx:Application xmlns:mx="http://www.adobe.com/2006/mxml" layout="vertical"
    backgroundColor="#FFFFFF" creationComplete="actionScriptFunc()">
3.      <mx:Script>
4.          <![CDATA[
5.              import mx.controls.Alert;
6.              import mx.rpc.events.FaultEvent;
7.              import mx.rpc.events.ResultEvent;
8.              import mx.rpc.http.HTTPService;
9.              private function actionScriptFunc():void{
10.             var flexExamTest:HTTPService = new HTTPService();
11.                 var vars:Object = new Object();
12. flexExamTest.url="http://localhost:8700/flex/TestProject/importComponents/relicContents.xml";
13.                 flexExamTest.send();
14.                 flexExamTest.addEventListener("result", resultFunc);
15.                 flexExamTest.addEventListener("fault", faultFunc);
16.             }
17.
18.             private function resultFunc(event:ResultEvent):void{
19.                 rl.dataProvider = event.result.PalHae.relic;
20.             }
21.             private function faultFunc(event:FaultEvent):void{
22.                 mx.controls.Alert.show(event.fault.message,'HTTPService ERROR');
23.             }
```

```
24.          ]]>
25.      </mx:Script>
26.      <mx:Label text="발해 문화재 " fontSize="15" fontWeight="bold"/>
27.      <mx:DataGrid id="rl">
28.          <mx:columns>
29.              <mx:DataGridColumn dataField="Names" headerText="유물이름" width="250"/>
30.              <mx:DataGridColumn dataField="Years" headerText="제작년도"/>
31.              <mx:DataGridColumn dataField="Contents" headerText="유물설명" width="400"/>
32.          </mx:columns>
33.      </mx:DataGrid>
34.</mx:Application>
```

● RemoteObject 사용

HTTPService와 WebService가 웹 기반의 XML 형식의 데이터를 주고받는데 반해 RemoteObject는 WAS에 설치된 JavaBeans를 호출하여 그 결과를 Action Message Format인 바이너리 형식으로 받는다. 또한 Remote Object는 Flex Data Service 2에서 실행해야 하며 config 파일을 설정하여야 한다.

먼저 [표 9-7]과 같이 flex-amf-channel을 AMF 통신을 위한 채널로 사용하기 위해 service-config.xml 파일을 수정한다.

[표 9-7] RemoteObject를 사용하기 위한 services-config.xml 파일 설정

```
30.……(생략)

31.    <channels>

32.        <channel-definition id="flex-amf-channel"
            class="mx.messaging.channels.AMFChannel">

33.            <endpoint uri="http://localhost:8700/flex/messagebroker/amf"
                class="flex.messaging.endpoints.AMFEndpoint"/>

34.            <properties>

35.                <polling-enabled>false</polling-enabled>

36.            </properties>

37.        </channel-definition>

38.

39.        <channel-definition id="my-amf" class="mx.messaging.channels.AMFChannel">

40.            <endpoint
                uri="http://{server.name}:{server.port}/{context.root}/messagebroker/amf"
                class="flex.messaging.endpoints.AMFEndpoint"/>

41.            <properties>

42.                <polling-enabled>false</polling-enabled>

43.            </properties>

44.        </channel-definition>

45.……(생략)
```

또한 JavaBeans 객체를 destinaion으로 등록하기 위해 remoting-config.xml 파일을 [표 9-8]과 같이 수정한다. 이는 Flex 기본 디렉터리(C:₩lcds₩jrun4₩servers₩default₩ flex₩)의 WEB-INF의 classes 폴더 아래 클래스를 등록한다. [표 9-8]의 14~18 line은 C:₩lcds₩jrun4₩servers ₩default₩flex₩WEB-INF₩classesflexP 디렉터리의 ContentList.class 파일을 flexRO 객체로 생성하는 것을 의미한다.

[표 9-8] RemoteObject를 사용하기 위한 remoting-config.xml 파일 설정

```
1. <?xml version="1.0" encoding="UTF-8"?>
2. <service id="remoting-service"
3.     class="flex.messaging.services.RemotingService"
4.     messageTypes="flex.messaging.messages.RemotingMessage">
5.
6.     <adapters>
7.         <adapter-definition id="java-object"
            class="flex.messaging.services.remoting.adapters.JavaAdapter" default="true"/>
8.     </adapters>
9.
10.     <default-channels>
11.         <channel ref="my-amf"/>
12.     </default-channels>
13.
14.     <destination id="flexRO">
15.             <properties>
16.                     <source>flexP.ContentList</source>
17.             </properties>
18.     </destination>
19. </service>
```

1. importComponents 폴더 내에 relicList.jsp 파일을 참조하는 RelicJSP. mxml을 생성하여 [그림 9-5]와 같이 Flex 애플리케이션을 구축하자.

   DataGrid는 총 15행이며, Accordion의 가로와 세로의 크기는 DataGrid의 가로와 세로 크기와 동일하고 또한 Accordion은 유물기본정보, 유물상세설명, 유물이미지로 구분하여 DataGid의 레코드를 선택하면 선택된 레코드의 정보가 출력되도록 구현해 보자. 만약 유물이미지가 존재하지 않는다면 qkfgo.jpg 파일이 출력되게 하자.

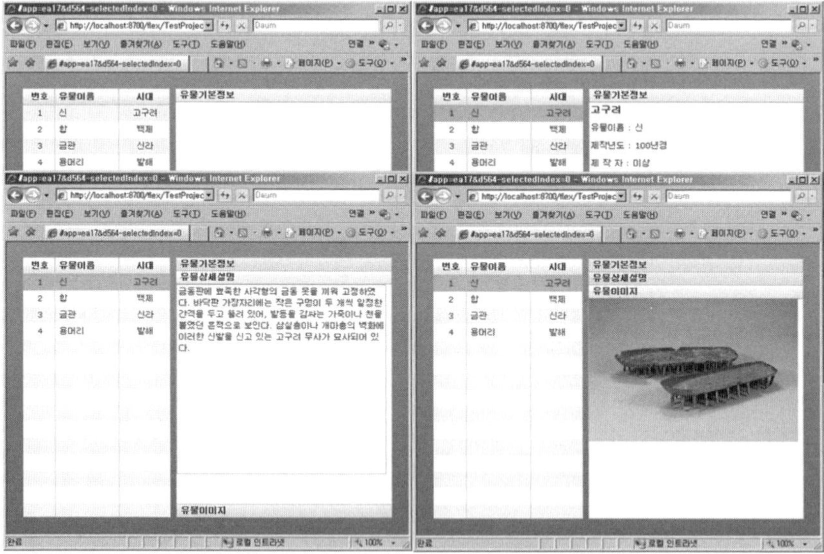

[그림 9-5] 실행화면

importComponents/relicList.jsp

```jsp
1.  <%@ page contentType="text/xml; charset=EUC-KR" %>
2.  <%@ page import = "java.io.*, java.sql.*, java.util.*, java.net.*" %>
3.  <%
4.            request.setCharacterEncoding("euc-kr");
5.  %>
6.  <?xml version="1.0" encoding="euc-kr"?>
7.      <RelicSet>
8.  <%
9.      String sql="SELECT * FROM relic";
10.     Connection c = null;
11.     Statement stmt = null;
12.     ResultSet rs = null;
13.     String url = "jdbc:mysql://localhost/flexDB";
14.     String user="flexuser";
15.     String pw="flex";
16.     try{
17.         Class.forName("com.mysql.jdbc.Driver");
18.         c = DriverManager.getConnection(url,user,pw);
19.         stmt = c.createStatement();
20.         rs = stmt.executeQuery(sql);
21.         while(rs.next()){
22.%>
23.         <Relic>
24.             <id><%= rs.getInt("num") %></id>
25.             <title><%= rs.getString("title")%></title>
26.             <dynasty><%= rs.getString("dynasty")%></dynasty>
27.             <years><%= rs.getString("years")%></years>
28.             <producers><%= rs.getString("producers")%></producers>
29.             <contents><%= rs.getString("contents")%></contents>
30.             <images><%= rs.getString("images")%></images>
31.         </Relic>
32.<%
```

```
33.    }
34.         rs.close();
35.         stmt.close();
36.    } catch(Exception e){
37.         e.printStackTrace();
38.    }
39.%>
40.    </RelicSet>
```

RelicJSP.mxml

```
1.  <?xml version="1.0" encoding="utf-8"?>
2.  <mx:Application xmlns:mx="http://www.adobe.com/2006/mxml" fontSize="13"
    creationComplete="relicHS.send();" initialize="System.useCodePage=true" >
3.      <mx:Script>
4.          <![CDATA[
5.              public function changeC(event:Event):void{
6.                  if(event.currentTarget.selectedItem.images == null )
7.                          imageC.source="images/qkfgo.jpg";
8.                  else  imageC.source="images/"+event.currentTarget.selectedItem.images;
                        }
9.          ]]>
10.     </mx:Script>
11.
12.     <mx:HTTPService id="relicHS" useProxy="false"
        url="http://localhost:8700/flex/TestProject/importComponents/relicList.jsp"/>
13.     <mx:HBox>
14.     <mx:DataGrid id="relicDG" dataProvider="{relicHS.lastResult.RelicSet.Relic}"
        rowCount="15" textAlign="center" click="changeC(event)">
15.         <mx:columns >
16.             <mx:DataGridColumn dataField="id" headerText="번호" width="50"/>
17.             <mx:DataGridColumn dataField="title" headerText="유물이름" textAlign="left"/>
18.                 <mx:DataGridColumn dataField="dynasty" headerText="시대"
                    width="80"/>
```

```
19.           </mx:columns>
20.        </mx:DataGrid>
21.     <mx:Accordion id="ac" width="{relicDG.width+100}" height="{relicDG.height}"
        fontSize="13">
22.           <mx:VBox label="유물기본정보">
23.              <mx:Label text="{relicDG.selectedItem.dynasty}" fontSize="15"
                 fontWeight="bold"/>
24.              <mx:Label text="{'유물이름 : '+relicDG.selectedItem.title}"/>
25.              <mx:Label text="{'제작년도 : '+relicDG.selectedItem.years}"/>
26.              <mx:Label text="{'제 작 자 : '+relicDG.selectedItem.producers}"/>
27.           </mx:VBox>
28.           <mx:VBox label="유물상세설명">
29.              <mx:TextArea id="te" text="{relicDG.selectedItem.contents}"
                 width="{ac.width-10}" height="{ac.width-30}" />
30.           </mx:VBox>
31.           <mx:VBox label="유물이미지">
32.              <mx:Image id="imageC" width="{ac.width-10}"/>
33.           </mx:VBox>
34.        </mx:Accordion>
35.     </mx:HBox>
36.</mx:Application>
```

Chapter ❿ Flex, Java를 만나다

〈mx:RemoteObject〉 태그를 사용해 Web 애플리케이션의 클래스 패스 내에 있는 JavaBean에 접근할 수가 있다. Web 애플리케이션의 WEB-INF/ classes 디렉터리에 ContentList 클래스 파일을 배치하면 클래스 파일이 클래스 패스에 추가된다. Web 애플리케이션의 WEB-INF/lib 디렉터리에 Java archive(JAR) 파일 내에 넣은 클래스를 배치하면 그 파일이 클래스 패스에 추가된다. source 속성에는 완전 수식 클래스명을 지정할 필요가 있다. 또한 클래스에는 파라미터가 없는 constructor도 설정할 필요가 있다.

디폴트의 타입인 stateless-class 타입을 사용해 같은 오브젝트의 메소드를 호출하는 대신 각 메소드 호출에 대해 새로운 오브젝트를 작성한다. 다음의 예에서는 매회의 메소드의 호출이 각각 credit.CreditCardAuth 클래스의 새로운 인스턴스로 실행된다.

```
<mx:RemoteObject id="creditclass" type="stateless-class"
source="credit.CreditCardAuth"/>
```

> 〈mx:RemoteObject〉 태그를 사용하는 경우 stateful-class 타입을 사용해 서버상의 클래스의 메소드를 호출한다. 이 문장구조법을 사용해 Java 오브젝트에 접근하면 서버에 클래스가 로드되어 Flex에 의해 메소드 호출한 상태가 유지된다. 오브젝트를 세션에 저장할 경우에 메모리의 문제가 발생하는 경우는 stateless-class 타입을 사용한다. 다음의 예에서는 각 메소드 호출이 credit.CreditCardAuth 클래스의 같은 인스턴스로 인식된다.

```
<mx:RemoteObject type="stateful-class" id="creditclass" source
="credit.CreditCardAuth"/>
```

Flex는 J2EE 서버 세션을 이용해 스테이트 풀 Java 오브젝트를 보관·유지한다. 서버 세션 기능에서는 세션 Cookie가 필요하다. 세션 Cookie는 자동적으로 송신된다. Cookie를 처리하지 않는 클라이언트로부터 Java 오브젝트에의 스테이트 풀 액세스를 가능하게 하고 싶은 경우에는 URL에 sessionid를 부가할 수가 있다. 이것을 실시하려면 일반적으로는 JSP(JavaServer Page) 파일로 response.encodeURL()메소드를 사용한다.

서버 세션 기능은 Windows, Linux, UNIX 버전의 standalone판 플래시 플레이어로 이용할 수 있지만 Macintosh 플랫폼 전용의 standalone판 플래시 플레이어에서는 이용할 수 없다.

1. 액션스크립트로부터 Java로 데이터 변환

Flex애플리케이션으로부터 Java오브젝트에 메소드 파라미터로 송신되는 데이터는 자동적으로 액션스크립트의 데이터 형으로부터 Java의 데이터 형에 변환된다. Flex가 Java 오브젝트상의 적절한 메소드를 찾으려면 보다 관대한 변환 방법이 사용된다.

클라이언트 측의 데이터 형이 Boolean나 String 등 단순한 형태라면 대부분 remote API에 완전하게 일치하지만 완전하게 일치하지 않는 경우에도 Java 오브젝트의 적절한 메소드를 찾아내기 위해서 단순한 변환 처리가 시행된다.

액션스크립트의 배열 엔트리에 대한 인덱스 지정의 방법에는 모든 인덱스가 Number형인 배열과 String형의 인덱스가 적어도 1개가 포함되는 배열 두 종류가 있다. Java 오브젝트의 메소드의 실행에 사용되는 데이터 형은 이 배열의 종류에 의해 바뀌기 때문에 어느 종류의 배열을 서버에 송신하는지는 인식해 둘 필요가 있다.

● 단순한 데이터 형 변환

Java 오브젝트의 메소드를 호출하기 위해서 Number를 String으로 변환하는 경우는 java.lang.Double.toString() API의 결과로 표현한다. 예를 들어 액션스크립트의 Number형의 값 2를 String으로 받는 메소드에 보내는 경우는 '2.0'로 전달된다. 또한 클라이언트로부터 Java오브젝트에 Boolean형이나 Number형의 값을 건네주는 경우 값이 지정되지 않았으면 기본 값은 null이 된다. 예를 들어 double, float, long, int, short, byte의 경우는 0, char 의 경우는 ·u0000, Boolean의 경우는 false가 된다.

액션스크립트로 new연산자를 사용해 Number형, Boolean형 또는 String형의 오브젝트 표현을 작성하는 것은 AMF에서는 지원되지 않는다.

[표 10-1] 데이터 형에서 지원되는 액션스크립트에서 Java로 변환

액션스크립트	AMF 비직렬화 처리	지원하는 Java 데이터 형 변환
null	null	오브젝트의 경우는 null 원시적의 경우는 디폴트치
Number	java.lang.Double	java.lang.Number(클래스 또는 원시적치), java.lang.String
Boolean	java.lang.Boolean	java.lang.Boolean, boolean, java.lang.String
String	java.lang.String	java.lang.String, java.lang.Boolean, boolean, java.lang.Character, char, java.lang.Number (클래스 또는 원시적치)
Date	java.util.Date	java.util.Date
XML오브젝트	org.w3c.dom.Document	org.w3c.dom.Document

● **배열**

Flex의 배열은 java.util.Collection API 또는 java.lang. reflect.Array API의 실장을 받는 메소드에 인수로서 건네줄 수가 있다.

[표 10-2] 액션스크립트 배열에 대해서 행해지는 액션스크립트로부터 Java의 변환

액션스크립트	AMF 비직렬화 처리	지원하는 Java 데이터 형 변환
배열	java.util.ArrayList	Collection, Object[]

Java 콜렉션은 Object형을 몇 가지 종류에 대해서도 포함할 수가 있지만 Java 배열의 경우는 모든 엔트리가 같은 형태일 필요가 있다. 또한, 액션스크립트의 배열은 공통의 Collection API 인터페이스를 실장한 적절한 형태로 변환된다. 예를 들어 액션스크립트의 배열이 Java 오브젝트 메소드 public void addProducts(java.util.Set products)에 보내졌을 경우 java. util.HashSet 인스턴스에 변환된 다음 인수로서 건네받는다. 이것은 HashSet 클래스가 java.util.Set 인터페이스를 구현하기 때문이다.

● 배열과 형태가 지정되어 있지 않은 오브젝트

다음의 표에서는 액션스크립트 배열 및 형태가 지정되어 있지 않은 오브젝트에 대해서 지원되는 액션스크립트로부터 Java의 변환을 나타낸다.

[표 10-3] 액션스크립트로부터 Java에의 변환

액션스크립트	AMF 비직렬화 처리	지원하는 Java 데이터 형 변환
배열(결합키)	flashgateway.io.ASObject	Map
오브젝트(형태 지정 없음)	flashgateway.io.ASObject	Map

서버에서는 클라이언트로부터 보내지는 배열이나 형태가 지정되어 있지 않은 오브젝트가 키와 값의 페어로 구성되는 일반적인 구조로 취급한다. 클라이언트의 키는 항상 String으로서 보내지만 구조의 표현에는 flashgateway.io.ASObject가 사용된다.

메소드의 인수에 Map 인터페이스가 필요한 경우 ASObject의 내용이 Map 오브젝트에 복사된다.

● 형태가 지정된 오브젝트

다음의 표에 형태가 지정된 오브젝트에 대해서 지원되는 액션스크립트로부터 Java의 변환을 나타낸다.

[표 10-4] 지정된 오브젝트에 대해서 지원되는 액션스크립트로부터 Java의 변환

액션스크립트	AMF 비직렬화 처리	지원하는 Java 데이터 형 변환
오브젝트(형태 지정)	flashgateway.io.ASObject	new CustomType()

● 암묵적으로 처리되지 않는 오브젝트

액션스크립트의 형태가 암묵적으로 처리되지 않는 경우는 서버상의 형

태가 지정된 같은 이름의 Java 클래스에 할당할 수가 있다. Object.register
Class() 메소드를 사용하는 액션스크립트 클래스 내에 서버상의 대응하는
Java 클래스를 지정하기 위한 정적 변수를 작성한다. register Class() 메
소드의 첫 번째 인수는 Java 클래스의 수식명이다. 두 번째의 인수는 액션
스크립트 클래스의 수식명이다. 같은 이름의 클래스가 발견되었을 경우
Flex는 퍼블릭 변수 및 JavaBean이 제공하는 setter를 사용해 오브젝트에
값을 설정한다. Flex에서는 이러한 값을 설정하기 전에 이러한 오브젝트를
암묵적인 타입 또는 클래스에 일치하는 타입으로 변환하려고 시도한다.

액션스크립트 클래스에서는 get 키워드 및 set 키워드를 사용해서
getter 속성 또는 setter 속성으로 선언된 속성을 사용할 수 없으며, 속성
은 실제의 변수일 필요가 있다. 다음의 예제는 Object.registerClass() 메
소드를 사용해 regClass 변수 내의 Java 클래스에의 매핑을 작성하는 단
순한 액션스크립트 클래스이다.

```
class com.Product
{
    public var id:Number;
    public var name:String;
    public var price:Number;
    public var description:String;
    public static var regClass = Object.registerClass("com.Product", com.Product);
    function Product()
    {
    }
    function toString()
    {
        return "id = " + id + " name = " + name + " price = $" + price;
    }
}
```

다음은 서버에 대응하는 Java 클래스를 나타낸다.

```java
package com;
public class Product {
    public Integer id;
    public String name;
    public double price;
    public String description;
    public Product()
    {
        }
}
```

서버상의 일치하는 클래스를 지정하지 않으면 대응하는 서버 사이드 오브젝트로서 ASObject가 사용된다. Flex는 값을 설정하기 전에 이러한 오브젝트를 암묵적인 타입 또는 클래스에 일치하는 타입으로 변환하려고 시도한다. Flex는 복잡한 액션스크립트 오브젝트로부터 서버 사이드에 프라이빗 변수를 보내고 변수를 숨기기 위해서 다음 코드를 오브젝트의 constructor에 추가해 속성의 이름을 propertyname에 옮겨놓는다.

```
_global.ASSetPropFlags(this, "propertyname", 1);
```

2. Java에서 액션스크립트로 데이터 변환

Java 메소드로부터 주어진 오브젝트는 Java로부터 액션스크립트에 변환된다. Flex는 오브젝트 내의 오브젝트도 처리한다. Flex는 다음의 Java

데이터 형을 암묵적으로 처리한다. Flex로 암묵적으로 처리되지 않는 Java 오브젝트의 경우는 JavaBean의 getter 메소드 및 public 변수 내의 값이 오브젝트의 속성으로서 클라이언트에게 보내진다.

Flex에서는 Java 클래스명에 근거해 자동적으로 액션스크립트 클래스를 찾는다. 액션스크립트로부터 Java에 데이터 변환으로 설명한 것처럼 액션스크립트 클래스에서는 Object.registerClass() 메소드를 사용해 Java 클래스와의 매핑을 작성한다. MXML 파일에서는 데이터 변환처의 액션스크립트 클래스를 사용하는지 참조할 필요가 있다. 이것에는 다음의 예와 같이 오브젝트를 캐스트하는 것을 추천한다.

```
var result:MyClass = MyClass(event.result);
```

클래스 자체에서는 의존관계(dependencies)도 링크되도록 하기 위해서 엄밀하게 형태 지정된 참조를 사용해 주어야 한다.

액션스크립트 클래스에서는 get 키워드 및 set 키워드를 사용해 getter 속성 또는 setter 속성으로서 선언된 속성을 사용할 수 없다. 이 속성은 실제의 변수일 필요가 있다. Flex 액션스크립트와 Java Object 데이터 형에 대한 매핑은 [표 10-3]을 참조한다.

3. DataService를 이용한 데이터동기화

데이터관리서비스는 클라이언트와 서버 간에 데이터를 동기화하기 위해서 개발자들이 수작업으로 코딩하던 번거로움을 없애고 클라이언트가 변경한 데이터를 즉시 반영해서 볼 수 있도록 하는데 DataService 클래스는 데이터 동기화, 복제, 온/오프라인 접속 작업을 위한 서비스를 제공한다. DataService 클래스는 mx.data.mxml.DataService의 패키지에 들어 있다.

즉, 데이터동기화는 클라이언트의 웹 브라우저를 새로 고치지 않더라도 변경 내역이 바로 클라이언트의 웹 브라우저에 반영되는데 데이터동기화를 위해서는 다음을 준비해야 한다.

- DAO class
- DAO를 사용하는 Assembler class
- data-management-config.xml에 Assembler 등록
- DataService를 이용한 application 구현

그럼 실전 프로젝트에서 실습한 FinalTest Project를 Flex Data Service와 Java class, MySql을 연동하여 FinalTest Flex project를 완성시키고자 한다. 주의할 것은, java 파일을 컴파일할 때는 JDK 1.4x 이하 버전으로 컴파일해야 하며 MySql을 연결하는 JDBC 역시 Mysql Connection 3.1x 이하 버전으로 해야 한다. 이를 주의하면서 Flex DataService Application을 구현해보자.

FinalTest Project의 전체적인 경로는 [표 10-5]와 같다.

[표 10-5] FinalTest Project의 환경설정 파일과 모든 실행 파일들의 경로

```
fds2
    ─ jrun4
        ─ servers
            ─ default
                ─ flex
                    ─ FinalTest          폴더 및 mxml 파일,
                                         image 파일 등 포함
                    ...
                    ─ WEB-INF
                        ─ classes        java class 파일 포함
                        ─ flex           환경설정 파일 포함
            ─ lib                        Mysql Connector 포함
```

먼저 Java와 MySql을 연동하기 위한 Board.java와 ContentList.java 파일을 작성하자. Board.java는 num, named, email, title, contents, writedate 6개의 멤버변수를 갖고 MySql에서 읽어온 게시판 데이터를 담는 역할을 하며, Flex Project에서 include되는 Board.as의 멤버변수와 일대일 매핑되어야 한다.

Board.java

```java
1. package fconts;
2. import java.io.Serializable;
3.
4.      public class Board implements Serializable {
5.              public int num;
6.              public String named;
7.              public String email;
8.              public String title;
9.              public String contents;
10.         public String writedate;
```

```
11.        public Board() {
12.    }
13.
14.    public Board(int num, String named, String email,  String title, String contents, String
       writedate) {
15.        this.num = num;
16.        this.named = named;
17.        this.email = email;
18.        this.title = title;
19.        this.contents = contents;
20.        this.writedate = writedate;
21.    }
22.}
```

그리고 ContentList.java는 MySql의 flex 데이터베이스에 연결하여 board 테이블의 레코드를 가져오거나, 레코드를 삽입·수정 또는 삭제하는 메소드를 구현한다. ContentList.java에 구현된 메소드는 [표 10-6]과 같다.

[표 10-6] ContentList.java 메소드

메소드	설 명
getInstance()	MySql의 flex 데이터베이스와 연결
getBoardLists()	board 테이블의 모든 레코드 리턴
create()	board 테이블에 새로운 레코드 삽입
update()	board 테이블의 레코드 수정
delete()	board 테이블의 레코드 삭제

ContentList.java

```java
1. package fconts;
2. import fconts.Board;
3. import java.sql.*;
4. import java.util.*;
5. public class ContentList{
6.     private Connection getInstance() {
7.         Connection conn = null;
8.         try {
9.             Class.forName("org.gjt.mm.mysql.Driver");
10.            String url = "jdbc:mysql://localhost:3306/flex";
11.            String user="root";
12.            String password="1234";
13.            conn=DriverManager.getConnection(url, user, password);
14.        } catch (Exception e) {
15.            e.printStackTrace();
16.        }
17.        return conn;
18.    }
19.    public List getBoardLists() {
20.        Connection conn = null;
21.        Statement stmt = null;
22.        ResultSet rs = null;
23.    String sql="SELECT num, name, email, title, contents,writedate FROM board";
       ArrayList al = new ArrayList();
24.        try {
25.            conn = getInstance();
26.            stmt = conn.createStatement();
27.            rs = stmt.executeQuery(sql);
28.            while (rs.next()) {
29.        Board b = new Board(rs.getInt(1), rs.getString(2), rs.getString(3), rs.getString(4),
            rs.getString(5), rs.getString(6));
30.                al.add(b);
```

```
31.                  }
32.                  rs.close();
33.                  stmt.close();
34.            } catch (Exception e) {
35.                  e.printStackTrace();
36.            }
37.            return al;
38.      }
39.
40.      public Board create(Board board) {
41.            Connection conn = null;
42.            PreparedStatement ps = null;
43.            try {
44.                  conn = getInstance();
45.      ps = conn.prepareStatement("INSERT INTO board(name, email, title, contents,
        writedate) VALUES (?,?,?,?,?)");
46.                  ps.setString(1, board.named);
47.                  ps.setString(2, board.email);
48.                  ps.setString(3, board.title);
49.                  ps.setString(4, board.contents);
50.                  ps.setString(5, board.writedate);
51.                  ps.execute();
52.               ps.close();
53.                  conn.close();
54.            } catch (Exception e){
55.                  e.printStackTrace();
56.      }
57.            return board;
58.      }
59.
60.public void update(Board nboard, Board lboard, List changes) throws Exception {
61.            Connection conn = null;
62.            try {
```

```
63.                conn = getInstance();
64.        PreparedStatement ps = conn.prepareStatement("UPDATE board SET email=?,
           title=?, contents=? WHERE num =? AND name=? ");
65.                ps.setString(1, nboard.email);
66.                ps.setString(2, nboard.title);
67.                ps.setString(3, nboard.contents);
68.                ps.setInt(4, lboard.num);
69.                ps.setString(5, nboard.named);
70.                if (ps.executeUpdate() == 0) {
71.                    throw new Exception("Update : Item not found");
72.                }
73.                ps.close();
74.                conn.close();
75.            } catch (Exception e){
76.                e.printStackTrace();
77.            }
78.        }
79.    public void delete(Board board) throws Exception {
80.        Connection conn = null;
81.        try {
82.                conn = getInstance();
83.        PreparedStatement ps = conn.prepareStatement("DELETE FROM board WHERE
           num=? ");
84.                ps.setInt(1, board.num);
85.                if (ps.executeUpdate() == 0) {
86.                    throw new Exception("Delete : Item not found");
87.                }
88.                ps.close();
89.                conn.close();
90.            } catch (Exception e) {
91.                e.printStackTrace();
92.            }
93.    }
94.}
```

mxml 파일의 DataService에서 연결되어 Flex 애플리케이션과 Mysql을 연동하는 ContentList.class 파일을 연결하는 BoardAssembler.java의 메소드는 [표 10-7]과 같이 구현되어 있다.

[표 10-7] ContentList.java 메소드

메소드	설 명
fill()	모든 데이터를 리턴
createItem()	Board 객체의 인스턴스 생성
updateItem()	Board 객체의 인스턴스 수정
deleteItem()	Board 객체의 인스턴스 삭제

BoardAssembler.java는 Flex 애플리케이션과 java class 파일을 연동하는 역할을 하기 때문에 Flex의 DataService와 관련된 라이브러리를 import하여 컴파일하여야 하며, data-management-config.xml 파일에서 destination을 등록해야 한다.

BoardAssembler.java

```
1. package fconts;
2. import fconts.*;
3. import java.util.*;
4. import flex.data.ChangeObject;
5. import flex.data.DataSyncException;
6. import flex.data.DataServiceTransaction;
7. import flex.data.assemblers.AbstractAssembler;
8.
9. public class BoardAssembler extends AbstractAssembler {
10.     public Collection fill(List fillParameters) {
11.         ContentList ctl = new ContentList();
12.         System.out.println(ctl.getBoardLists().size());
13.         return ctl.getBoardLists();
14.     }
```

```
15.     public void createItem(Object newItem){
16.         Board nboard = (Board)newItem;
17.     DataServiceTransaction dtx =
        DataServiceTransaction.getCurrentDataServiceTransaction();
18.         ContentList ctl = new ContentList ();
19.         ctl.create(nboard);
20.         dtx.refreshFill("flex.board", new ArrayList(0));
21.     }
22.
23.     public void updateItem(Object newVersion, Object prevVersion, List changes){
24.         ContentList ctl = new ContentList();
25.     DataServiceTransaction dtx =
        DataServiceTransaction.getCurrentDataServiceTransaction();
26.         try {
27.             Board nboard = (Board)newVersion;
28.               Board lboard = (Board)prevVersion;
29.             ctl.update(nboard, lboard, changes);
30.         } catch (Exception e) {
31.             System.out.println("DataSyncException");
32.         }
33.     }
34.
35.     public void deleteItem(Object prevVersion){
36.         ContentList ctl = new ContentList();
37.         try {
38.             ctl.delete((Board)prevVersion);
39.         } catch (Exception e) {
40.             System.out.println("DataSyncException");
41.         }
42.     }
43.     public boolean autoRefreshFill(List fillParams) {
44.         return false;
45.     }
46.}
```

데이터관리서비스를 이용할 수 있도록 환경설정 파일을 설정한다. Data Service를 이용하기 위해서 service-config.xml과 data-management-config.xml 파일의 환경을 설정한다. 먼저 service-config.xml에서 Project 에서 사용할 AMF channel(flexExam-amf-channel)과 RTMP channel (flexExam-rtmp-channel)을 정의한다.

[표 10-8] service-config.xml 파일 설정

```
28.··················· (중략) ·························
29.      <channels>
30.      <channel-definition id="flexExam-amf-channel"
         class="mx.messaging.channels.AMFChannel">
31.          <endpoint uri="http://localhost:8700/flex/messagebroker/amf"
             class="flex.messaging.endpoints.AMFEndpoint"/>
32.          <properties>
33.              <polling-enabled>false</polling-enabled>
34.          </properties>
35.      </channel-definition>
36.      <channel-definition id="flexExam-rtmp-channel"
         class="mx.messaging.channels.RTMPChannel">
37.          <endpoint uri="rtmp://localhost:2039"
             class="flex.messaging.endpoints.RTMPEndpoint"/>
38.          <properties>
39.              <idle-timeout-minutes>20</idle-timeout-minutes>
40.              <client-to-server-maxbps>100K</client-to-server-maxbps>
41.              <server-to-client-maxbps>100K</server-to-client-maxbps>
42.          </properties>
43.      </channel-definition>
44.··················· (중략) ·························
```

service-config.xml 파일을 설정한 후 BoardAssembler.class 파일을 DataService의 destination을 설정하기 위해 data-management-service. xml 파일을 [표 10-9]와 같이 설정한다.

[표 10-9] data-management-config.xml 파일 설정

```xml
1.  <?xml version="1.0" encoding="UTF-8"?>
2.  <service id="data-service"
3.      class="flex.data.DataService"
4.      messageTypes="flex.data.messages.DataMessage">
5.
6.      <adapters>
7.          <adapter-definition id="actionscript" class="flex.data.adapters.ASObjectAdapter"
                default="true"/>
8.          <adapter-definition id="java-dao" class="flex.data.adapters.JavaAdapter"/>
9.      </adapters>
10.
11.     <default-channels>
12.         <channel ref="flexExam-rtmp-channel"/>
13.         <channel ref="flexExam-amf-channel"/>
14.     </default-channels>
15.
16.     <destination id="fconts.board">
17.         <adapter ref="java-dao" />
18.         <properties>
19.             <source>fconts.BoardAssembler</source>
20.             <scope>application</scope>
21.             <metadata>
22.                 <identity property="num"/>
23.             </metadata>
24.             <network>
25.                 <session-timeout>20</session-timeout>
26.                 <paging enabled="false" pageSize="10" />
27.                 <throttle-inbound policy="ERROR" max-frequency="500"/>
28.                 <throttle-outbound policy="REPLACE" max-frequency="500"/>
29.             </network>
30.         </properties>
31.     </destination>
32. </service>
```

BoardList.mxml은 Flex 애플리케이션이 실행할 때 DataService의 fill() 메소드를 호출하여 데이터를 가져와 ArrayCollection인 boardLists 에 데이터가 입력이 되고 이 데이터를 DataGrid인 dg에서 바인딩한다. 또한 사용자가 추가 버튼을 클릭하여 입력한 데이터를 추가하면 boardLists 에 한 건이 추가되고 DataService인 dataService에서 destination한 fconts.board에 연결되어 레코드를 입력한다.

BoardList.mxml의 레이아웃 구성은 [그림 10-1]과 같다.

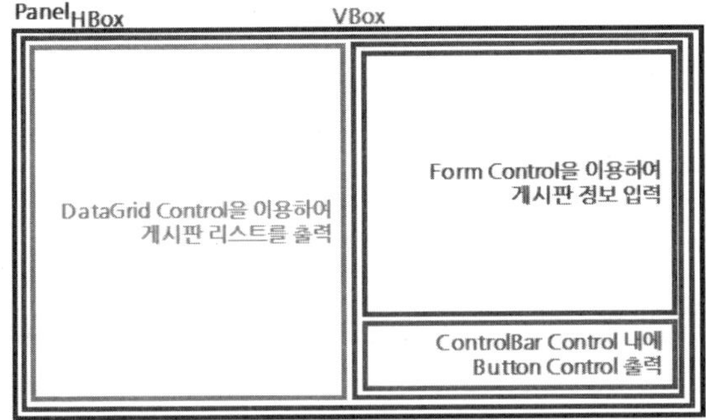

[그림 10-1] BoardList.mxml 레이아웃 구성

BoardList.mxml

```
1.  <?xml version="1.0" encoding="utf-8"?>
2.  <mx:VBox xmlns:mx="http://www.adobe.com/2006/mxml" horizontalAlign="center"
        width="798" height="590" xmlns="*" creationComplete="fill()"
        initialize="System.useCodePage=true">
3.      <mx:Script>
4.      <![CDATA[
5.          import mx.controls.DateField;
6.          import mx.events.ListEvent;
7.          import mx.controls.Alert;
8.          import mx.data.Conflict;
```

```
9.          import mx.data.Conflicts;
10.         import mx.data.events.DataConflictEvent;
11.         import mx.rpc.events.FaultEvent;
12.         import fconts.Board;
13.
14.         private static var _dependency:Board = null;
15.         private function fill():void {
16.                         dataService.fill(boardLists);
17.         }
18.         private function faultHandler(event:FaultEvent):void {
19.             Alert.show(event.fault.faultString, 'Error')
20.             }
21.         private function conflictHandler(event:DataConflictEvent):void {
22.             var conflicts:Conflicts = dataService.conflicts;
23.             var c:Conflict;
24.             for (var i:int=0; i<conflicts.length; i++){
25.                 c = Conflict(conflicts.getItemAt(i));
26.                 Alert.show("Reverting to server value", "Conflict");
27.                 c.acceptServer();
28.             }
29.         }
30.
31.         private function addBoard():void {
32.             var now:Date = new Date();
33.             var writeday:String = null;
34.             var Year:int = now.getFullYear();
35.                 var Month:int = now.getMonth() + 1;
36.                 var Day:int = now.getDay();
37.                 writeday = Year.toString()+". "+Month.toString()+". "+Day.toString();
38.                 Alert.show(writeday);
39.             var board:Board = new Board();
40.             board.num = Number(num.text);
41.             board.named = named.text;
```

```
42.              board.email = email.text;
43.              board.title = title.text;
44.              board.contents = contents.text;
45.              board.writedate = writeday;
46.              boardLists.addItem(board);
47.         }
48.
49.         private var idx:uint;
50.         private function itemClickEvent(event:ListEvent):void {
51.              num.text = event.currentTarget.selectedItem.num;
52.              named.text = event.currentTarget.selectedItem.named;
53.              email.text = event.currentTarget.selectedItem.email;
54.              title.text = event.currentTarget.selectedItem.title;
55.              contents.text = event.currentTarget.selectedItem.contents;
56.              idx = event.target.selectedIndex;
57.         }
58.
59.         private function delBoard():void {
60.                  boardLists.removeItemAt(idx);
61.              num.text = '';
62.              named.text = '';
63.              email.text = '';
64.              title.text = '';
65.              contents.text = '';
66.              }
67.
68.         private function newWrite():void {
69.              num.text = '';
70.              named.text = '';
71.              email.text = '';
72.              title.text = '';
73.              contents.text = '';
74.         }
```

```
75.        ]]>
76.    </mx:Script>
77.
78.    <mx:ArrayCollection id="boardLists"/>
79.    <mx:DataService destination="fconts.board" id="dataService"
       conflict="conflictHandler(event)"/>
80.    <mx:Panel title="문화콘텐츠 게시판" width="770" height="550" layout="vertical"
       textAlign="center">
81.        <mx:HBox paddingTop="20" paddingBottom="20" paddingLeft="20">
82.            <mx:DataGrid id="dg" rowCount="18" textAlign="left"
               dataProvider="{boardLists}" width="370" height="100%" editable="false"
               itemClick="itemClickEvent(event);">
83.                <mx:columns>
84.                    <mx:DataGridColumn dataField="num" headerText="글번호"
                       width="50"/>
85.                    <mx:DataGridColumn dataField="named" headerText="이름"
                       width="80"/>
86.                    <mx:DataGridColumn dataField="title" headerText="글제목" width="160"/>
87.                    <mx:DataGridColumn dataField="writedate" headerText="작성일"/>
88.                </mx:columns>
89.            </mx:DataGrid>
90.        <mx:VBox width="340" >
91.            <mx:Form height="80%" textAlign="left">
92.                <mx:FormItem label="글번호">
93.                    <mx:TextInput id="num" width="50"/>
94.                </mx:FormItem>
95.                <mx:FormItem label="이름">
96.                    <mx:TextInput id="named" width="100"/>
97.                </mx:FormItem>
98.                <mx:FormItem label="이메일">
99.                    <mx:TextInput id="email" width="250"/>
100.                </mx:FormItem>
101.                <mx:FormItem label="글제목">
102.                    <mx:TextInput id="title" width="250"/>
103.                </mx:FormItem>
```

```
104.                    <mx:FormItem label="글내용">
105.                        <mx:TextArea id="contents" width="250" height="250"/>
106.                    </mx:FormItem>
107.                </mx:Form>
108.                <mx:ControlBar horizontalAlign="center" width="100%">
109.                    <mx:Button label="새글쓰기" click="newWrite()"/>
110.                    <mx:Button label="글입력" click="addBoard()"/>
111.                <mx:Button label="글삭제" click="delBoard()"/>
112.                </mx:ControlBar>
113.            </mx:VBox>
114.            </mx:HBox>
115.        </mx:Panel>
116.    </mx:VBox>
```

입력하고자 하는 레코드의 객체형은 Board.as에 구현되어 java의 객체
형과 매핑되어야 한다.

---

fcont/Board.as

```
1. // 액션스크립트 file
2. package fconts {
3.     [Managed]
4.     [RemoteClass(alias="fconts.Board")]
5.     public class Board{
6.         public function Board() {}
7.         public var num:int;
8.         public var named:String = "";
9.         public var email:String = "";
10.        public var title:String = "";
11.        public var contents:String = "";
12.        public var writedate:String = "";
13.    }
14.}
```

BoardList.mxml이 구현되면 [그림 10-2]와 같다.

[그림 10-2] BoardList.mxml 실행화면

[그림 10-3] 게시판의 글을 클릭했을 때 실행화면

TestProject를 실행하면 [그림 10-4]~[그림 10-8]과 같이 실행된다.

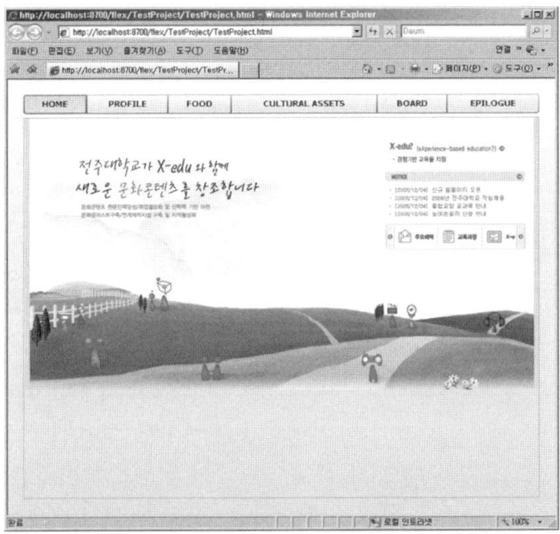

[그림 10-4] TestProject의 Home

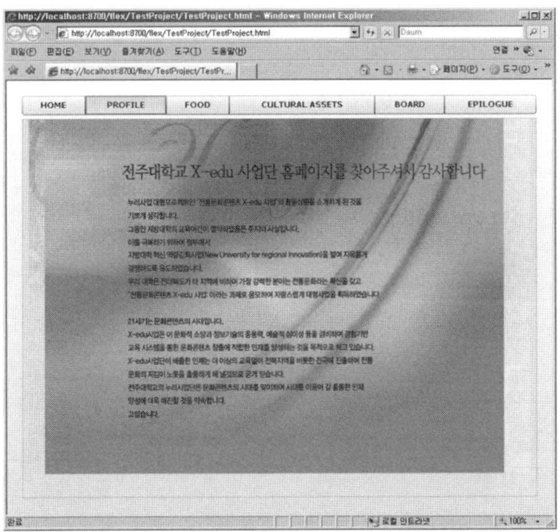

[그림 10-5] TestProject의 Profile

[그림 10-6] TestProject의 Food

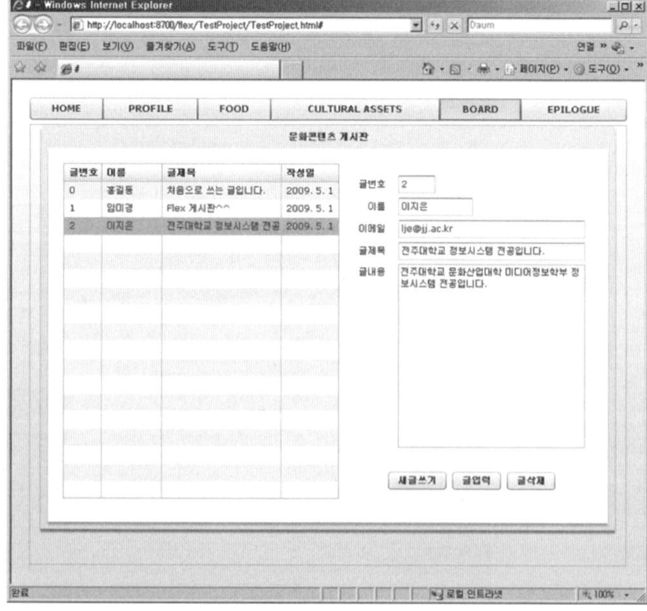

[그림 10-7] TestProject의 Cultural Assets

[그림 10-8] TestProject의 Board

MySQL Server 5.0 설치

❶ MySql Server 5.0 설치 파일 준비

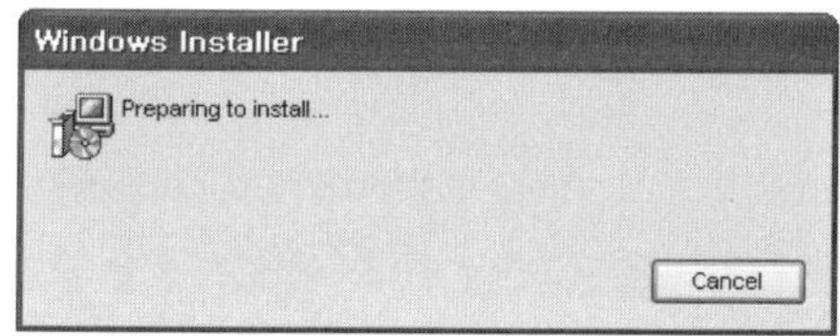

❷ MySQL Server 설치 시작

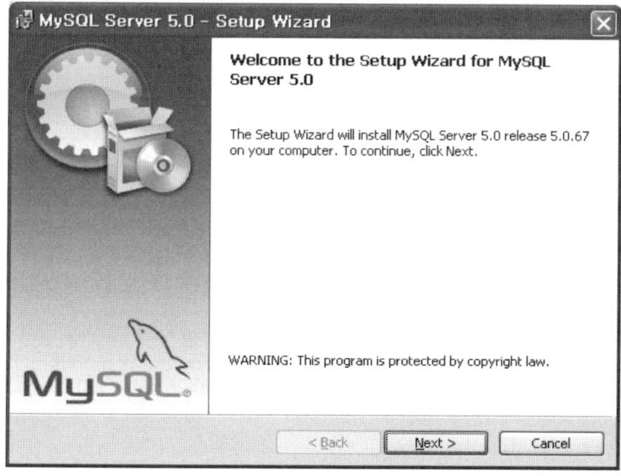

❸ MySQL 설치 형식 선택. 설치의 기본은 Typical이다.

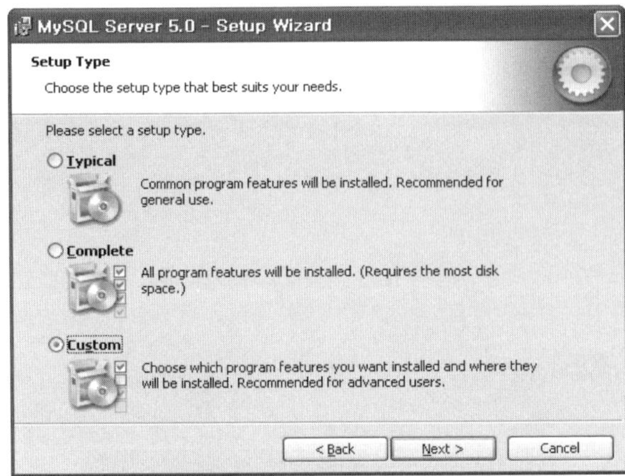

❹ MySQL Install 준비(설치 위치 : C:₩Program Files₩MySQL₩MySQL Server 5.0₩)

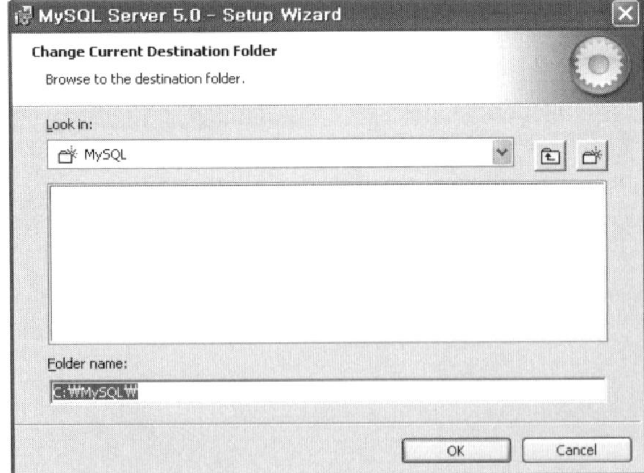

❺ MySQL Server 5.0 설치 경로와 설치 프로그램 선택

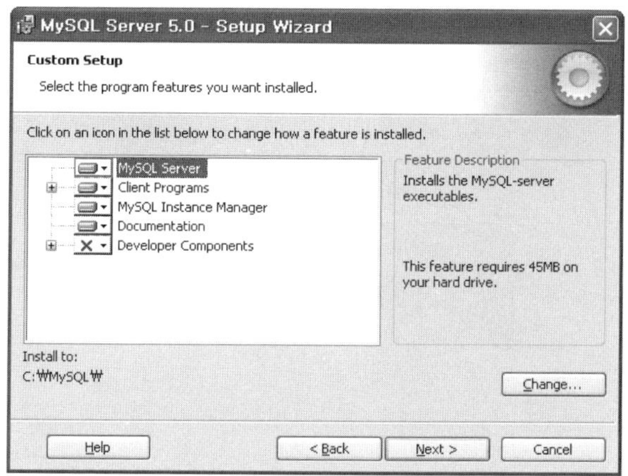

❻ MySQL Server 5.0 설치 경로와 설치 환경 확인

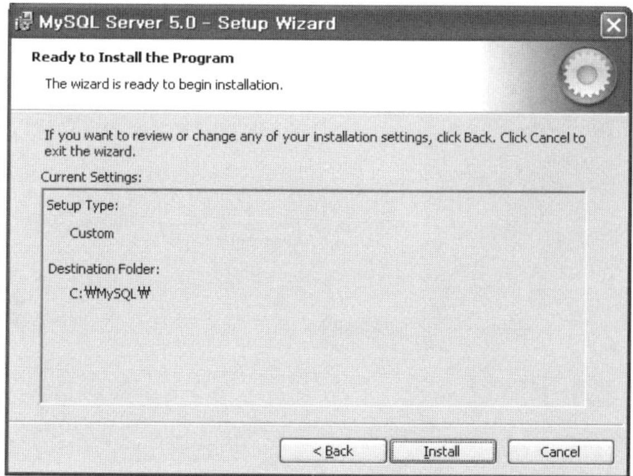

❼ MySQL Server 5.0 설치

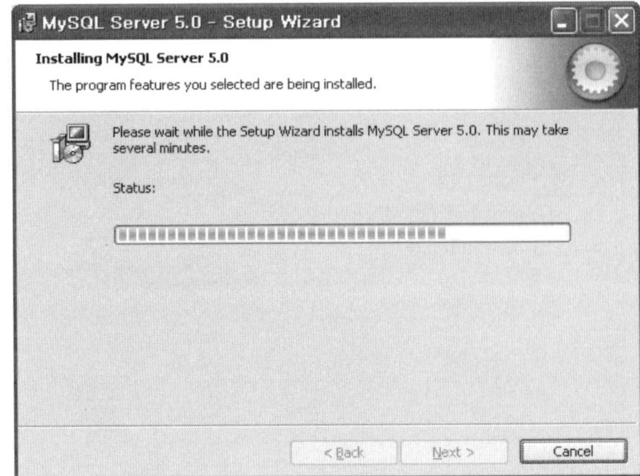

❽ MySQL Server 5.0 실행 완료

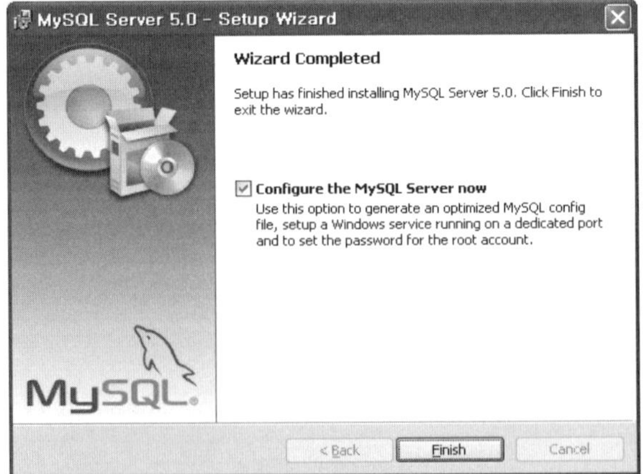

⑨ MySQL Server의 환경설정 시작

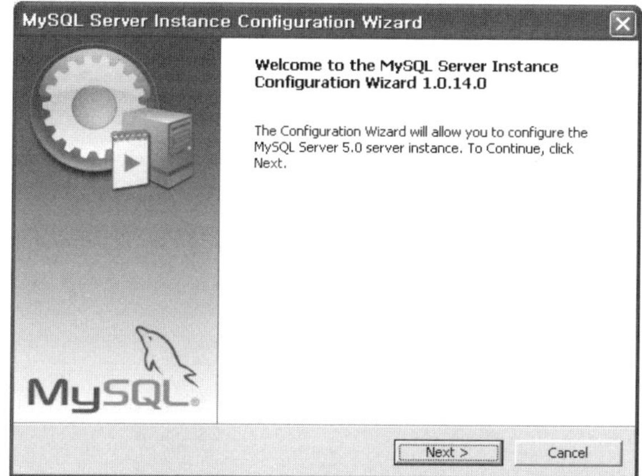

⑩ MySQL Server 환경설정 형식 선택

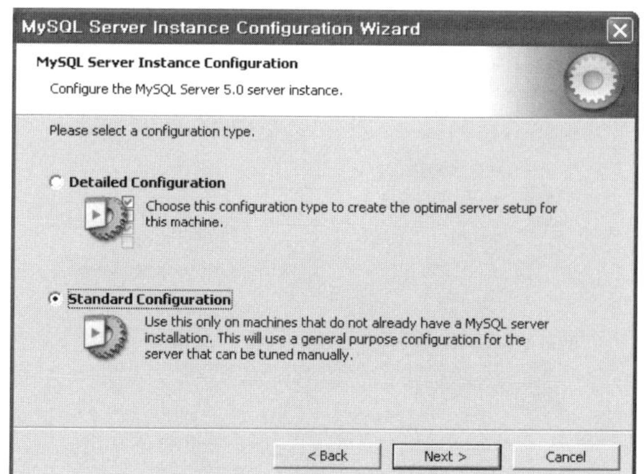

❿ MySQL Serer 실행 환경설정

❷ root 사용자의 비밀번호 입력

⑬ MySQL Server 환경설정 완료

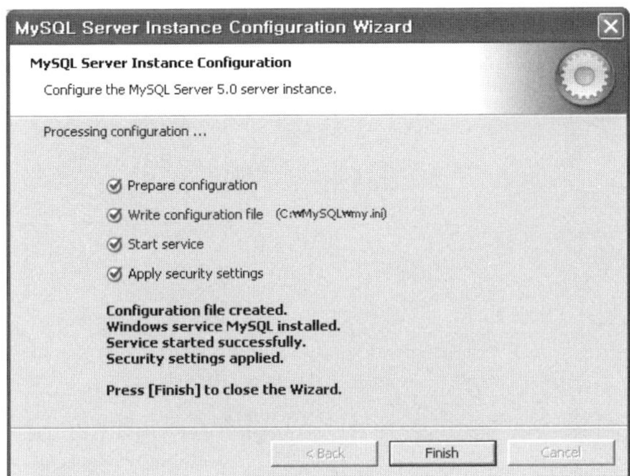

부록 2

데이터베이스 기본 설정

도스 창을 이용하여 MySQL이 설치된 디렉터리의 bin으로 이동한다. 일반적으로는 C:₩Program Files₩MySQL₩MySQL Server 4.1₩에 설치되므로 다음과 같이 이동한다.

```
cd C:₩Program Files₩MySQL₩MySQL Server 4.1₩ ↵
```

MySql Server에 access하기 위해 MySql Server 사용자 계정으로 로그인한다. 로컬호스트의 root 사용자로 로그인하고자 하는 경우는 다음과 같이 입력하여 접속한다.

```
> mysql  -h  호스트의이름  -u 아이디 -p
> mysql  -h  localhost -u root -p ↵
```

만일 원격에서 데이터베이스에 접속하거나 혹은 root 사용자가 아닌 다른 사용자의 이름으로 접속할 경우에는 다음과 같이 입력한 후, 해당하는 비밀번호를 입력하면 MySQL에 접속할 수 있다.

```
> mysql  -h  호스트의이름  -u 아이디 -p
> mysql  -h  jj.ac.kr  -u csy-p ↵
```

다음과 같이 mysql 데이터베이스를 선택한 후, 임의의 이름으로 데이터베이스를 한 개 생성한다. 여기서는 데이터베이스의 이름을 flex로 명명하는 것을 가정한다.

```
use mysql; ↵
create database flex; ↵
```

이 명령을 실행한 후에 C:₩Program Files₩MySQL₩MySQL Server 4.1₩data 디렉터리를 살펴보면 위에서 생성한 flex라는 이름의 디렉터리가 자동적으로 만들어져 있음을 볼 수 있다. 즉, MySql은 데이터베이스를 디렉터리로 구분하여 관리함을 알 수 있다.

● 사용자 생성 및 권한 설정

SQL의 INSERT 문을 이용하여 아이디가 csy이고 비밀번호가 1111인 사용자를 추가한다. 여기서 비밀번호를 입력할 때 password( ) 함수를 사용한 것은, 비밀번호를 암호화하여 데이터베이스에 저장하기 위한 것이다. 또한, 'Y'를 연속적으로 기술한 것은 모든 권한(privilege)을 부여함을 의미한다.

```
INSERT INTO user VALUES('localhost', 'csy', password('1111),
'Y', 'Y', 'Y', 'Y', 'Y', 'Y', 'Y', 'Y', 'Y', 'Y', 'Y', 'Y', 'Y', 'Y'); ↵
```

사용자에게 데이터베이스를 사용할 수 있는 권한을 부여한다.

```
INSERT INTO db VALUES('%', 'jjdb', 'jjstar',
'Y', 'Y', 'Y', 'Y', 'Y', 'Y', 'Y', 'Y', 'Y', 'Y'); ↵
```

설정이 완료되면 설정한 내용을 적용하기 위해 아래 코드를 입력한다.

```
flush privileges; ↵
```

● 데이터베이스 서버 연결

데이터베이스 서버에 접속하려면 mysql 명령을 입력할 때 MySQL 사용자 이름과 패스워드를 기술해야 한다. 또한, 원거리에 있는 데이터베이스 서버를 사용할 경우에는 서버의 이름을 지정한다.

```
C:\mysql\bin> mysql -h localhost -u root -p ↵
Enter password : ******** ↵
```

모든 항목이 적절하게 입력되면 다음과 같은 화면이 출력되면서 'mysql>' 프롬프트가 나타난다.

```
Enter password : *****
Welcome to the MySQL monitor.  Commands end with ; or \g.
Your MySQL connection id is 4 to server version : 4.1.10a-nt

Type 'help;' or '\h' for help. Type '\c' to clear the buffer.

mysql>
```

mysql> 프롬프트에서 언제든지 'QUIT'를 입력하거나 혹은 [Ctrl]-[D]를 입력하면 데이터베이스 서버와의 접속을 종료한다.

```
Enter password : *****
Welcome to the MySQL monitor.  Commands end with ; or \g.
Your MySQL connection id is 4 to server version : 4.1.10a-nt

Type 'help;' or '\h' for help. Type '\c' to clear the buffer.

mysql> QUIT ↵
Bye
```

● 테이블 만들기

테이블을 생성하기 위해서는 테이블의 이름을 지정해야 하며, 테이블에 포함될 필드들의 목록과 데이터 타입이 결정되어야 한다. 여기서는 10장에서 실습하는 게시판 테이블로서 테이블 명은 board, 포함되는 필드는 글 번호는 num, 이름은 name, 이메일은 email, 제목은 title, 글 내용은 contents, 날짜는 writedate로 한다.

```
Type 'help;' or '\h' for help. Type '\c' to clear the buffer.
mysql> use flex
Database changed
mysql> create table board(
    -> num int auto_increment not null primary key,
    -> name varchar(30) not null,
    -> email varchar(100),
    -> title varchar(300) not null,
    -> contents text not null,
    -> writedate varchar(20) not null);
Query OK, 0 rows affected, 1 warning (0.13 sec)
```

● 레코드 선택

SELECT * FROM board;
SELECT name, title, contents FROM board;

● 레코드 추가

INSERT INTO board(name, email, title, contents, writedate) VALUES ('관리자', 'admin@jj.ac.kr', '문화콘텐츠 정보제공게시판 이용안내', '여기는 문화콘텐츠 정보제공게시판입니다.', '2007년 2월 19일');

● 레코드 수정

UPDATE board SET title='문화콘텐츠 게시판입니다.' WHERE num=1;

● 레코드 삭제

DELETE FROM board' WHERE num=1;

● JDBC 드라이버 설치

JDBC Interface의 핵심적인 클래스인 DriverManager는 데이터베이스 드라이버들을 로딩하고, 데이터베이스에 연결을 책임지는 클래스이다. 따라서, JDBC 드라이버가 설치되어 있어야만 하는데, 해당 데이터베이스에 알맞은 버전을 구해서 설치해야 한다. 그리고 드라이버가 속한 압축 파일 (jar, zip)의 경로를 클래스패스(CLASSPATH)로 잡아 주어야 한다. 만약 MySql의 JDBC가 c:₩jdk1.4₩lib₩ 아래 jdbc.jar 파일로 저장되어 있다면 윈도 95/98에서는 autoexec.bat 파일의 CLASSPATH에 세미콜론으로 분리하면서 추가하고, 윈도 2000에서는 시작→설정→시스템→고급→환경설정에서 CLASSPATH 환경변수에 추가한다.

```
SET CLASSPATH=.;C:₩jdk1.4₩lib₩tools.jar;C:₩jdk1.4₩lib₩
mm.mysql-2.0.4-bin.jar
```

● 데이터베이스 연결

JDBC 드라이버를 로드한 후에는 데이터베이스를 연결해야 하는데, 이를 위해 사용되는 메소드는 DriverManager의 getConnection() 메소드이다. 또한, 연결을 위해서는 데이터베이스의 위치를 기술하기 위한 url, 데이터베이스의 사용자 이름(user), 암호(password) 등을 필요로 하며, 연결하는 방법은 데이터베이스에 따라 달라진다.

```java
private Connection getInstance() {
    Connection conn = null;
    try {
        Class.forName("org.gjt.mm.mysql.Driver");
        String url = "jdbc:mysql://localhost:3306/flex";
        String user="root";
        String password="1234";
        conn=DriverManager.getConnection(url, user, password);
    } catch (Exception e) {
        e.printStackTrace();
    }
    return conn;
}
```

따라서, 외부 프로그램에서는 위의 DBconn 클래스를 이용하여 객체를 생성한 후 getConn() 메소드를 호출하면 MySQL의 jjdb 데이터베이스로 연결하여 작업을 수행할 수 있다.

```
DBconn db=new DBconn();            // 객체생성
Connection conn=db.getConn();      // 데이터베이스 연결
```

부록 3

JDK 설치

❶ 설치 준비

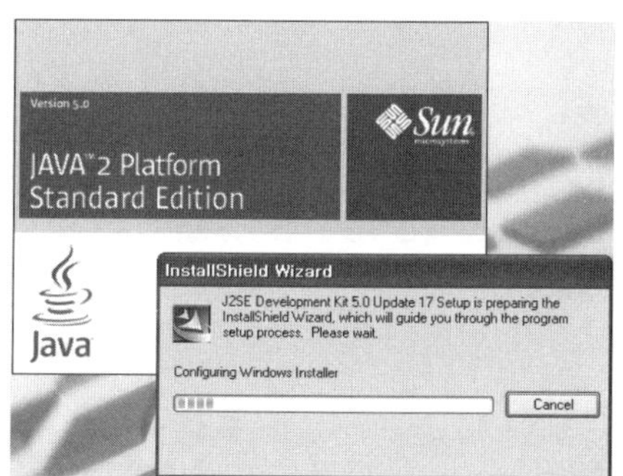

❷ 설치 라이선스 동의

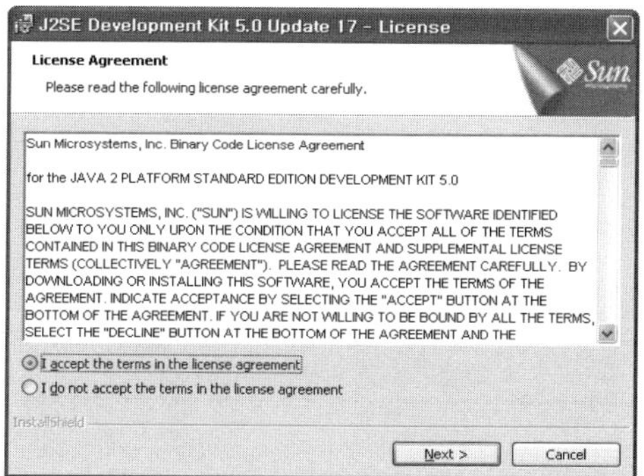

❸ JDK의 기본 설치 위치는 C:₩Program Files₩Java₩jdk1.5.0_17₩ 이
지만 그림과 같이 설치 경로를 변경하고자 할 때는 Change… 버튼을
클릭하여 변경한다.

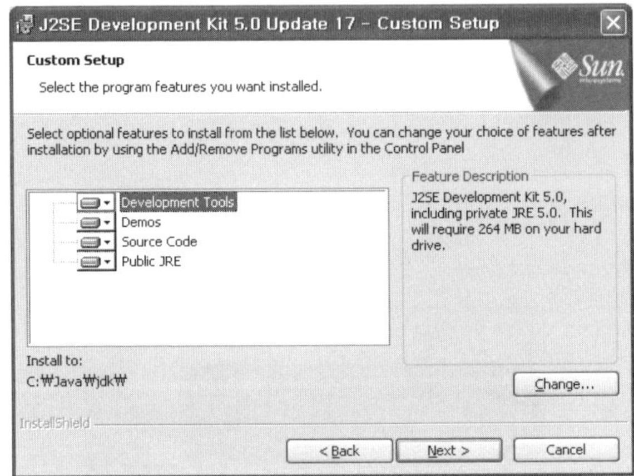

❹ Next 클릭 후 설치가 진행된다.

❺ 설치 경로를 묻는다면 일반적으로 기본폴더를 사용하길 권장한다. 나중에 JDK 설치 후 시스템 변수에서 경로를 지정해 주어야 하는데 그냥 일반적인 설치 경로를 사용하기 때문이다.

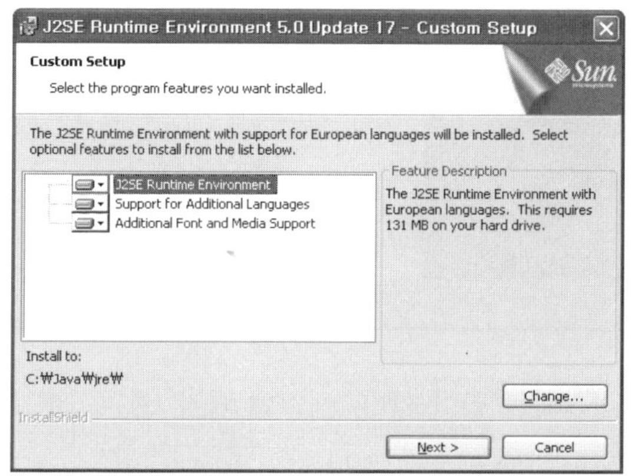

❻ Jre의 기본 설치 위치는 C:₩Program Files₩Java₩jre1.5.0_17₩ 이지만 그림과 같이 설치 경로를 변경하고자 할 때는 Change... 버튼을 클릭하여 변경한다.

❼ 설치 종료

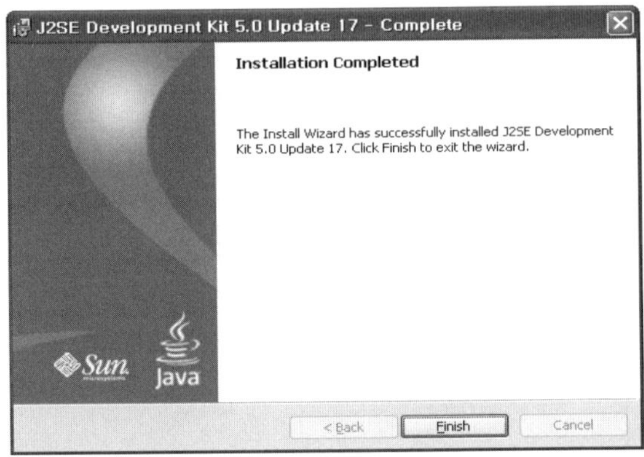

자 이제 JDK 설치는 끝이 났다. 시스템 환경 변수 JDK 경로를 추가 시켜야 자바를 제대로 사용할 수 있다.

❽ 우선 제어판→시스템(또는 내컴퓨터에서 마우스 오른쪽을 클릭→속성)에서 고급 탭으로 이동한 후 환경변수를 클릭

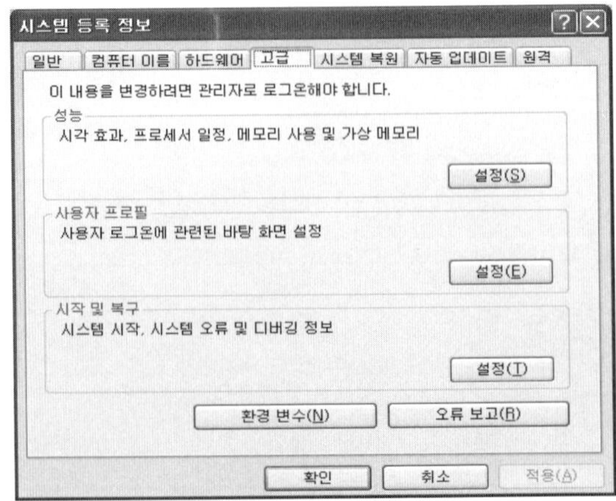

❾ JDK 설치 경로를 복사

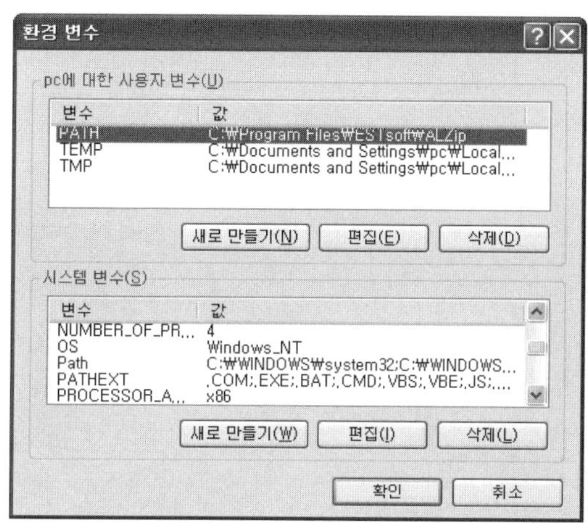

❿ Path 환경 변수를 클릭하고 변수 값 다음에 세미콜론(;)을 찍은 후 복
사해온 경로 값을 붙여넣기 해준다.

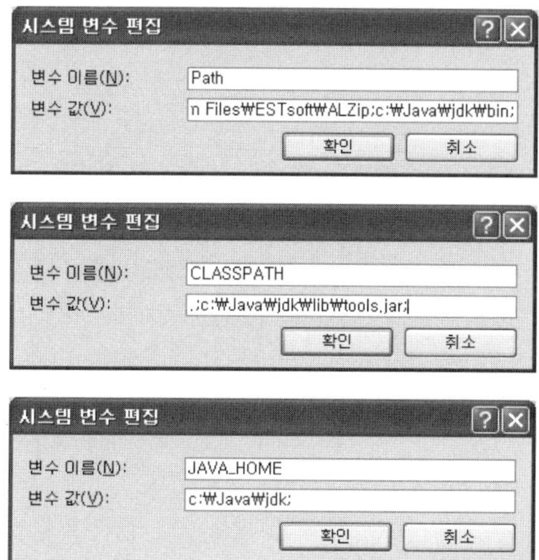

자 이것으로 JDK 설치를 마쳤다. 다음 화면은 JDK가 제대로 설치되었다 확인하는 방법이다. 우선, 시작→실행→cmd 입력

콘솔창이 나오고 java 명령어를 입력하여 다음과 같은 화면이 나온다면 JDK는 정상적으로 설치가 끝난 것이다.

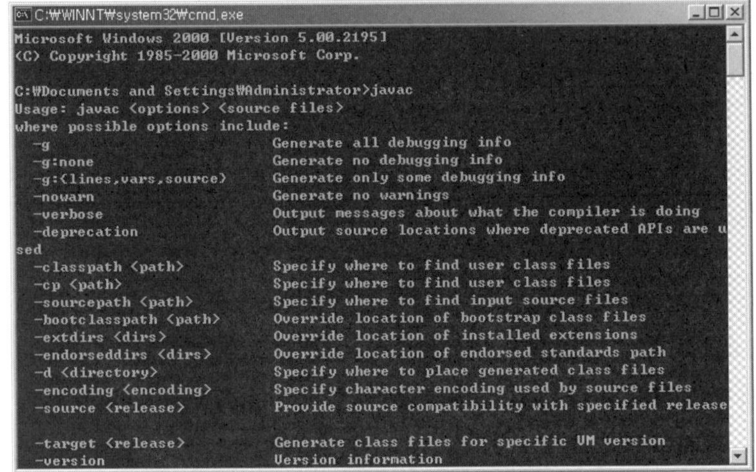